초보자를 위한 무역실무 입문서

어려운
무역계약·관리는 가라!

최규삼 지음

초보자를 위한 **무역실무 입문서**

어려운
무역계약·관리는 가라!

최규삼 지음

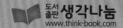
도서출판 **생각나눔**
www.think-book.com

어려운 무역계약·관리는 가라

* EDUTRADEHUB(http://edutradehub.com/) 홈페이지에서는 본 책에 포함된 각종 무역 서류 양식과 수출입 통관, 운송, 결제, 관리에 대한 동영상 강의를 제공하고 있습니다.

1. 무역계약

Seller와 Buyer가 만나 계약서를 작성하는 일은 거래의 시작을 알리는 행위이며, 계약서의 테두리 내에서 거래는 진행되고 문제가 발생되면 계약서를 근거로 해결합니다. 그렇다면 계약서를 작성할 때 관여하는 담당자는 무역에 대한 전반적인 사항(통관, 운송, 결제 등)을 모두 이해하고 있어야 할 것이며, 계약 과정 중에 어떠한 사건·사고가 발생될 수 있으며, 만약 그러한 사건·사고가 발생한다면 어떻게 대처할 것인지에 대해서 역시 인지한 상태에서 그러한 내용을 모두 계약서에 명시해야 할 것입니다.

그럼에도 불구하고 실무에서 계약을 할 때 이러한 사항을 모두 알고 계약서를 작성하는 경우는 그렇게 많지 않고 알고 있다하더라도 계약서에는 명시하지 않기도 합니다. 그래서 계약 과정 중에 사건·사고가 발생되었을 때 계약서에 어떠한 절차로 해결한다라는 조항이 없기 때문에 해결점을 찾는데 상당한 어려움에 직면하게 되고 때로는 해결하지 못하여 한쪽이 피해를 고스란히 떠안을 수밖에 없는 극단적인 상황에까지 직면하기도 합니다.

본 책의 '무역계약' 부분에서는 실무자가 무역 계약서를 작성할 때, 사전에 체크해야 하는 사항 및 주의점 그리고 계약서에 반드시 명시해야하는 내용 등을 실무적인 관점에서 풀어서 설명하고 있습니다.

2. 무역관리

오더, 결제, 재고 등 무역 업무 전반에 대한 대장을 전산으로 관리하고, 이메일 확인 및 작성을 하는 모든 무역 관리자는 항상 머릿속에 '어떻게 하면 업무를 효율적으로 할 수 있을까?'라는 생각을 하고 있어야 합니다. 회사가 업무를 자신에게 너무 과하게 요구하는 것에 대해서 부정적인 생각만을 가지고 있다면, 5년이 지나고 10년이 지나도 그 사람은 절대 발전을 할 수 없으며, 그러한 사람은 회사에 내가 시금 몇 년 차이니 연봉을 얼마 인상해 달라고 요구할 권리조차 없습니다. 실무 담당자는 현재 자신이 어떠한 일을 하는 데 있어 1시간을 투자하고 있다면, 이 부분에 대한 시스템을 체계적이면서도 효율적으로 만들어서 30분으로 혹은 20분으로 줄이는 방법을 찾아야 합니다. 그렇게만 할 수 있다면 좀 더 많은 업무를 한 사람이 커버할 수 있을 것입니다. 이는 곧 스스로에게 여러 방면의 업무 경험을 쌓을 수 있도록 하는 길이 될 것이며, 회사 입장에서도 스스로가 노력하는 사람은 반드시 필요한 인재라고 생각하여 대우가 달라질 것입니다. 한 사람이 많은 업무를 그것도 체계적이고도 효율적으로 할 수 있도록 도와서 효과적인 결과까지 도출할 수 있도록 하는 해결책을 제시해주는 것이 바로 엑셀과 아웃룩이라는 프로그램입니다. 따라서 담당자는 이러한 관리 프로그램을 자신의 업무 환경에 맞도록 자유롭게 활용할 수 있는 능력을 반드시 가져야 합니다.

본 책을 보시는 분들은 분명히 지금까지 업무를 하면서, 체계적인 관리를 어떻게 할 수 있을까라는 대답을 찾기를 원하셨음에도 상당 기간 그 해결책을 찾지 못하여 답답했을 것입니다. 본 책 '무역관리' 부분의 목적은 관리 프로그램으로서 엑셀 및 아웃룩을 활용하여 관리 업무를 하는 실무자들이 보다 체계적으로 업무를 할 수 있는 방법을 제시하는 것이며, 결과적으로 보다 쉽고 보다 효율적으로 업무를 할 수 있도록 돕는 데 그 목적이 있습니다. 따라서 관리에 대한 해결책을 찾지 못하여 힘들게 업무를 하고 있는 모든 무역 관리 담당자에게 본 책이 하나의 해결책을 제시해주길 기대합니다.

1) 전산 관리를 위한 최고의 프로그램, 엑셀

상황 1

김 차장 : 큐 씨! 이제부터 오더 및 결제 대장 관리를 해보세요.

큐 사원 : 네.
'대장들이 대부분 전산이 아닌 수기로 관리되고 있고, 그나마 있는 전산 대장들도 관리하기 너무 힘들게 구성되어 있구나……. 효율적으로 바꿔봐야겠다. 엑셀 공부를 미리 해두길 잘했어!'

무역을 함에 있어 오더, 결제, 재고 등등에 대한 내용을 수기로 관리를 할 수는 없습니다. 이러한 내용에 대한 효율적 관리를 위해서는 반드시 전산관리가 필요하며, 규모가 있는 회사에서는 프로그램을 구입하여 사용하기도 합니다. 하지만, 이러한 대장 프로그램을 제작한 제작자 분들은 무역에 대한 흐름을 정확히 알지 못한 상태에서 해당 프로그램을 제작하였기 때문에 무역 실무 담당자들로 하여금 아쉬움을 남게 합니다. 특히, 중소 무역회사의 경우, 담당 직원이 이러한 프로그램의 중요성을 인지하고 상사에게 건의를 하더라도 당장 돈이 되지 않는 관리에 대한 중요성을 인지하고 있지 못하여, 그리고 변화를 부정적으로 생각하여 수용하지 않는 것이 일반적인 중소 무역회사의 너무나도 안타까운 현실입니다(투자를 아까워하고 변화를 두려워하는 회사는 발전이 없습니다).

따라서 무역 관리자들은 스스로 대장을 만들어 관리하는 것이 자신에게 가장 적합하고 효율적으로 관리하는 방법이며, 상사의 무역관리에 대한 홀대에 대한 해결책이기도 합니다. 무역 관리를 전산화하기 위해서 관리 실무자들이 가장 흔히 사용하는 프로그램이 바로 엑셀이며, 따라서 관리자는 반드시 엑셀 공부를 해야 합니다. 엑셀은 관리자가 원하는 대로 각각의 무역 대장 양식을 효율적으로 프로그램화할 수 있게 구성되어 있어서 엑셀을 다룰 수만 있다면 모든 업무를 자신의 현실에 맞게 자신이 스스로 전산화하여 한 사람이 두 사람 이상의 업무를 할 수 있도록 해줍니다. 직원 신분의 실무자들은 회사에 무엇인가를 바라기 전에 자신이 회사를 위해서 먼저 노력해야 할 것이며, 회사가 그러한 노력의 대가를 시간이 지나도 표현하지 않는다고 하더라도 이는 곧 자신의 발전을 위한 것이 되니 직원 신분의 실무자들은 회사를 위해서가 아니라 자신을 위해서 회사의 모자란 점을 채워 나가야 할 것입니다.

2) 이메일 관리를 위한 최고의 프로그램, 아웃룩

상황 2

김 차장:	큐 씨! PO#12023 오더 낸 메일 프린트 부탁한 지가 한 시간 전인데 왜 안 가져오세요?
큐 사원:	메일 폴더에서 찾고 있는데 찾기가 쉽지 않네요.

무역회사에서 하루의 시작은 메일 확인에서부터 시작됩니다.

아침에 출근하면 제일 먼저 외국에서 메일이 들어 왔는지를 체크하고 답변을 하는 일이 하루의 시작과 업무의 시작을 알리는 워밍업이 됩니다. 그리고 하루의 일과가 끝날 때까지 무역회사 실무자는 메일을 계속 확인하고 작성하여 발송합니다. 전화로 할 수 있지만, 외국 거래처와의 전화 사용은 급한 경우를 제외하고는 자료가 남는 이메일로 간단한 내용에서부터 복잡한 내용까지 의사전달 합니다(무역회사에서 외국 거래처와의 서신 교환을 자료가 전자적으로 보관되지 않는 팩스로 하는 회사는 거의 없습니다. 팩스 사용해서 서신 교환하는 회사는 관리가 되지 않는다고 생각해도 과언이 아닙니다. 물론, 전자팩스는 예외적이긴 하나 대부분 서류 수·발신은 이메일로 진행합니다). 그렇기 때문에 많은 양의 메일을 읽고 작성합니다. 그리고 과거의 메일을 다시 봐야 하는 경우도 상당히 빈번히 발생합니다. 따라서 무역회사에서 메일을 확인하고 작성하는 것은 무역회사의 모든 업무라 할 수 있을 만큼 상당한 업무 비중을 차지하고 있으므로 담당자의 메일 관리는 절대적이라고 할 만큼 너무나 중요한 부분입니다. 하지만, 메일에 대한 관리 또한 그 중요성에 부합될 정도로 신경을 쓰고 있는 회사는 일부 회사에 지나지 않는 것이 실무자라면 누구나 공감하는 현실입니다.

그리하여 '상황 2'에서와 같은 일이 발생하면, '받은 편지함'에 있는 엄청나게 많은 메일을 확인하여 관련 메일을 찾아야 하는데 쉽지가 않습니다. '받은 편지함' 속에 메일은 외국 A사, B사뿐만 아니라 국내 거래처로부터 수신된 메일 등등이 뒤죽박죽 섞여 있습니다.

한 사람의 책상을 보면 그 사람이 일을 얼마나 잘하는지를 알 수 있습니다. 책상은 정리정돈이 잘 되어 있어야 일에 대해 집중을 할 수 있고 일을 체계적이고도 효율적으로 하여 효과적인 결과를 얻을 수 있다는 뜻이 됩니다. 반면에, 책상에 서류들이 엉켜 있고 쓰레기들이 있다면 그 책상에서 일하는 사람의 업무 효율성은 그 책상이 그대로 말해주는 것입니다.

메일의 관리가 중요함에도 이러한 식으로 관리하면 업무를 상당히 비효율적으로 하고 있다는 뜻입니다. 그에 대한 해결책을 제시해주는 것이 바로 아웃룩이라는 이메일 관리 프로그램입니다. 아웃룩을 사용하면 이메일 관리를 체계적이고도 효율적으로 할 수 있기 때문에 실무자는 반드시 아웃룩을 사용해야 하며, 이를 위해서 아웃룩의 사용 방법과 기능을 공부하여 아웃룩을 메일 관리 프로그램으로서 활용해야겠습니다.

공부하는 것을 두려워하지 말라

실무자들, 특히 신입사원의 경우 입사 전까지 취업을 위해서 많은 공부와 스트레스를 받아왔기 때문에 입사하면 공부에서 손을 놓고 한 달에 한 번씩 정기적으로 들어오는 월급으로 꿈꿔 오던 아름다운 생활(?)을 즐기는 일에 더 많은 관심을 가지며 회사 일을 하는 경우가 많이 있습니다. 업무를 몰라서 우왕좌왕하는 상황에서조차 업무 관련 책을 구매하여 보거나 강의를 수강하고 싶다는 생각만 할 뿐 실제로 실행에 옮기는 일은 흔하지 않습니다. 물론, 업무가 많고 야근이 많아서 퇴근하면 녹초가 되어 아무것도 하기 싫은 날도 분명히 있을 것입니다. 하지만, 자신의 발전을 위해서 공부는 절대적으로 필요합니다.

입사 전에는 말 그대로 이론 공부만을 했습니다. 대학에서 학점을 따기 위한 공부였고, 자격증을 취득하기 위한 공부였습니다. 이러한 공부는 문제를 풀기 위한 이론 공부로서 입사한 상태의 실무자에게는 그때의 공부는 크게 도움이 되지 않습니다. 입사 이후에는 실무를 위한 공부를 다시 시작해야 합니다. 책은 이론서이지만 그 이론을 바탕으로 실무자로서 실무에서 듣고 배우고 스스로가 하고 있는 업무를 대입하여 생각하고 정리하는 시간이 필요합니다. 실무는 정형화가 되어 있는 분야가 아닙니다. 특히 무역 업무는 더더욱 그렇습니다. 회사에 따라서, 제품에 따라서 혹은 기타의 상황에 따라서 조금씩 혹은 상당히 다릅니다. 따라서 실무자는 자신의 환경에 맞는 공부를 하고 많은 생각을 하면서 내용을 정리해나가야 할 것입니다.

공부를 해야 업무에 대한 정리를 할 수 있고, 머릿속에서 그 정리가 체계화가 되어야지만 아무리 많은 업무가 밀려오더라도 우왕좌왕하지 않고 순서대로 체계적으로 일 처리를 할 수 있습니다. 특히 고객을 상대하는 영업직이라든지, 포워더와 같은 서비스 직종에 종사하는 분들은 업무에 대해서 설명을 하는 입장에 서 있습니다. 따라서 더더욱 업무에 대한 공부와 정리를 통한 체계화가 필요합니다.

또한 실무자는 관리에 대한 중요성 역시 인식할 필요가 있으며, 체계적이고 효율적인 관리를 위하여서도 공부를 게을리 해서는 안 될 것입니다.

저자의 과거와 오늘

2007년 차가운 바람이 어느 취업생의 초췌한 얼굴과 늘어진 어깨를 스쳐 지나가던 그해 겨울 나는 취업 원서를 쓰고 있었다. 곧 있으면 졸업이고 지긋지긋한 공부를 다시 하고 싶지 않았다. 그것도 대학에서 배우는 이론 교육에 상당한 거부감을 가진 나에게 이제는 실무적이고 살아있는 정보가 필요했고, 그것에 대한 상당한 목마름을 가지고 있었다. 그 이면에는 무역회사에 취업 후 일을 배워서 언젠가는 내 회사를 설립하여 직원들과 하나의 목표를 위해서 달려나갈 것이라는 확고한 목표가 내 가슴과 머리에 있었다.

내 목표를 이루기 위해서는 일을 배워야 했고 그러기 위해서는 무역 일을 배울 수 있는 무역회사에 취업을 하는 것이었다. 주변의 동기들과 선배들이 연봉을 말하며 연봉을 취업 기준으로 생각할 때 나는 일을 선택했다. 12월 초 서울의 몇몇 무역회사에서 연락이 와서 면접을 보았고 그 중 한 곳에 취업했다. 그때의 내 연봉은 1,800만 원이었다.

지금 생각해보면 그 돈으로 어떻게 월세까지 내가며 서울에서 생활했을까라는 아찔한 생각이 머리를 스쳐가지만, 대학시절부터 늘 넉넉하지 않은 생활을 했던 나에게 월 150만 원 정도의 돈은 결코 작은 돈이 아니었다. 생활은 힘들었지만 내 가슴은 미래의 내 모습을 꿈꾸고 있었고 언제나 뜨거웠으며 꿈을 이루고자 누구보다 많은 노력을 했다.

말단 사원으로서 일하면서도, 일을 몰라서 많은 욕을 얻어먹으면서도 나에겐 목표가 있기에 그 힘겨웠던 세월을 참아낼 수가 있었다. 모두 퇴근 한 텅 빈 사무실에서 혼자 남아 밀린 일을 한 날들은 헤아릴 수 없을 만큼 많았고, 나의 잘못이 아님에도 단지 직급이 낮다는 이유로 윗선에서 결정한 일에 대해서 잘못이 있으면 모두 내 책임으로 나에게 돌아왔고, 그들은 책임을 지지 않았다. 비록 현재의 나는 아이템을 가지고 무역 업무를 하고 있지 않고, 무역 회사에서 무역 업무를 몰라서 어려움을 겪는 분들에게 실무적인 교육을 하는 입장에 있지만, 그 힘겨운 시절이 있었기에 현재의 내가 있다고 생각한다.

나는 현재 실무자를 대상으로 오프라인에서 교육하면서 그들과 대화를 하고, 네이버 '무역실무 교육' 카페를 통해서 실무자로서 회원들이 게시하는 실무자가 느끼는 어려움을 보면서 무역회사가 효율적으로 돌아가지 않는다는 것을 알았다. 물론, 과거 무역회사 말단 직원으로서 일하면서 나 자신도 회사의 업무가 효율적으로 진행되지 않음을 경험으로 느낄 수 있었다. 이런 나는 그들과 대화를 하고 그들의 어려움을 알면서부터 더욱더 무역회사들이 관리에 대해서 관리자라든지 대표님들께서 큰 중요성을 인식하지 못하고 있다는 느낌을 강하게 받을 수 있었다. 그래서 내가 진행하는 오프라인 교육에서 없었던 '무역관리' 교육을 추가하여 실무자들이 업무를함에 있어 보다 효율적으로 진행하여 효과적인 결과를 낼 수 있도록 하였다.

본 책은 지금까지 오프라인 교육에서 무역회사 실무자들에게 교육했던 무역관리에 대한 중요성과 관리 방법에 대해서 설명하고 있으며, 저자로서 관리에 많은 어려움을 겪고 있는 관리자분들께서 본 책으로 말미암아서 관리 방안에 대한 실마리를 찾을 수 있길 진심으로 기대한다.

CONTENTS

제1장

무 역 계 약

Ⅰ. 계약서 작성 전에 체크해야 할 사항

Ⅱ. 결제조건을 신용장(L/C)으로 결정하기 전 체크해야 할 사항

수입자 체크사항

제2장

무역서류 작성

I. 수출자가 작성하는 서류

II. 수입자가 작성하는 서류

제3장

무역 관리 대장 작성 및 관리 방법

I. 관리 대장 작성을 위한 기본 지식

제4장
이메일 관리 및 작성법

I. 이메일에 대한 올바른 개념 및 관리 방법

II. 아웃룩(Outlook)의 유용한 기능

III. 체계적인 이메일 작성 기술과 관례

제5장

실무에서 발생되는 사건과 해결 방법

제6장

무역 용어집

부록

제1장

무역계약

I. 계약서 작성 전에 체크해야 할 사항

1. HS Code 확인 및 중요성

무역을 하기 위해서는 아이템, 즉 제품이 있어야 합니다. 그리고 그 제품을 수출지에서 수출 신고하여 수출 통관 진행해야 하며, 수입지에서는 수입 신고하여 수입 통관 진행해야 합니다. 이때 필요한 것이 HS Code입니다. 제품 거래에서 가장 먼저 확인해야 하는 것이 해당 제품에 대한 HS Code 확인입니다.

1) 수입자의 HS Code 확인

A. HS Code 확인의 필요성

수입자는 특히 HS Code에 따라 결정되는 관세율과 수입요건이 수입원가 및 수입통관 절차에 지대한 영향을 주기 때문에 물품의 HS Code를 바탕으로 관세율이 몇 %인지 수입요건이 있다면 어떠한 절차에 의해서 얼마의 비용으로 요건 확인을 받는지를 반드시 알고 있어야 합니다. HS Code를 확인하고 관세율 및 수입요건 유무에 대한 확인 업무는 물품을 국내 항구/공항의 보세구역에 반입한 상태에서 진행하는 것이 아니라 매매계약 전에 해야 합니다. 좀 더 정확히 말하자면 거래 아이템을 선정하고 국내 시장조사를 하기 전에 해당 아이템에 대한 세관에서 인정하는 '정확한 HS Code'[1]를 확인해야 합니다.

컴퓨터 모니터가 국내에서 10만 원에 판매되고 있는데, 수출지인 중국에서 인천항구 도착 가격으로 견적 받기를 5만 원에 받았다고 가정해보겠습니다. 그래서 통관할 때 세액 및 기타 비용을 대략 1만 원 예상하고 이윤 1만 원 붙여서 7만 원에 판매할 수 있을 것이라고 생각한다면

---

[1] 정확한 HS Code란 수입지에서 수입 신고할 때는 수입지 세관이 인정하는 HS Code이며, 수출지에서 수출 신고할 때는 수출지 세관이 인정하는 HS Code가 됩니다. 정확한 HS Code에 대한 개념 정립은 중요한 부분이며, 관련하여 258쪽을 참고해주세요.

대단히 큰 실수입니다. 해당 상품의 HS Code 상의 관세율이 예상보다 훨씬 높을 수 있고, 수입요건이 존재한다면 요건 확인을 받기 위해서 수백만원의 자금이 필요할 수도 있습니다. 또한, 요건 확인 절차를 수입자 스스로 이해할 수 없어서 대행을 의뢰하는 경우 대행 수수료까지 발생할 것이며, 국내 보세창고에 반입된 물품을 요건 확인될 때까지 반출 못 하니 보세창고 비용 역시 상당히 발생할 것입니다.

그리고 정해진 아이템에 대한 HS Code의 수입요건은 수입지 세관에 수입신고 전에 받아야 하는 요건으로서 물품이 국내에 반입되어 유통이 되기 위해서 갖추어야 하는 요건이 아닙니다. HS Code와는 상관없이 '자율안전인증'과 같은 국내 유통을 위해서 받아야 하는 검사도 있을 수 있으며, 이러한 검사 역시 상당한 비용과 절차가 복잡할 수도 있습니다.

따라서 수입자는 a)거래 제품에 대한 수입지에서 인정하는 정확한 HS Code를 계약 전에 미리 확인하여 관세율이 몇% 인지 b)수입요건이 존재하는지, 그리고 존재한다면 얼마의 비용이 발생되며 어떠한 절차를 거쳐서 요건 확인을 받을 수 있는지를 미리 체크 해볼 필요가 있습니다. 또한, c)수입 통관 완료 후 국내 유통을 위해서 받아야 하는 검사 여부에 대해서도 반드시 계약 전에 체크할 필요가 있습니다.

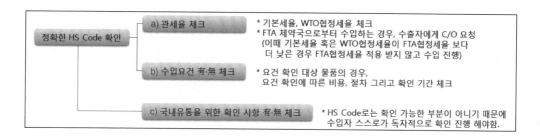

B. HS Code 확인 없이 수입 진행하는 경우 수입자가 직면하는 어려움

계약 당시 이러한 사실이 존재한다는 사실도 모른 채 계약하고 해당 건의 물품이 수입지의 항구/공항에 도착한 이후에 알게 되는 경우, 높은 관세율에 따른 세액 부담으로 인해서 혹은 수입 요건 확인에 따른 비용의 부담으로 인해서 수입 신고 한 번 제대로 못 해보고 반송Ship Back 하거나 보세구역/창고에서 폐기처분하는 극단적인 경우에 직면할 수도 있습니다.

반송을 하려면 수출자와 합의하에 진행해야 할 것인데 수출자가 거부할 수도 있고, 응해주더라도 수입자는 반송에 따른 모든 비용을 부담해야 할 수도 있습니다. 또한, 폐기처분을 한다 하더라도 그에 따른 비용이 발생하여 수입자가 해결해야 할 것입니다.

> a) HS Code의 관세율은 국내 산업을 보호하기 위해서 수입 물품에 대한 국내 산업의 경쟁력 강·약에 따라서 달라집니다. 우리나라의 경우 공산품에 대한 경쟁력이 강하기 때문에 공산품이 우리나라에 수입되더라도 우리나라 업체에 큰 타격을 주지 못합니다. 반면에, 농산물의 경우 대단히 큰 타격을 줍니다. 따라서 공산품에 대한 관세율은 상대적으로 낮고 농산물에 대한 관세율은 상대적으로 굉장히 높습니다.
>
> b) HS Code의 수입요건은 통상 해당 물품이 우리나라에 수입되어 우리나라 국민이 습취하거나 사용하는 데 있어서 안전상 문제가 될 수 있는 제품들에 대해서 존재합니다. 예를 들어, 농수산물, 가공식품, 의약품, 의약외품, 화장품, 전기제품 등이 있겠습니다.
>
> c) 국내유통을 위한 자율안전인증을 받아야 하는 경우는 통상 공산품에 해당합니다.

C. 취급 제품에 대한 HS Code 대장의 필요성

계약과는 상관없는 부분이지만, 수입자는 취급 제품에 대한 각각의 HS Code, 관세율, 수입요건을 기록한 대장을 보유할 필요가 있습니다. 한눈에 이러한 정보를 볼 수 있고 수입요건이 존재하는 경우 요건 확인을 받기 위한 절차 역시 기록되어 있다면 업무에 혼란을 줄일 수 있겠습니다.

2) 수출자의 HS Code 확인

A. 전략물자 유무 확인

수출자의 경우는 수출 관세는 없고 수출요건 또한 대부분 존재하지 않습니다. 다만, 해당 물품이 전략물자인지는 반드시 확인 후 수출 진행해야 합니다.[2]

---

2 자신이 수출하는 물품이 전략물자인지에 대한 확인은 관세사 사무실 혹은 yestrade(전략물자관리시스템, http://www.yestrade.go.kr/)을 통해서 확인 가능합니다.

B. FTA 체약국과의 거래에서

그리고 FTA 체약국으로 수출 진행하는 경우, 수입자가 수입지에서 FTA 협정세율을 적용받기 위해서 원산지증명서Certificate of Origin, C/O를 요구할 수 있습니다. 이때 수출자가 수출지에서 원산지증명서를 발급받을 때[3] 수입자에게 요청하여 수입지 세관에서 인정하는 HS Code로 수출지에서 원산지 인정을 받아야 합니다. 수출자는 계약 전에 이러한 내용을 미리 확인하여 계약 후 수출지에서 원산지증명서 발급에 차질이 없도록 해야겠습니다.[4]

예를 들어, 한국의 수출자가 한·아세안 FTA 체약국인 베트남으로 물품을 수출할 때 수입지 세관으로부터 FTA 협정세율을 적용받기 위해서 원산지증명서를 한국의 세관 혹은 상공회의소로부터 발급받아서 수입자에게 전달합니다. 이때 수출자는 수출물품에 대한 HS Code를 수출지 세관이 인정하는 HS Code를 바탕으로 원산지증명서를 발급받는 것이 아니라, 수입지 세관이 인정하는 HS Code로 발급받아야 합니다. 이를 위해서 수입자에게 의뢰하여 베트남 세관에서 인정하는 HS Code를 확인해서 해당 HS Code를 바탕으로 수출자는 수출지에서 원산지 인정을 받아야겠습니다. 수출자의 이러한 절차 없이 원산지증명서를 발급받는 경우 수입지에서 수입신고 할 때 FTA 협정세율을 적용받지 못하는 경우도 있겠습니다.

물론, 수입지 세관에서 인정하는 HS Code의 기본세율과 FTA 협정세율 중에 기본세율이 더 낮은 경우라면 수입자는 수출자에게 FTA 원산지증명서 발급을 요청하지 않고 기본세율을

---

3 FTA 원산지증명서의 경우 자율발급과 기관발급으로 나눌 수 있으며, 기관발급의 경우 대한상공회의소 무역인증서비스센터 혹은 세관에서 발급받을 수 있습니다.

4 C/O를 과거에 한 번도 발급받은 경험이 없는 수출자에게는 C/O 발급 과정에 있어 시간과 비용이 발생 될 것이며 상당한 어려움을 겪을 것입니다. 따라서 수출자는 FTA 체약국과의 거래에 대해서는 미리 관세사 사무실에 협조를 얻어 C/O 발행 관련 업무를 숙지 및 준비를 어느 정도 한 상태에서 계약 체결을 하는 것이 업무에 대한 부담을 조금이라도 줄이는 방법이 되겠습니다.

적용받는 것이 세액을 더 적게 납부하는 것이니 요구하지 않을 것입니다.

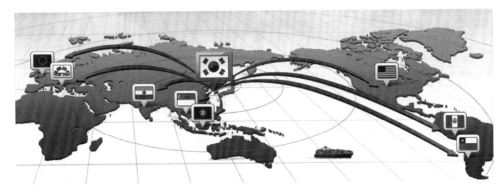

▲ FTA 관련 사이버 강의가 관세청 FTA 포털(http://fta.customs.go.kr/) 홈페이지에서 무료로 제공되고 있습니다. FTA 실무 담당자분들께서 업무 진행하심에 있어 도움이 될 것으로 판단됩니다.

2. 샘플 발송 및 확인

첫 거래의 경우 일반적으로 신용이 없는 상태이기 때문에 소량, 소액 거래를 합니다.[5] 경우에 따라서는 견적을 바탕으로 추가적인 내용을 이메일로 문의하여 답변받고 계약 후 오더를 진행하기도 하지만, 일반적으로 Buyer는 제품의 품질이라든지 디자인 및 시장성을 확인하기 위해서, 그리고 필요한 경우 제품 테스트를 목적으로 샘플을 요구합니다.[6]

---

5 물론, 중견기업 이상은 첫 거래부터 대량 오더 진행하는 때도 있겠지만, 대부분의 무역회사는 영세합니다. 따라서 첫 거래부터 무리하지 않는 것이 통상의 경우입니다.

6 상황에 따라서는 Seller가 Buyer의 샘플 요청이 없어도 샘플을 그것도 무상으로 보내주는 경우가 있습니다. 하지만, 자신이 Seller의 입장이라면 샘플을 발송할 때는 Buyer에게 샘플 발송비를 선불로 받는 것이 좋습니다. 즉, 샘플 비용을 받는 것이 적절하다는 말입니다. 그 이유는 Seller가 견적한 물품에 대해서 조금이라도 관심이 있는 Buyer라면 샘플을 자신의 눈으로 확인하고 싶은 마음이 있어 샘플 비용은 큰 문제가 되지 않기 때문입니다. 그리고 이렇게 샘플 구입에 대한 비용이 발생하더라도 비용을 결제하고 샘플을 받는 Buyer가 오더를 하는 경우가 대부분이기 때문입니다. 오더 진행 의사가 없는 Buyer는 비용을 지급하면서까지 샘플을 구입하지는 않는다고 할 수 있습니다. 물론, 기존에 상당히 거래를 하는 Buyer에게 신상품에 대한 견적 후 샘플 발송이 필요한 경우라면 무상으로 샘플을 발송하는 호의를 베풀 수도 있겠습니다. 하지만, 이러한 경우에도 유럽이라든지 미국 Seller는 인색한 경우가 있습니다.

1) 샘플을 받은 수입자가 해야 할 일

A. Sample Quality Report의 필요성

수입자가 샘플을 받으면 품질 및 디자인 등에 대해서도 확인을 해야겠지만, 매매계약 체결 후 정식 오더 제품을 수입 완료하였을 때 샘플과 동일한 제품을 받을 수 있는 조치를 해야 하는 것이 중요합니다(물론, 수입자는 자신이 원하는 샘플을 받기 위해서 최초 받은 샘플에 대한 부족한 점을 수출자에게 통지하여 수정 요구할 수 있음). 실제로 거래를 해보면 샘플과는 차이가 있는 물품을 받은 경우도 종종 발생합니다. 이를 방지하기 위해서 수입자는 'Sample Quality Report'를 만들어서 샘플에 대한 설명과 사진을 첨부하여 계약 전에 수출자에게 Confirm 받고 계약서에 첨부 후 샘플과는 상이한 제품을 받을 경우 클레임을 제기할 것이며, 이에 대해서 수출자는 어떠한 과정으로 보상해야 하는지를 계약서에 명시해야겠습니다(91쪽 G. Sample and Quality 참고).

샘플이라고 해서 인보이스 가격을 Under Value(Down Value) 해서 수입 통관 진행하는 행위는 옳지 못한 일입니다. 공문서 위조를 통한 관세 포탈 행위입니다. 수입 신고는 합리적인 가격(정상 거래 가격으로서 누가 보더라도 타당한 가격)으로 신고를 해야겠습니다.

B. 샘플 관리대장의 필요성

그리고 해당 건의 계약과는 상관없이 수입자는 샘플 관리대장을 만들어서 샘플을 체계적으로 관리할 필요가 있습니다. 어떠한 수출자에게 어떠한 샘플을 언제 받았고 어떠한 용도로 얼마나 사용하였으며 현재 얼마의 수량을 재고로 가지고 있는지에 대한 관리대장이 필요합니다. 이러한 대장이 없으면 특정 샘플이 재고로 있음에도 재고 파악이 되지 않아서 동일한 수출자에게 동일한 제품의 샘플을 요구하게 됩니다.

그 뜻은 수입자가 어떠한 용도로 사용하였는지, 그리고 그 결과에 대해서도 체계적으로 수출자에게 통지하지 않았다는 뜻이며, 이러한 업무 처리가 계속 되는 경우 수출자는 수입자의 관리 부실을 문제 삼을 수 있습니다. 특히, 수출자에게 독점권을 받아서 수입하는 수입자의 경우 샘플 관리를 체계적으로 하지 않는 경우 수출자로부터 경고성 발언을 받을 수도 있습니다. (샘플 관리대장 182쪽 참고)

2) 샘플을 발송하는 수출자가 해야 할 일

A. 정식 오더 건의 물품과 상이하지 않도록 주의

샘플을 발송하는 수출자는 수입자가 해당 샘플을 기초로 정식 계약이 이루어지고 샘플과 동일한 물품이 수입지에 도착할 것을 기대하고 있기 때문에 샘플이 차후 정식 계약 건의 물품에 비해서 차이가 나지 않도록 주의해야 합니다. 계약서에 '정식 오더 건으로 수입된 물품이 샘플과 상이한 경우 어떠한 조치를 수입자는 취할 수 있다'라는 조항을 수입자는 명시하기를 원할 것입니다. 따라서 수출자는 이러한 점을 유의해서 샘플을 발송해야 합니다.

B. 샘플 관리대장의 필요성

그리고 수출자 역시 샘플 관리대장을 만들어서 관리할 필요가 있습니다. 수출자 입장에서는 자신이 발송한 샘플에 대한 수입자의 평가와 어떠한 용도로 적절하게 잘 사용되었는지에 대한 결과를 알고 싶어 합니다. 또한, 이러한 정보는 수출자가 자신의 물품에 대한 수요 예측 및 부족한 점을 보완할 수 있는 정보가 되기 때문에 수출자 역시 샘플 관리대장을 만들어서 체계적으로 관리할 필요가 있겠습니다.

3. T/T로 결제조건을 지정할 경우 주의점

1). T/T 후결제에서 결제기일은 수출자가 돈을 받는 기일이 아니다.

T/T 후불조건으로서 결제조건이 'T/T 45 Days After B/L Date'라면, 해당 건의 적재일(B/L Date)을 기준으로 45일 되는 날짜가 바로 결제기일이 되며, 이때 결제기일이 8월 5일이라고 가정합니다. 결제기일이란 Buyer가 Seller에게 대금을 결제하는 기일이 됩니다. 따라서 8월 5일보다 이전에 결제해도 되지만, 그전에 결제하지 않고 기일인 8월 5일에 결제해도 된다는 뜻입니다.

무역 거래에서 수입지의 은행이 수입자의 요청에 의해서 대금결제를 상환은행(결제은행)을 통하여 수출지의 은행으로 하면, 수출지의 은행은 2~3일(혹은 4~5일) 이후에 결제를 받습니다. 따라서 수입자가 8월 5일에 대금 결제하면 수출자는 2~3일 이후에 결제받는 것이며, 특히 그 사이에 은행이 휴업하는 공휴일, 토요일, 일요일이 포함된 경우는 그 일자는 앞에서 말한 2~3일이라는 시간에는 해당 일이 포함되지 않기 때문에 더 늦은 일자에 결제받습니다.

따라서 T/T 후불에서 계약서에 명시된 결제기일은 수입자가 결제해야 하는 결제기일이라고 인지해야 하며, 수출자 자신이 결제받는 기일이라고 생각하면 안 됩니다.

2) T/T 결제할 때 '국외수수료' 누가 커버할 것인가?

T/T 결제할 때 수입자는 수입지에 위치한 자신의 거래은행을 통하여 송금 요청합니다. 그리고 해당 건의 금액을 수출자는 매매계약서에 명시된 자신의 거래은행을 통하여 결제받습니다.[7] 이때 수입지 은행, 그리고 수출지 은행이 업무를 해주기 때문에 각각 국내 수수료 명목으로 수수료가 발생됩니다. 수입지 은행의 국내 수수료는 수입자가 커버하는 것이 당연한 것이며 수출지 은행의 국내 수수료는 수출자가 커버하는 것이 당연합니다. 따라서 USD10,000을 보낸다면 수입자는 USD10,000과 국내 수수료를 함께 수입지 은행에 결제하는 것이고, 수출자

---

7 수출자는 매매계약서에 'Bank Information'이라는 명목으로 수출자 자신의 거래은행 정보와 자신의 계좌 정보(Bank Name, Bank Address, Swift Code, Account No., Beneficiary)를 수입자에게 알립니다. 우리가 국내에서 인터넷 뱅킹을 할 때도 수취인의 거래 은행명, 계좌번호, 예금주를 알려주는 것과 동일한 행위라고 할 수 있습니다.

는 USD10,000을 받는 것이 아니라 수출지 은행의 국내 수수료를 제외하고 결제받습니다.

이때 문제는 통상 수입지 은행IBK과 수출지 은행HSBC은 환거래 약정이 되어 있지 않아서 중간에 다른 은행CITI BANK을 거쳐서 송금이 이루어진다는 것입니다. 따라서 CITI BANK에도 수수료를 지급해야 합니다. 수입자는 수입지 은행에 T/T 송금 요청할 때 '전신환지급신청서'라는 서류를 작성하게 되며, 본 서류에 '국외수수료'라고 하여서 수출자Beneficiary 혹은 수입자Applicant가 명시되어 있고, 누가 커버할지를 작성자인 수입자가 체크하도록 되어 있습니다.

이러한 부분은 매매계약서를 작성할 당시 상호 합의하여 결론을 내리는 것이 좋습니다. 만약 결제조건을 T/T로 하여 반복적인 거래가 이루어지는 경우는 계약서에 'USD5,000 이상 송금 건에 대해서는 수출자가 국외수수료를 커버하고, USD5,000 미만 건에 대해서는 수입자가 국외수수료를 커버한다'라는 조항을 명시하는 것이 적절하겠습니다.

아무것도 아닌 것 같지만, 이러한 사전 합의 없이 수입자가 '전신환지급선청서'를 작성할 때 국외수수료 부담을 수출자가 한다라고 체크하여 수출자가 커버하게 된다면, 그리고 이러한 사실을 수출자가 알게 된다면 아무래도 수출자는 수입자에 대한 믿음이 약해질 수밖에 없습니다.

매매계약서를 작성할 때는 아무리 사소한 것이더라도 체크하고 넘어가야 할 것입니다.

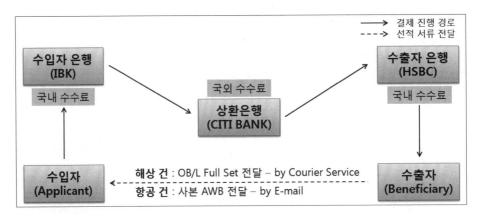

▲ Applicant : 전신환지급신청서를 작성하여 송금을 요청(Apply)하는 당사자로서 수입자
▲ Beneficiary : 수출 후 이익(Benefit)을 취하는 당사자로서 수출자

3) 해상 OB/L 전달

T/T 거래는 수입자와 수출자 양 당사자 간의 거래가 됩니다. 따라서 해당 건의 서류처리 역시 양 당사자 간에 진행합니다. 해상 건은 통상 Original B/L^{OB/L}로 발행되기 때문에 수입지에서 물품을 수입자가 찾으려면 OB/L을 수출자로부터 원본 그대로 전달받아야 합니다. 따라서 특송^{Courier Service}을 이용해서 OB/L을 Full Set(3부)으로 수입자는 수출자에게 직접 전달 받으니, 수입사는 수입시 포워너에게 1부를 원본으로 전달하고 운송비 결제 후 D/O 받습니다.

반면에, 항공 건의 경우 사본으로 운송장이 발행됩니다. 즉, 항공화물운송장^{AWB: Airway Bill}이 발행됩니다. 운송장^{Way Bill}은 사본으로서 특송을 통해서 보낼 이유가 없습니다. 이메일을 이용해서 수출지 포워더, 수출자, 수입자를 거쳐서 수입지 포워더에게 전달됩니다.

문제는 '결제조건이 T/T이고 해상 건으로서 OB/L이 발행된 경우, 수출자가 OB/L을 특송으로 수출자에게 발송해야 한다'라는 사실을 누락하여 수입자가 수입지에 물품이 도착했음에도 D/O를 받지 못하여 물품을 찾을 수 없는 상황에 직면하는 경우입니다. 이러한 사실을 수입자에게 통지받고 수출자가 아무리 신속하게 특송으로 OB/L을 보낸다 하더라도 상당 시간이 걸립니다. 그로 인해서 수입자는 국내 거래처와의 납품 기한을 어기게 되고 창고료라든지 기타 추가적인 비용이 발생할 수 있습니다.

수입자는 이러한 상황에 직면하게 되면 수출자에게 어떠한 절차로 손해배상을 청구하고 수출자는 어떠한 식으로 손해를 커버할 것인지를 계약서에 명시하는 것이 중요합니다. 빈번하게 발생하지는 않지만, 종종 이러한 일이 발생하고 그로 인한 피해가 상당할 수 있습니다.

물론, 이렇게 특송으로 OB/L 전달이 번거롭다면 Surrender 처리하여 혹은 처음부터 해상 건임에도 OB/L로 발행하지 않고 사본 운송장으로서 SWB^{Seaway Bill}로 발행하여 이메일로 처리하는 방법도 있습니다. 통상 이러한 식으로 진행을 수입자 쪽에서 요구하는 경우 수출자는 T/T 선불을 요구할 것입니다.

▶ 해상으로 진행되는 경우 화주의 요청이 없는 이상 대부분 Original B/L로 Full Set(3부) 발행됩니다. 결제조건이 T/T인 경우, 수출자와 수입자 양 당사자 간의 거래이기 때문에 서류 역시 수출자가 수입자에게 직접 전달하는데, 이때 국제택배 회사로서 DHL, Fedex, TNT, UPS와 같은 특송(Courier Service)회사를 통하여 서류 봉투에 OB/L을 포함한 선적서류를 동봉하여 수출자는 수입자에게 직접 발송합니다.

4. 결제조건의 명확한 표기

모든 계약조건에는 선불과 후불이 존재합니다. T/T, 추심(D/P, D/A), 그리고 신용장(L/C)은 단순히 결제를 어떠한 방식으로 한다라는 결제하는 방식을 말합니다. 예를 들어, 옥션에서 마우스를 구매하는데 계좌이체로 결제할 것인지 혹은 신용카드로 결제할 것인지를 정하는 것과 같은 결제 방식을 뜻합니다. 이러한 결제 방식이 곧 선불과 후불을 뜻할 수는 없습니다.

따라서 계약할 때 결제조건을 명시할 때 결제 방법을 명시하고 선불인지 혹은 후불인지 반드시 정확하게 명시해야 합니다.

1) T/T 결제 조건의 표기

T/T 선불	- T/T in Advance →(인보이스 총액 100% 선불)
T/T 후불	- T/T 35 Days After B/L Date - T/T 35 Days After Invoice Issuing Date →(인보이스 총액 100% 후불) * T/T 후불을 명시할 때는 기준일과 언제까지 결제할 것이라는 일자가 있어야겠습니다. * 'T/T 35 Days After B/L Date'의 경우, 기준일로서 B/L Date는 수출지의 항구/공항에서 물품을 적재On Board하는 날이며 해당 기준일로부터 35일을 더한 날을 결제기일로 하여 후결제하는 조건입니다. After가 오면 기준일은 제외하고 계산됩니다.
기타	- T/T 30% With Order, 70% Before Shipment. * T/T는 수출자와 수입자 양 당사자 간의 거래로서 결제를 언제까지 할 것이라는 내용을 정할 때도 상호 합의하에 정하면 됩니다. 상기 조건은 오더 하면서 30% 결제하고 선적 전에 나머지 70% 결제하는 조건이 되겠습니다.

* T/T 에서의 서류 및 결제 진행 과정에 대한 표는 28쪽을 참고해주세요.

2) 추심 결제 조건으로서 D/P 혹은 D/A의 표기

추심이라 함은 후불 결제 조건으로서 수출자를 기준으로 합니다. 추심거래에서 수출자는 해상 건이라면 OB/L과 기타 선적서류를, 그리고 항공 건이라면 AWB과 기타 선적서류를 수출지의 은행에 전달하고 수출지 은행은 이들 서류를 수입지의 은행으로 전달합니다. 그리고 수입지의 은행이 D/P At Sight 조건에서는 수입자에게 해당 건의 대금을 결제받은 이후에 수입자에게 서류를 전달하여 대금을 수출지 은행으로 결제하고 수출지 은행을 수출자에게 결제합니다.

그리고 D/A는 수출지 은행으로부터 서류를 받은 수입지 은행이 수입자에게 먼저 서류를 전달하고 명시된 기간 이내에 수입자에게 대금 결제받아서 수출지 은행 통해서 수출자가 결제받을 수 있도록 합니다.

추심결제 조건은 이렇게 수출자 입장에서는 D/P, D/A 모두 후불이지만, 수입자 입장에서는 D/P의 경우 선불이 되고 D/A의 경우 후불이 되는 조건입니다.

추심결제 조건은 신용장 조건과 같이 서류처리가 은행을 통해서 진행되지만, 은행은 수출자에게 해당 건의 대금에 대해서 지급 보증하지 않고, 수입자에게 계약서에 명시된 물품을 전달할 것이라는 보증 역시 하지 않습니다.

D/P	- D/P At Sight
D/A	- D/A 30 days After Shipment * 수입자는 수입지 은행으로부터 선적서류를 인수하고 수출지의 항구/공항에서 물품을 적재(On Board)한 날로부터 30일 이내까지 수입지 은행에 해당 건의 대금을 결제하는 조건입니다.

D/P Usance : D/P at 30 days After Sight와 D/A의 차이점

▲ D/P At Sight는 선적서류가 수입지 은행에 도착하면 바로 수입자에게 대금 징수하고 선적서류를 인도하는 원래 의미의 D/P를 말합니다. 하지만, D/P Usance는 선적서류 도착 후 명시된 기간 이후에 수입자에게 전달하는 조건이며, 반면에, D/A는 서류를 수입자에게 전달 후 명시된 기간 이내로 결제를 받는 조건입니다.

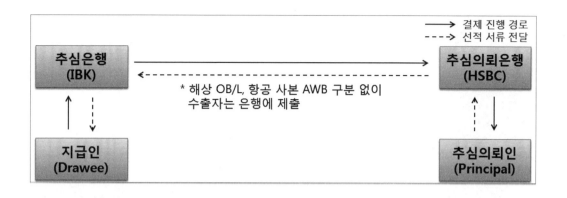

추심의뢰인	선적 후 선적했음을 증명하는 선적서류와 추심의뢰를 신청하는 추심의뢰서 그리고 환어음을 발행하여 거래 은행에 추심 의뢰하는 고객으로서 수출자를 말합니다. 또한 수출자는 추심 거래에서 환어음을 발행하는 발행인(Drawer)이자 채권자로서 환어음 상의 To 즉, 지급인(Drawee: 수입자)에게 선적 대금을 추심의뢰은행(수출자의 거래 은행)으로 지급할 것을 요청합니다.
추심의뢰은행	수출지에 위치한 수출자의 거래은행으로서 수출자로부터 추심 의뢰 받는 은행입니다. 수출자가 제출한 선적서류와 환어음을 수입지의 추심은행으로 보내어 추심 의뢰하고 해당 은행으로부터 대금 결제를 받아서 수출자에게 결제합니다.
추심은행	수입지에 위치하여 선적서류를 지급인(수입자)에게 D/P, D/A에 따라 전달하고 해당 건의 대금을 지급인에게 결제 받아서 추심의뢰은행에 결제하는 은행입니다.
지급인	해당 건의 선적 대금을 지급하는 채무자로서 수입자를 말합니다. 따라서 추심의뢰인은 환어음 작성 할 때 To 부분에 지급인으로서 수입자를 명시해야 합니다. 참고로 추심(D/P, D/A) 결제조건이 아니라 L/C 결제조건의 경우 환어음 To 부분 지급인(Drawee)은 신용장 '42A Drawee' 조항에 명시된 은행이 되어야 합니다.

3) L/C 결제 조건 표기

At Sight (선불)	- L/C by Negotiation At Sight
Usance (후불)	- L/C by Negotiation Banker's Usance - L/C by Negotiation Shipper's Usance * 매입신용장에서 후불은 Banker's와 Shipper's로 나누어지며, 수출자 입장에서 Usance L/C의 신용공여 주체가 은행(Bank)인지 수출자(Shipper) 자신인지는 대단히 중요한 문제가 됩니다(참고 60쪽).

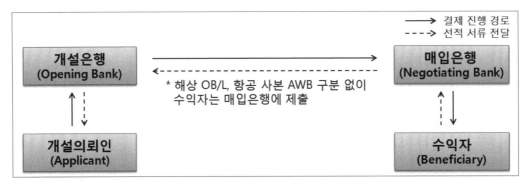

▲ L/C 결제조건에서의 결제 진행 경로 및 서류 처리과정

Applicant	신용장개설신청서를 작성하여 신용장 개설 신청(Apply)을 하는 당사자로서 수입자를 말합니다. 수입자는 자신의 거래 은행에 자신을 대신하여 수출자에게 대금 결제 보증을 요청하기 위해서 신용장개설신청서를 작성하는 것이며, 이러한 요청을 받은 은행이 응답하면 비로소 수입자를 대신하여 해당 은행(개설은행)이 수출자가 신용장이라는 계약서와 같이 수출 진행하고 해당 선적서류 및 기타 서류를 은행에 제출하면 대금 결제를 하겠다는 보증을 하는 신용장은 개설 완료됩니다.
개설은행	수입자의 요청을 받아서 수출자에게 대금 지급을 보증하는 은행으로서 통상 수입지의 수입자 거래은행입니다. 수입자의 매출력과 자금력 그리고 신용도를 평가 후 신용장 개설 신청에 응해주며, 수입자가 그러한 능력이 없으면 응해주지 않습니다.

매입은행	개설은행의 대금 지급 보증에 따라서 수출자가 수출 후 선적 서류와 매입신청서, 환어음 등의 서류를 제출하는 은행을 말합니다. 선적서류는 곧 물품으로서 해당 은행은 수출자가 신용장 조건과 일치하게 수출 진행했을 경우 수출 대금을 지급합니다. 다시 말해서 해당 은행이 수출자가 제시한 서류를 구매 즉, 매입합니다. 따라서 수출자는 매입신청자이며 해당 은행은 매입을 하는 매입은행이 됩니다.
수익자	수출 후 이익(Benefit)을 취하는 당사자로서 수출자가 됩니다.

5. 제품 생산 후 선적 및 수입 통관 스케줄

거의 모든 매매계약서에는 '언제까지 선적을 완료한다'라는 내용이 기재되어 있으며, 이러한 조항을 선적기일이라 합니다.

수출자 확인 사항

수출자는 매매계약서에 이러한 선적 혹은 납기 관련 사항을 명시하기 전에 제조사와 이러한 스케줄을 확인하여 계약서에 명시해야겠습니다. 선적 및 납기 스케줄이 계약 후 변경이 되면, 해당 건의 결제조건이 L/C의 경우 L/C Amend를 해야 하고 관련 수수료도 발생하기 때문입니다.

수입자 확인 사항

수입자 역시 수입해서 자신이 국내 거래처에 판매 혹은 수입자 자신이 제조하는 경우 생산 스케줄에 맞게 물품을 수입 통관 완료해야 하기 때문에 수입지에 도착이 언제까지 되며, 통관을 위해서는 얼마의 시간이 필요한지에 대한 스케줄 확인은 필요한 부분이 되겠습니다.

결제조건이 L/C라면 선적기일을 명시하는 44C 조항에 대해서 양 당사자는 민감하게 반응하며, 이러한 선적기일은 빈번히 조정되기 때문에 이러한 이유로 L/C Amend 신청이 잦습니다.

L/C 조건에는 44C 선적기일 조항뿐만 아니라 선적서류(46A)를 언제까지 매입은행에 제출할 것을 요구하는 48 Period for Presentation 조항이 있습니다.

31D Date and place of expiry	: (date) 2012-08-27
	(place) IN YOUR COUNTRY
44C Latest Date of Shipment	: 2012-08-05
46A Document Required	: + SIGNED COMMERCIAL INVOICE IN 3 COPIES
	+ FULL SET OF CLEAN ON BOARD OCEAN
	BILLS OF LADING MADE OUT TO THE ORDER
	OF ABC BANK FREIGHT COLLECT NOTIFY
	EDUTRADEHUB
	+ PACKING LIST IN 3 COPIES
48 Period for Presentation	: DOCUMENTS MUST BE PRESENTED WITHIN 21 DAYS
	AFTER THE DATE OF SHIPMENT BUT WITHIN THE
	VALIDITY OF THE CREDIT

▲ 신용장은 수입자의 개설 요청에 따라서 수입자를 대신해서 개설은행이 개설하여 수출자에게 지급 보증하는 것이기 때문에 신용장상에서 OUR는 개설은행이 되며, YOUR 는 수출자가 됩니다.

▲ 실제 선적은 44C(S/D) 이내로 했지만, 실제 선적일 기준으로 21일을 더한 일자가 신용장 31D(E/D, 신용장 만기일)보다 늦은 날짜라면 48 조항은 무시되고 수출자는 무조건 E/D보다 빨리 선적서류를 매입은행에 제출해야 합니다. E/D는 신용장의 유효기간이 만료되는 일자로서 수출자는 자신이 신용장과 관련하여서 해야 할 모든 일을 E/D 안에 진행해야 합니다. 수입자가 선적서류 인수하는 것과 E/D는 무관합니다. 이유는 신용장이란 수입자에게 개설 요청을 받은 개설은행이 수출자에게 보증하는 계약서이기 때문입니다..

48 조항에서 명시한 선적서류 제출 기일[8]에 따라서 매입 신청 시점이 결정되며 해당 기간이 길면 길수록 수출자는 매입신청에 대한 여유를 가질 수 있겠지만, 반대로 수입자는 그만큼 수입지에서 선적서류를 개설은행으로부터 늦게 전달받습니다. 이러한 상황에서 만약 운송 구간이 짧아서 개설은행에 선적서류가 도착하기 전에 배가 항구에 먼저 입항하면 수입자는 빠른 통관 진행을 위해서 L/G(수입화물 선취보증서)를 개설은행으로부터 발급받아야 하고 그에 따른 수수료를 커버해야 하는 불이익을 당할 수 있습니다.

---

8 통상 the date of shipment(물품을 수출지의 항구/공항에서 배/항공기에 적재 완료한 실제 적재일)를 기준으로 21일을 제시합니다. 하지만, 수출자와 수입자의 합의하에 해당 기간을 21일이 아니라 21일보다 짧게 혹은 길게 조절할 수 있습니다.

SUNDAY	MONDAY	TUESDAY	WEDNESDAY	THURSDAY	FRIDAY	SATURDAY
			1 E.T.D.(선적일)	**2**	**3**	**4**
5 44C (S/D)	**6**	**7**	**8**	**9**	**10**	**11**
12	**13**	**14**	**15**	**16**	**17**	**18**
19	**20**	**21**	**22** 48 선적서류 제출기한	**23**	**24** E.T.A.(입항일)	**25**
26	**27** 31D (E/D)	**28**	**29**	**30**	**31**	

▲ 수출자가 '48 선적서류 제출 기일' 이전에 매입 신청할 수도 있지만 실제로는 선적서류 제출 기일에 해당하는 22일에 매입 신청을 한다면, 해당 건의 선적서류는 수입지 개설은행에 그만큼 늦게 도착합니다. 22일에 수출지 매입은행에 매입 신청한 서류가 수입지 개설은행에 해당 건의 실물이 도착하는 24일까지 도착하지는 않습니다. 따라서 이러한 상황에서 수입자는 L/G 수수료를 커버하면서 L/G를 발급받아야 할 수 있습니다.

▲ 수입자는 항해일자를 고려하여 계약 당시에 신용장 48 조항에 대한 기일을 조절해야 합니다. 상기의 상황에서는 실제선적일(On Board Date)을 기준으로 하여 21일을 48 조항에서 제시할 것이 아니라 21일보다 짧은 10일 정도를 제시하는 것이 적절할 것입니다.

결론적으로 결제조건과 상관없이 수출지에서의 선적기일은 양 당사자에게 중요한 부분으로서 상당한 주의를 기울여야 할 것입니다. 결제조건 L/C에서는 44C 조항이 선적기일에 해당하며, 특히 L/C에서는 선적서류 제출 업무도 수입자가 수입지에서 원활하게 통관 진행함에 있어 상당한 영향을 미치니 48 조항에 대해서도 상호 신중한 합의를 거쳐야 할 것입니다.

6. 가격조건(인코텀스)에 따른 견적가 재확인 및 수입통관을 위한 자금 준비

1) 수출자는 제시한 견적 확인

수출자의 경우 견적서에 가격조건Price Term, Incoterms을 기초로 수출 단가를 계산하여 견적을 했을 것입니다. 이를 위해서 수출자는 반드시 가격조건에 대한 이해가 필요합니다. 즉, FOB 조건은 비용 분기점이 어디니 어떠한 비용을 단가에 포함해서 수입자에게 결제받아야 하는지에 대한 이해입니다. 이러한 이해가 없으면 수출자는 견적을 제시할 수 없으며, 잘못 이해하여 견적을 제시한 경우 수출하고도 마이너스가 될 수 있습니다. 따라서 정식으로 매매계약이 이루어지기 전에 반드시 다시 한 번 자신이 제출한 견적서의 가격조건하의 단가가 적절한지 확인에 확인 작업을 해야겠습니다.

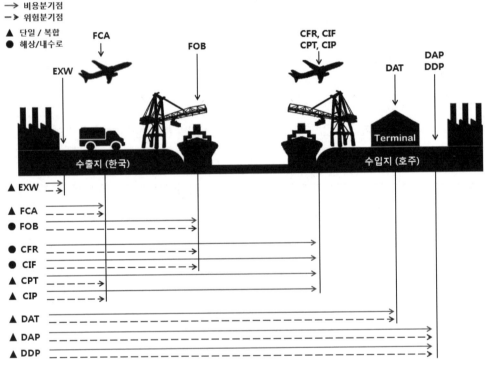

▲ FAS 조건은 컨테이너 운송 조건이 아니기 때문에 제외합니다.

* EXW Seller's Suwon Warehouse, Korea ------------------ USD50 / pc

+ Packing까지 완료하여 지정된 장소에 두는 때까지 발생하는 수출자의 마진을 포함한 모든 비용
(공장출고가)

뜻풀이 Ex는 '~로부터 인도하는'이라는 뜻이 있고, Works는 작업장으로서 수출물품이 보관된 수출자의 공장/창고가 됩니다. 그러니 EXW(Ex Works)는 수출물품이 있는 수출자의 공장/창고로부터 인도되는 조건이라는 뜻입니다. 그렇다고 해서 실무에서 EXW 뒤의 지정 장소가 항상 수출자의 공장/창고가 되는 것은 아닙니다. 수출지의 기타 내륙지점이라든지 공항이 지정 될 수 있습니다. 이러한 경우 그 지정 지점이 비용분기점이 됩니다.

* FOB Busan Port, Korea ------------------ USD100 / pc

+ 수출 통관 비용 및 내륙운송비

+ 수출지 항구의 부대비용

+ 기타 수출지 항구에서 수입자에 의해서 지정된 배에 적재 완료까지 발생하는 수출자의 마진을 포함한 모든 비용

뜻풀이 F는 Free이며, OB는 On Board(적재)를 뜻합니다. 그러니 FOB는 수출자가 물품을 수입자에 의해서 지정된[9] 수출지의 항구에 정박한 배에 적재(On Board)하는 순간 수출자의 의무는 Free가 된다는 뜻입니다. FCA 조건에서 F 역시 Free이며, CA는 Carrier(운송인)를 뜻합니다. 따라서 FCA는 수출자가 수출물품을 수입자에 의해서 지정된 운송인(포워더)에게 전달하면 수출자의 의무는 Free가 된다는 조건입니다.

* CFR Sydney Port, Australia ------------------ USD120 / pc

+ 해상운임(Ocean Freight, O/F)

뜻풀이 C는 Cost 물품에 대한 원가를 뜻하는데 저자의 소견으로는 FOB 가격을 뜻하는 것으로 판단됩니다. FR은 Freight(운임)의 약자입니다. 따라서 CFR이란 FOB + Freight가 됩니다. 다시 말해서 해상 운송 조건으로서 CFR이란 FOB 가격에서 해상운임(O/F) 만을 포함하는 가격조건이 됩니다.

---

9 포워더 지정은 인코텀스 조건에서 운임을 누가 커버하느냐에 따라서 결정됩니다. 자세한 내용은 46쪽 「3) 포워더 지정」 부분을 참고해주세요.

* CIF Sydney Port, Australia ------------------ USD125 / pc

+ 보험료(Insurance)

> [뜻풀이] C는 Cost이고 I는 Insurance(보험료)이며, F는 Freight입니다. 따라서 해상 운송 조건으로서 CIF는 FOB 가격을 기준으로 보험료와 해상운임을 포함하는 가격조건이 됩니다.

* DAT Sydney Port, Australia ------------------ USD145 / pc

+ 수입지 항구의 부대비용

> [뜻풀이] D는 Delivery이며, AT는 At Terminal이라는 뜻입니다. Terminal이란 지정목적항이나 지정목적지라고 생각하면 됩니다. 지정된 장소에서 발생하는 비용까지 포함하는 가격조건입니다. C 조건의 경우 뒤에 수입지 항구가 나오지만, C 조건은 수입지 항구에서 발생하는 부대비용을 포함하지 않는 조건입니다.

* DAP Sydney Buyer's Warehouse ------------------ USD155 / pc

+ 수입지 내륙운송비

> [뜻풀이] D는 Delivery이며, AP는 At Place입니다. 통상 수입지 내륙 지점을 뜻하며, 해당 지역까지 수출자의 비용과 위험으로 운송을 해야 하니 관련 비용은 제시 가격에 포함됩니다. 실무에서 DAP 혹은 DDP 조건 뒤의 지명이 수입지 내륙이 아니라 수입지의 도착 항구 혹은 공항이 오는 경우가 있는데 이 경우에는 지정된 항구/공항에서 내륙의 특정 지점까지의 내륙 운송비에 대해서는 수출자가 커버하지 않으며 따라서 견적가에도 포함되지 않습니다..

* DDP Sydney Buyer's Warehouse ------------------ USD170 / pc

+ 수입통관 수수료
+ 수입 관세 및 부가세 납부[10]

> [뜻풀이] D는 Delivery이며, DP는 Duty Paid입니다. DDP 조건 뒤에 지정된 수입지의 지점까지 수출

---

10 DDP에서 Duty의 사전적 의미는 관세를 말합니다. 그러나 실무에서 DDP로 거래할 때, 수출자가 수입자에게 제시하는 견적가 및 C/I 단가에는 수입지에서 발생되는 관세뿐만 아니라 부가세도 포함될 수 있습니다. 물론 양자 간의 협의를 통해서 DDP 조건 하에서의 수출자 C/I 단가에 관세만 포함된다고 계약할 수도 있습니다. 어쨌든 통상 DDP 조건에서의 C/I 단가는 관세와 부가세를 포함하며, 수입자는 자국으로 수입 신고하여 납부할 관세와 부가세를 물품 단가에 포함해서 수출자에게 결제합니다. 이후 수입지에서 수입신고 후 관세와 부가세의 납부는 해외 수출자가 할 수 없으니, 포워더가 대납 후 수출자에게 청구합니다. 결국, DDP 조건으로 거래할 때(유상 거래), 수입국에 납부하는 관세와 부가세는 수입자의 주머니에서 나오게 됩니다. 물론 수출자가 DDP 조건으로 수출하는 물품에 대해서 수입자에게 무상(공짜, Free of Charge, No Commercial Value)으로 제공하면, 수입국에 납부하는 관세와 부가세뿐만 아니라 물류비 등을 포함한 모든 비용은 수출자의 주머니에서 나옵니다.

자의 비용과 위험으로 운송을 하고, 수입지에서의 수입 신고 역시 수출자의 비용으로 진행됩니다. 또한, 수입지에서 부과하는 관세 역시 수출자의 커버 부분입니다. DDP 조건으로 포워더를 통하여 진행하는 경우, 포워더가 수입지의 관세를 대납하고 차후에 수출자에게 청구하는데 포워더가 대납 가능한 수준의 금액인 경우에 한합니다. 인보이스 금액이 상당한 경우 수입신고 물품의 HS Code에 따른 관세율이 낮다 한들 관세는 상당할 것이며, 이러한 경우는 포워더가 대납할 수 있는 수준 밖으로서 DDP 보다는 DAP 조건으로 진행하는 것이 적절합니다.

수출자는 인코텀스가격조건를 기초로 하여 가격을 제시합니다. 수출자의 의무가 가장 적은 EXW 조건은 수출자가 통상 수출물품이 보관된 수출지의 공장/창고의 앞마당에 두기만 하면 수입자에 의해서 지정된 포워더가 물품을 가져가는 조건으로서 포워더에게 인도 시점부터 발생하는 수출통관비용을 포함한 모든 비용은 수입자가 직접 관련 업무를 대행한 포워더에게 결제합니다. 반면에, CFR 조건[11]은 수출자가 자신의 비용으로 물품을 수입지의 항구까지 운송해주는 조건이기 때문에 공장출고가(EXW) 기준으로 수입지 항구에 도착할 때까지 발생하는 수출지의 내륙운송비, 수출지 항구의 부대비용, 해상운임을 모두 수출자 자신이 커버해야 합니다. 따라서 수출자가 직접 해당 업무를 대행하는 당사자에게 관련 비용을 지급해야 하니 수입자에게 제시하는 견적가에는 관련 비용이 포함되어야 합니다.

다시 말해서 EXW 조건에서는 수출지의 내륙운송비용부터 발생하는 비용을 수입자가 직접 관련 업무를 대행한 당사자에게 지급하는 조건이고, CFR은 수입지 항구까지의 비용을 수입자가 관련 업무를 대행하는 당사자에게 직접 지급하는 것이 아니라, 수출자가 제시하는 인보이스 단가에 해당 비용이 포함되어 있으므로 수출자는 이러한 비용을 수입자에게 결제받아서 해당 업무를 대행 한 당사자에게 지급하는 조건이 됩니다(간혹 실무 초보자분들께서 이러한 개념을 이해하지 못하시는 경우가 있어 설명 드렸습니다).

---

[11] CFR, CIF 가격 조건에는 수입지 항구에서 발생되는 부대비용은 제외됩니다. 수입지 항구에서 발생되는 부대비용까지 포함하는 가격조건은 D 조건이 됩니다.

2) 수입자는 수입통관을 위한 자금 준비

수입자의 경우 수입지에서의 원활한 통관을 위해서, 그리고 수입 원가가 얼마나 되는지에 대한 확인을 위해서 계약 진행 전에 미리 세액, 운송비, 창고료 등 수입통관 비용을 계산해 볼 필요가 있겠습니다.

확인 결과 수입자가 당장 필요한 수입 물량을 한 번에 수입 신고하는 경우 해당 건의 **HS Code** 상 관세율은 6.5%이지만, 신고 금액이 상당하여 세액 납부에 대한 부담을 느낄 만한 경우라면, 수입자는 필요 수량을 한 번에 계약은 하지만, 선적을 분할로 진행할 것을 계약서에 명시할 수 있습니다.

수입지에서 예상되는 세액					
제품명	FOB 가격	운임	보험료	HS Code / 관세율	과세환율
Sausage Casing	USD350,000	₩1,500,000	가입하지 않음	3917.10-1000 6.5%(WTO 협정세율)	₩1,050

과세가격	: (USD350,000 × ₩1,050) + ₩1,500,000 + ₩0 = ₩369,000,000
관세	: ₩369,000,000(과세가격) × 6.5%(관세율) = ₩23,985,000
부가세	: (₩369,000,000(과세가격) + ₩23,985,000(관세) × 10%(부가가치세율) = ₩39,298,500
세액합계	: ₩23,985,000 + ₩39,298,500 = ₩63,283,500

▲ 관세청 홈페이지에서 수입물품의 HS Code 상 수입 관세율**12** 및 수입 신고일 당시의 과세환율**13**을 조회할 수 있습니다.

---

12 관세청 홈페이지(http://customs.go.kr) 메인 화면 → '패밀리사이트'(우측 상단) 클릭 → 'UNI-PASS 전자통관' 클릭→ 새로운 창 나타나고 팝업 설치 완료 → '정보제공' 아래에 '품목분류정보' 클릭 → '품목분류 검색'(우측 상단) 바로가기 클릭 → 검색 창에서 수입물품의 HS Code 검색 → 해당 HS Code의 수입 관세율 및 수출입 요건 有無 확인 가능.

13 관세청 홈페이지(http://customs.go.kr) 메인 화면 → '패밀리사이트'(우측 상단) 클릭 → 'UNI-PASS 전자통관' 클릭 → 새로운 창 나타나고 팝업 설치 완료 → '조회서비스'(중앙 하단) 아래 '주간환율' 클릭 → '과세'로 클릭 후 '조회'(우측 상단) 클릭 → 과세환율 확인 가능.

Sales Contract

\<Description\>

Item	Q'ty	U'price	Amount
Sausage Casing	1,000 CTNs	USD350.00	USD350,00.00

\<Conditions\>

Price Term	: FOB Sydney Port, Australia
Request Shipment	: 2012-09-25
Partial Shipment	: Allowed
	1st Shipment : By Vessel 500 CTNs
	2nd Shipment : By Vessel 500 CTNs

▲ 분할선적(Partial Shipment)은 총 계약 수량에 대한 선적기일은 존재하지만, 각각의 분할 선적 건에 대한 선적기일은 존재하지 않습니다. 각각의 선적 건에 대해서도 선적기일을 명시하는 것은 할부선적(Instalment Shipment)이 됩니다. 하지만, 실무에서는 분할선적과 할부선적을 특별히 구분할 필요는 크게 없을 것으로 판단됩니다. 즉, 계약서에 상기와 같이 Partial Shipment라 명시하고 각각의 선적 건에 대해서도 선적기일을 명시해도 문제는 없을 것입니다.

7. 가격조건에 따른 포워더의 서비스 질

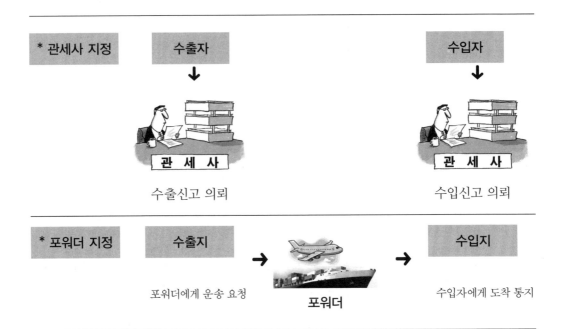

▲ 수출지의 세관과 수입지의 세관은 별개로 움직이며 관세사 지정 역시 수출자는 수출지의 관세사를, 수입자는 수입지의 관세사를 별도로 직접 지정합니다. 하지만 운송 서비스를 대행하는 포워더는 수출지의 포워더와 수입지의 포워더가 서로 파트너사로서 하나의 업체처럼 움직입니다. 따라서 포워더 지정은 인코텀스 조건에 따라서 양당사자 중에 한쪽이 지정합니다.

1) 관세사 지정

물품이 수출지에서 수입지로 이동하기 위해서, 수출지의 세관에 수출신고를 해야 하고 수입지의 세관에는 수입신고를 해야 합니다. 이때 수출자가 수출신고를, 수입자가 수입신고를 직접 하기란 상당히 어렵고 까다로운 난관에 직면할 수 있으며, 직접 신고 진행자가통관할 수 있는 능력을 갖춘 화주무역회사라 할지라도 업무에 대한 효율성 때문에 이러한 수출신고, 수입신고 업무를 전문적으로 진행하는 관세사 사무실에 대행 의뢰합니다. 다시 말해서 수출지 세관과 수입지 세관은 별개로 움직이는 것이며 신고 대행 업무를 하는 관세사 역시 별개로 움직입니다. 수출자는 수출신고 의뢰를 수출지에 위치한 관세사에게 직접 요청하며, 수입자는 수입신고 의뢰를 수입지에 위치한 관세사에게 직접 요청합니다.

▲ 일반적으로 업무에 대한 효율성 때문에 화주(무역회사)는 스스로 세관에 수출/수입 신고하지 않고 관세사
사무실에 대행 의뢰합니다.

2) 포워더 개념

포워더는 운송사입니다. 포워더 역시 수출지의 포워더와 수입지의 포워더가 존재하지만, 수
출지의 세관과 수입지의 세관처럼 별개로 움직이는 것이 아니라 서로가 협력업체파트너로서 함
께 움직입니다. 옥션에서 물품을 구매하고 발송자가 우체국 택배로 물품을 발송하면 구매자
는 무조건 우체국 택배를 통해서 물품을 받습니다. 즉, 운송사는 발송지의 운송사와 도착지의
운송사가 연결되어 있을 수밖에 없습니다. 비록 수출지의 포워더와 수입지의 포워더가 상호는
상이하지만, 파트너사로서 하나의 존재처럼 움직인다고 생각하면 됩니다.

그렇다면 수출지에서 수입지로 물품 운송을 대행하는 포워더를 누가 지정할 것인지에 대한
문제가 생깁니다.

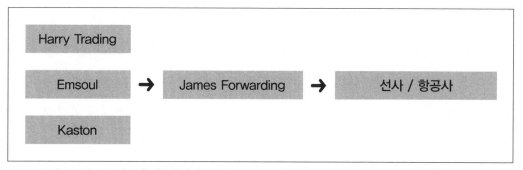

▲ James Forwarding과 같은 포워더는 Harry Trading과 같은 무역회사와 한진해운/대한항공과 같은 배/
항공기를 보유한 선사/항공사의 중간에서 서로 연결해줍니다. 실무에서 화주는 포워더를 사용해야 하며,
이들 포워더는 화주를 대신해서 운송 관련 전산 및 서류 작업 등의 서비스를 대행하고 이익을 취합니다.
포워더란 '화주로부터 물품을 받아서 선박/항공기를 보유한 운송회사에 전달한다(Forwarder)'라는 의미
를 가지고 있습니다.

3) 포워더 지정

인코텀스 조건에 따라서 운임(Freight, 수출지의 항구/공항에서 배/항공기에 적재하여 수입지의 항구/공항에 도착 후 배/항공기에서 하역하기 직전까지의 비용)을 누가 직접 포워더에게 결제하느냐에 따라서 포워더 지정 권리가 달라집니다. EXW, F-Terms는 운임을 수입자가 직접 포워더에게 결제하니 수입자가 포워더를 지정하는 권리를 가지며, C-Terms, D-Terms는 수출자가 견적가에 운임을 포함하여 수입자에게 받아서 수출자가 직접 포워더에게 전달하니 포워더 지정 권리가 수출자에게 있습니다.

4) 포워더 지정과 포워더의 서비스 질

화주에게 운송 서비스를 의뢰받는 포워더는 선사/항공사로부터 운임 견적을 받아서 자신들의 이윤을 더하여 화주들에게 영업을 합니다. 다시 말해서 포워더는 '운임' 부분에서 자신들의 마진(물론, 다른 비용에 대해서도 수익 발생)을 취합니다. 그렇다면 당연히 운임을 결제하는 당사자에 대한 운송 서비스의 질이 상대적으로 좋을 수밖에 없습니다.

EXW, F-Terms는 운임을 수입자가 커버하고 포워더를 수입자가 지정Nomi, Nomination하기 때문에 아무래도 수입지 포워더가 수입자에 대한 서비스의 질이 수출지 포워더의 수출자에 대한 서비스 질보다는 상대적으로 좋을 수밖에 없습니다. 해당 건에 대해서 포워더를 수입자가 지정하여 포워더에게 매출을 발생시켜주고 마진을 취할 수 있게 만드는 주체가 바로 수입자이기 때문입니다.

반면에 C-Terms, D-Terms에서 운임은 비록 수입자의 주머니에서 나오지만, 그 운임은 수출자의 견적가에 포함되어 수출자가 수입자에게 받아서 수출자가 수출지 포워더를 직접 지정하여 운임 역시 수출자가 직접 수출지 포워더에게 결제합니다. 즉 포워더에게 매출을 발생시켜주고 마진을 취할 수 있도록 하는 주체가 수출자가 됩니다. 따라서 상대적으로 수입지 포워더의 수입자에 대한 서비스의 질은 상대적이지만 낮을 수밖에 없습니다.

EXW, F-Terms에서 수출자는 포워더에게 견적 받아서 포워더를 지정하는 업무에 대한 부담은 없지만 그만큼 수출지 포워더에게 대우를 받지 못하는 것이며, C-Terms, D-Terms에서 수입자는 포워더에게 견적 받아서 포워더를 지정하는 업무에 대한 부담은 없지만 그만큼 수입지 포워더에게 대우를 받지 못하는 것입니다.

따라서 이러한 점을 고려하여 수출자에 의해서 제시된 가격조건(인코텀스)의 변경을 원하는 경우 서로 합의점을 찾으면 되겠습니다.

II. 결제조건을 신용장(L/C)으로 결정하기 전 체크해야 할 사항

*신용장에서는 수입자를 개설의뢰인, 수출자를 수익자라고 명시하지만, 본 책에서는 편의상 구분하지 않겠습니다.

수입자 체크 사항

1. 수입자의 신용장 개설 신청에 대한 은행의 동의 여부 사전 체크

1) L/C 개설 신청 의뢰 은행과 사전 합의

매매계약서의 결제조건Payment Method을 L/C신용장, Letter of Credit로 결정해야 할 필요가 있는 계약 건에 대해서, 수입자는 계약서에 결제조건을 L/C로 확정하기 전에 자신의 거래은행에 자신을 위해서 신용장을 개설해 줄 수 있는지 반드시 체크해야 합니다. L/C라는 것은 수입자의 요청을 받은 은행이 수입자를 대신해서 수출자에게 신용장 조건과 같이 수출 진행하면 수입자를 대신하여 은행이 해당 건의 대금 지급을 보증하는 하나의 계약서입니다.

▲ 매매계약서를 바탕으로 수입자는 은행에 신용장 개설 신청서를 작성하여 수입자 자신을 대신해서 수출자에게 해당 건의 대금 지급 보증을 요청합니다. 그러면 은행은 수입자를 대신해서 수출자에게 대금 지급을 보증하는 신용장이라는 계약서를 개설하여 수출자에게 통지은행을 통하여 전달합니다.

그런데 은행이 보기에 수입자가 매출도 없고 신용도 역시 전무하다면 은행은 수입자를 믿지 못할 것이고, 은행이 수입자를 대신해서 거래 금액에 대해서 수출자에게 지급 보증하는 일은 절대 없을 것입니다. 따라서 견적을 바탕으로 매매계약서를 작성하기 전에 결제조건이 L/C 조건으로 될 수 있는 경우라면 수입자는 반드시 은행에 수입자 자신을 대신하여 L/C 개설을 은행이 해줄 수 있는지에 대한 여부에 대해서 은행과 상담을 해야 합니다.

2) Usance L/C에서 Usance 기간에 대해서도 은행의 동의 필요

매입신용장의 경우 그 유형이 크게 At Sight선불와 Usance후불로 나누어집니다. At Sight에서는 통상 은행이 수입자에게 신용장 대금(32B) 만큼에 대한 담보를 신용장 개설 신청 당시 요구하지 않으나, Usance의 경우에는 은행이 수입자에게 신용장 대금만큼의 담보를 요구합니다.

은행은 수입자의 자금력과 신용도를 평가 후 신용장 개설 신청을 응해준다고 했으며, 또한 수입자가 후불Usance로 원하는 경우 이에 대해서도 응할 것을 약속했다고 가정합니다. 그런데 수입자가 은행에 신용장 대금만큼의 담보제공 능력이 없다면 수입자는 At Sight로만 신용장 개설이 가능합니다. 반면에, 수입자가 Usance로 원하고 담보제공 능력도 있음에도 은행은 수입자의 능력을 다시 평가하여 Usance 기간[14] 대해서 제재를 가할 수 있습니다.

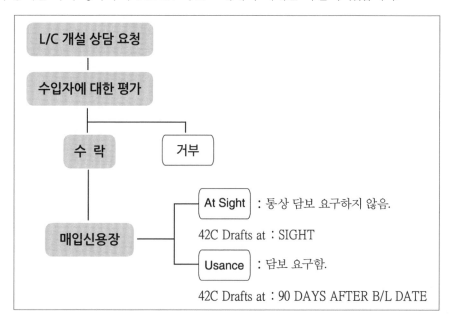

이러한 과정을 밟지 않은 채 매매계약서에 결제조건을 L/C로 명시하였는데, 은행이 수입자

---

14 개설 완료된 신용장이 At Sight인지 Usance인지는 42C Drafts at 조항에서 확인 가능합니다. 단순히 Sight만 명시되면 At Sight L/C이며, 90 Days After B/L Date와 같이 기준일(B/L Date 등) 기준으로 언제까지 대금 결제할 것에 대한 명시가 있는 경우 Usance L/C입니다. 즉, 이러한 Usance 기간 설정에 대해서도 개설은행이 관여한다는 뜻입니다.

의 신용장 개설 신청을 거부한다면 수출자가 바라보는 수입자의 신뢰도는 추락할 수밖에 없을 것이며 거래 진행 역시 상당한 차질을 빚게 될 것입니다.

결론적으로 수입자는 매매계약서에 결제조건을 신용장으로 명시 전에 a)수입자의 거래 은행이 수입자 자신을 대신하여 수출자에게 지급 보증해 줄 수 있는지 체크해야하며, b)신용장의 유형에 있어서도 At Sight로만 가능한지 혹은 Usance로도 가능한지 그리고 c)Usance로도 가능하다면 Usance 기간은 얼마나 은행에서 제공해 줄 수 있는지 체크 후에 매매계약서에 그러한 내용을 결제조건으로 명시해야겠습니다.

2. . L/C는 취소불능이기 때문에 신중히 개설 신청 할 것

현재 UCP600하에서 개설되는 모든 신용장은 한 번 개설되면 취소를 할 수 없습니다. 하지만, 신용장에는 유통기한이라는 것이 존재합니다. 신용장이 탄생한 날짜와 만기 되는 날짜가 존재한다는 것입니다.

다시 말해서 수입자가 자신을 대신해서 수출자에게 선적 대금 지급 보증할 것을 자신의 거래은행에 신용장 개설 신청서를 작성하여 신용장 개설 요청하고, 수입자의 이러한 요청에 따라서 해당 은행이 응해준 날짜가 바로 해당 건의 신용장이 탄생한 날31 Date of Issue이 되겠습니다. 그리고 그러한 요청을 받아서 개설은행이 수출자에게 대금 지급에 대한 보증을 만료하는 날짜가 바로 신용장이 죽는 날31D Date and Place of Expiry이 됩니다. 수입자를 대신해서 개설은행이 수출자에게 신용장 조건과 같이 수출 진행하면 대금을 지급하겠다는 보증이 영원히 지속할 수는 없는 것입니다.

취소불능 신용장

가장 최근 버전의 신용장통일규칙으로서 UCP600하에서 개설되는 신용장은 한 번 개설되면 취소할 수 없습니다. 만약 수입자의 요청을 받아서 개설은행이 수출자에게 지급 보증하는 신용장을 개설 완료하고, 수입자의 요청에 의해서 개설은행이 신용장 개설을 취소한다면 수출자는 해당 건의 물품을 생산 혹은 선적 진행하고 있는 상황에서 상당한 피해를 보기 때문입니다. 개설된 신용장이 UCP600하에서 취소불능으로 개설되었음을 나타내는 신용장 조항은 '40E Applicable Rules' 부분과 '41A Form of Documentary Credit' 부분이 되겠습니다.

41A Form of Documentary Credit	: IRREVOCABLE
40E Applicable Rules	: UCPURR LATEST VERSION

신용장의 탄생과 죽음(유통기한)

개설된 신용장은 수입자에 의해서, 개설은행에 의해서, 그리고 수출자에 의해서 비록 개설 취소될 수는 없지만, 만기일은 존재합니다.

31 Date of Issue	: 2012-09-25
31D Date and Place of Expiry	: (date) 2012-10-15
	: (place) Australia

1) 개설된 신용장에 대해서 선택권이 없는 수입자

수입자가 수출자와의 매매계약서를 근거로 신용장 개설 신청하고 개설은행으로부터 개설 응답 통지받은 이후에 수입자가 스스로 해당 거래를 하기 싫어졌거나 혹은 할 수 없는 상황에 직면할 수 있습니다. 이러한 경우 수입자는 수출자에게 일방적인 통지를 하거나 혹은 양해를 구하여 해당 계약을 파기 요청할 수 있습니다. 이때 수출자와 수입자 양 당사자 간의 거래 계약 서로서 매매계약서(Sales Contract, 일반거래조건협정서 등)는 파기될 수 있으나, 한 번 개설되면 만기일이 될 때까지 취소할 수 없는 신용장은 파기할 수 없습니다.

따라서 만약에 수출자가 신용장 조건과 같이 수출 진행 후 매입은행에 매입[15] 신청하면 은 행은 수출자와 수입자 간에 매매계약서에 대해서 신경 쓰지 않기(신용장 독립성의 원칙) 때문에, 그리고 은행은 오로지 수출자가 신용장 조건과 같이 수출 진행했는지를 서류로서 판단(신용장 추상성의 원칙)하기 때문에 신용장 조건과 수출자가 제시하는 선적서류가 일치하면 대금을 지급합니다. 그 후 해당 금액에 대해서 은행은 수입자에게 결제 요청할 것이며, 수입자는 결제해야 합니다.

따라서 수입자는 신용장 개설 신청 전에 반드시 해당 계약에 대해서 신중히 판단하고 업무를 진행해야 합니다.

---

15 매입이란 무엇인가 구매하는 것입니다. 신용장에서 46A 조항의 선적서류가 곧 물품이며 수출자는 수출 진행 후 은행으로부터 보증받은 대금을 결제받기 위해서 선적서류를 제출하며, 제출받은 은행은 신용장 조건과 일치하게 선적된 것을 확인하고 해당 건의 선적 대금을 신용장에서 수출자에게 대금 지급 보증하는 한도(32B) 내에서 지급합니다. 이러한 행위가 바로 매입입니다. 다시 말해서 수출자는 매입을 신청하는 당사자이며, 수출자의 매입 신청에 대해서 대금 지급하는 즉, 매입을 하는 은행을 매입은행이라고 합니다.

독립성의 원칙

매매계약서는 수출자, 수입자 양자가 계약 당사자가 되어 계약하는 계약서인 반면에, 신용장은 수출자, 수입자, 개설은행 이렇게 3자가 계약 당사자가 되어 계약하는 계약서입니다. 그렇다면 수출자, 수입자 입장에서는 해당 건의 매매계약서와 신용장이 동일한 계약서로 인식할 수 있지만, 개설은행 입장에서는 자신이 계약 당사자가 아닌 매매계약서는 해당 건의 거래와는 전혀 별개의 계약서로서 인식합니다. 다시 말해서 개설은행 입장에서는 매매계약서와 신용장은 독립된 계약서로서 매매계약서가 파기되너라도 개설은행 자신과는 아무런 관계가 없습니다. 이것이 바로 독립성의 원칙입니다(수출자, 수입자가 합의하여 매매계약서 내용을 수정한 경우 역시 개설은행은 알지 못하기 때문에 L/C Amend 신청을 하는 것입니다).

추상성의 원칙

무역은 서류거래입니다. 수출자의 매입 신청에 대해서 대금 결제하는 수출지의 매입은행[16]은 수출자가 정말로 신용장 조건과 일치하게 물품을 선적하는지 옆에서 확인하지 않고 오직 서류만으로 확인합니다. 다시 말해서 은행은 수출자가 신용장 조건과 일치하게 선적했다는 증거서류로서 신용장 조항 46A Document Required 부분에서 요구하는 선적서류만 신용장 조건과 일치하게 작성해오면 선적 대금을 지급합니다. 그리고 은행은 수입자에게 해당 건의 실물을 전달하는 것이 아니라 선적서류를 전달하며 이는 곧 실물을 전달하는 의미로서 수입자 역시 신용장 조건과 선적서류가 일치하면 수입지에 도착하는 실물이 신용장에서 요구하는 물품과, 그리고 그 수량이 상이하더라도 은행에 대금 지급을 해야 합니다. 결론적으로 은행은 절대로 실물에 대해서 보증하지 않으며 서류에 대해서만 보증하는 것으로서 이것이 바로 추상성의 원칙입니다.

---

[16] 실무에서 신용장 조항 41a Available with...by... 부분은 'ANY BANK BY NEGOTIATION'으로 'ANY BANK'가 표기되기 때문에 수출자는 매입(Negotiation) 신청을 자신이 원하는 은행(Any Bank)에 할 수 있으며, 일반적으로 자신의 거래은행으로 합니다. 이러한 형태의 신용장을 이론에서는 '자유매입신용장'이라고 하며, ANY BANK가 아닌 특정 은행의 Swift Code를 명시하여 매입은행으로 지정하는 신용장을 '매입제한신용장'이라고 합니다. 실무에서 대부분 자유매입신용장입니다.

2) 개설된 신용장에 대해서 선택권이 있는 수출자

수출자의 경우 통지은행으로부터 신용장을 통지받은 상태임에도 거래를 하기 싫거나 할 수 없는 경우에 직면했을 때 수출 진행을 하지 않아도 특별히 피해보는 것은 없습니다.

신용장에서 수출자에게 대금 지급 보증하는 개설은행은 수출자가 신용장 조건과 일치하게 선적 진행 후에 그 증거서류로서 46A 선적서류를 매입은행에 제출해야 신용장에서 보증하는 대금을 지급합니다. 그런데 수출자가 신용장 조항 48 Period for Presentation(선적서류 제출 기일)까지 46A 선적서류를 매입은행에 제출하지 않고 신용장 만기일(E/D)까지 지난 상황이라면 은행이 대금 지급을 해줄 이유가 없어지게 됩니다.

따라서 수출자는 매매계약서에 대한 파기를 원하는 경우 수입자에게 일방적인 통지 혹은 양해를 구하고 스스로가 해당 건에 대한 수출 진행을 하지 않으면 해당 건의 신용장은 E/D가 지날 것이고 E/D가 지난 신용장은 유효기간이 만료됨으로써 사라집니다.

3. 선적 전 검사증명서 Pre-Shipment Inspection 요청

수입자는 수출자에 대한 신용도가 확실히 형성되기 전에 L/C 46A 조항에 '선적 전 검사증명서' 요청해야 할 것이며, 이러한 내용을 계약서에 명시 혹은 암시를 해야겠습니다(91쪽 H. INSPECTION 부분 참고). 신용장 '추상성의 원칙'에 따라서 수출지의 은행은 수출자가 신용장 45A Description of Goods 부분에 명시된 물품과 수량을 실제로 적재하는지 옆에서 보지 않고 신용장 46A 부분에 명시된 선적서류를 보고 신용장 조건과 일치하면 대금 지급합니다. 다시 말해서 수출자가 은행으로부터 대금 지급을 받기 위해서는 신용장 조항 45A와 같이 실제로 수출 진행했느냐의 여부를 떠나서 45A 조항의 물품 및 수량과 같이 수출 진행했음을 46A에서 요구하는 서류에 정확히 표기하고 기타의 신용장 조건과 일치하게 하여서 은행에 제출하면 대금을 받을 수 있다는 뜻입니다. 이렇게 수출자에게 지급된 대금에 대해서 은행은 수입자에게 요구할 것이며 수입자는 신용장 유형(At Sight 혹은 Usance)에 따라서 은행에 해당 대금을 결제해야 합니다.

46A Document Required :　　+ SIGNED COMMERCIAL INVOICE IN 3 COPIES
　　　　　　　　　　　　　　+ FULL SET OF CLEAN ON BOARD OCEAN BILLS OF
　　　　　　　　　　　　　　　 LADING MADE OUT TO THE ORDER OF ABC BANK
　　　　　　　　　　　　　　　 MARKED FREIGHT COLLECT NOTIFY EDUTRADEHUB
　　　　　　　　　　　　　　+ PACKING LIST IN 3 COPIES

만약 수출자가 이러한 추상성의 원칙을 악용하여, 신용장 45A에서 요구하는 물품과 수량을 적재하지 않고 단순히 46A 서류만 신용장 조건과 일치하게 하여서 은행에 제출한다면 수입자는 실물과는 상관없이 은행에 해당 건의 대금을 결제해야 하니 수입자는 상당한 피해를 볼 수 있습니다.

따라서 수입자는 수출자와의 신용도가 대단히 튼튼하게 형성되지 않은 경우에는 반드시 46A 조항에서 공인된 기관(SGS와 같은 기관)으로부터 '선적 전 검사증명서'를 수출자가 받아서 기타의 선적서류들과 함께 은행에 제출해야 대금 지급을 받을 수 있도록 조치해야 할 것입니다.

46A Document Required

: + Pre-shipment Inspection issued by SGS, 담당자, 연락처, 주소

물론, 이러한 수입자의 조치는 수입자 자신을 위한 것으로서 SGS에 수출자가 물품을 컨테이너에 적재하는 날 해당 장소에 방문하여 수출자가 정말로 신용장 조건과 같이 적재하는지 검사를 함에 따라 발생하는 비용과 신청은 모두 수입자가 커버해야겠습니다. 수출지가 호주이고 수입지가 한국이라면, 한국의 수입자는 한국의 SGS에 연락하여 선적 전 검사를 요청하고 관련 비용을 결제합니다.

경우에 따라서 수입자가 선적 전 검사증명서의 필요성을 계약 당시 언급하면서 공인된 기관이 아닌 수출지에 위치한 수입자의 지인이 발행하고 사인이 날인된 선적 전 검사증명서를 요구할 것이라고 하는 경우가 있습니다. 실무에서 이러한 경우 그 지인이 여러 가지 핑계를 말하며 사인해주지 않고 돈을 요구하는 경우도 있습니다. 따라서 수입자의 이러한 요구에 대해서 수출

자는 공인된 SGS와 같은 기관으로부터 발급되어야 할 것을 요구해야겠습니다. 마지막으로 선적 전 검사증명서는 수입자의 필요에 의해서 수입자에 의해서 요구되는 서류입니다. 수출자가 나서서 그 필요성을 언급할 필요는 없겠습니다. 수출자 입장에서 신용장 46A 조항에서 요구하는 서류의 종류는 적을수록 좋습니다.

4. Usance L/C에서 결제 유예 기간 설정에 대한 주의점

매입신용장 개설을 Usance 조건으로 진행하는 경우, 결제 유예 기간을 신용장 조항 42C 부분에 명시합니다. 이때 통상 그 기준일을 B/L Date로 하여 수입자가 개설은행에 결제하는 유예 기간을 설정합니다. 예를 들어, 42C Draft at: 90 Days After B/L Date라고 명시를 한다면, 그 뜻은 수출지에서 선박/항공기에 물품이 적재On Board된 날로부터 90일이 되는 일자를 결제기일로 하여 수입자는 개설은행에 결제를 그날까지 해야 한다는 조건입니다.

수입자는 신용장과는 별도로 자신의 국내 거래처와의 계약에서 선불 혹은 후불 방식 등 다양한 결제 방식을 선택할 수 있겠지만, 후불로 진행하는 경우 거래가 발생한 일의 말일 결제 혹은 익월 말일 결제 등으로 결제조건을 선택할 수 있을 것입니다. 익월 말일 기준인 경우라 하더라도 수입자가 수출자와 합의한 신용장상의 결제조건이 90 Days After B/L Date라면 충분히 수입자는 국내 거래처로부터 결제를 받아서 개설은행에 결제할 수 있을 것입니다. 하지만, 신용장 42C 조항을 60 Days After B/L Date로 명시한다면, 수출지 항구에서 수입지 항구까지 항해일자와 수입자 자신의 국내 거래처와의 거래에서의 대금 회수 기간을 고려한다면 수입자는 개설은행에 국내 거래처로부터 결제받은 대금으로 신용장 결제를 하지 못할 수도 있습니다. 이러한 경우 Usance L/C임에도 수입자는 자신의 돈으로 결제하고 국내 거래처로부터 대금을 회수하는 방식을 취할 수밖에 없습니다.

Usance로 신용장을 개설하는 이유는 수입자가 신용장 대금(32B) 만큼의 담보를 제공하고

Usance 기간 이내로 수입자 자신의 국내 거래처로 판매 한 물품의 대금을 회수하여 그 돈으로 개설은행에 결제하기 위해서 Usance L/C로 진행하는 것인데, 상기와 같이 진행되는 경우 이러한 의도에서 벗어나게 되어서 Usance로 L/C를 개설하는 의미가 없어집니다.

따라서 수입자는 물품을 수입 통관하여 국내 거래처로 공급하고 그 대금을 회수하는 기간을 고려하여 신용장 개설할 때 42C 부분에 반영해야겠습니다.

이때 중요한 것은 신용장은 개설은행이 신용장의 모든 내용은 컨트롤 한다는 것이며, 42C의 결제 유예기간 설정에 있어서도 수입자는 개설은행의 동의를 받아야겠습니다. 이를 위해서 수입자는 신용도가 튼튼해야 그 결제 유예 기간을 자신이 원하는 만큼 여유롭게 설정할 수 있습니다. 때에 따라서는 지금까지 은행이 수입자에게 결제 유예 기간을 90일로 허락해주었지만, 현재부터 개설되는 신용장에 대해서는 60일로 설정해서 개설할 것을 통지하는 경우가 있습니다. 이러한 경우 수입자는 결제 유예일이 30일 만큼 줄어들었으니 신용장 대금을 은행에 결제함에 있어 난처한 상황에 직면할 수도 있습니다.

신용장 조건	
42C Drafts at	: 90 DAYS AFTER B/L DATE
41a Available with … by …	: ANY BANK BY NEGOTIATION
44C Latest Date of Shipment	: 2012-09-25

선적항 실제 적재일 : 2012-09-22 국내거래처 공급일 : 2012-10-12
수입자의 선적서류 인수일 : 2012-10-03 국내거래처 결제일 : 2012-11-30 (익월 말일 결제)
도착항 입항일 : 2012-10-09 신용장 결제기일 : 2012-12-21 (적재일로부터 90일)
수입통관 완료일 : 2012-10-10

10 2012 August

SUNDAY	MONDAY	TUESDAY	WEDNESDAY	THURSDAY	FRIDAY	SATURDAY
	1	2	3 선적서류 인수	4	5	6
7	8	9 입항일	10 수입통관 완료	11	12 국내거래처 공급 완료	...

11 2012 September

SUNDAY	MONDAY	TUESDAY	WEDNESDAY	THURSDAY	FRIDAY	SATURDAY
...	19	20	21	22	23	24
25	26	27	28	29	30 국내거래처 결제일	

12 2012 October

SUNDAY	MONDAY	TUESDAY	WEDNESDAY	THURSDAY	FRIDAY	SATURDAY
...	17	18	19	20	21 신용장 결제기일	22
23	24	25	26	27	28	...

▲ 만약 본 건의 결제 유예기간이 90일이 아니라 60일이었다면 결제기일은 11월 21일이 됩니다. 이때 수입자는 Usance L/C임에도 해당 건의 대금을 자신의 돈으로 개설은행에 선 결제하고 국내거래처로부터 해당 대금을 회수하게 됩니다. 이러한 경우 국내거래처로부터 대금을 결제 받아서 그 대금에서 수입자 자신의 마진을 제외하고 신용장 대금을 결제하는 Usance L/C의 장점은 의미가 없어지는 것입니다.

따라서 수입자는 42C 조항에 명시될 기준일(B/L Date 등)을 기준으로 유예 기간(30, 60, 90, 120, 180일) 설정에 있어 항해일자와 국내거래처 공급일자 기준으로 수금일을 고려하는 상당한 주의를 기울여야 할 것입니다.

수출자 체크 사항

1. 46A 조항에서 무리한 요구 사항이 없는지 체크

신용장에서 개설은행은 수출자에게 신용장 조건과 일치하게 수출 진행하고, 그렇게 수출 진행했음을 증명하는 증거 서류로서 신용장 46A 조항에서 요구하는 서류를 제출할 것을 요구합니다. 일반적으로 우리나라보다 후진국에 속하는 국가의 수입자는 이 부분에 인보이스, 패킹 리스트, B/L 정도만을 요구[17]해도 됨에도 기타의 서류들을 요구는 경우가 빈번하며, 문장 역시 상당히 복잡하게, 그리고 애매모호하게 기술하여 수출자가 해당 서류를 작성함에 있어 굉장한 혼란에 직면하게 합니다. 이러한 경우 수출자는 어렵게 서류를 작성하여 매입 신청을 하였다 하더라도 어떠한 이유로 하자가 되는 상황에 부딪치기도 합니다.

따라서 수출자는 수입자와 계약을 할 당시 신용장에 복잡하고 무리한 요구를 하지 않을 것을 합의하는 것이 적절하며, 그럼에도 그러한 신용장을 받은 경우 L/C Amend 요청을 하는 것이 좋습니다. L/C Amend 신청 역시 수입자가 받아주지 않는다면 신용장의 복잡하고도 무리한 요구 부분에 대해서 신용장 작성자인 수입자에게 직접 문의하거나 혹은 수출자 자신의 거래은행(매입은행)에 충분히 체크하고 거래 진행하는 것이 적절하겠습니다.

결론적으로, 수출자 입장에서는 단순한 신용장을 받는 것이 가장 좋으며, 수입자 입장에서도 신용장 거래에서 사기를 당하지 않겠다는 의도로 복잡하게 신용장을 개설하는 수입자의 불안은 이해되지만 그렇다고 하더라도 수출자의 업무에 부담 줄 정도로 무리한 요구를 할 이유는 특별히 없겠습니다.

---

17 신용장 거래를 함에 있어 수입자 입장에서 수출자가 신용장 조건과 일치하는 물품과 수량을 발송하는지에 대한 믿음이 튼튼하지 않은 경우, 46A 부분에 선적 전 검사증명서(Pre-Shipment Inspection)를 일반적으로 요구합니다. 하지만, 본 서류 역시 선진국과의 거래에서는 신용장 거래가 몇 차례 이상 없이 진행한 경우에는 요구하지 않습니다. 물론, 기타의 서류로서 수입지의 통관상에 관세혜택을 위해서 원산지증명서(Certificate of Origin, C/O) 등의 서류를 요구할 수도 있겠습니다.

2. S/D, E/D 및 선적서류제출기일^{48 Period for Presentation} 확인

수출자는 신용장 45A Description of Goods and/or Service 부분에 명시된 물품과 수량을 S/D(선적기일)로서 44C Latest Date of Shipment까지 수출지에서 외국으로 나가는 배 혹은 비행기에 적재 완료합니다. 그리고 신용장 조건과 같이 선적 진행했음을 증명서하는 46A Document Required에서 요구하는 선적서류와 기타 서류를 구비하여 48 Period for Presentation에서 요구하는 선적서류제출기일까지 매입은행에 제출 완료해야 합니다.

수출자와 수입자 양 당사자 모두에게 신용장에서 나타나는 이러한 기일은 대단히 민감한 부분으로서 신중하게 상호 합의하여 결정해야겠습니다.

자세한 내용은 35쪽 「5. 제품 생산 후 선적 및 수입 통관 스케줄」 부분에 설명되어 있으니 참고해 주세요.

3. Usance L/C의 경우 Banker's인지 Shipper's인지 반드시 확인

1) At Sight, Banker's, Shipper's에 대한 이해

매입신용장이 선불At Sight이 아니라 후불Usance로 개설되는 경우, 수출자 입장에서는 Banker's Usance인지 Shipper's Usance인지는 상당히 중요한 문제입니다. At Sight 혹은 Banker's Usance인 경우 수출자는 매입 신청하면 바로 대금 결제를 받을 수 있지만, Shipper's Usance의 경우 수입자의 대금 결제 유예를 Shipper, 즉 수출자가 해주는 조건이기 때문에 매입 신청하면 Usance 기간까지 수출자는 선적 대금 결제를 받지 못합니다.

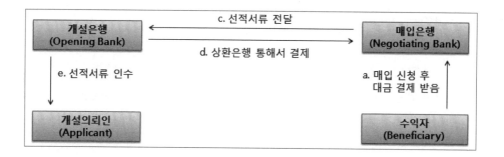

매입 신청 후 바로 대금 지급받는 경우

* At Sight :

수출자(수익자)는 매입 신청 후 수수료 제외하고 대금 바로 지급받으며, 수입자(개설의뢰인)
는 선적서류 인수할 때 해당 건의 대금과 수수료를 개설은행에 결제 이후 인수 가능합니다.

* Banker's Usance :

수출자는 매입 신청 후 수수료 제외하고 선적 대금을 매입은행으로부터 바로 지급받으며[18],
수입자는 선적서류 인수할 때 수수료만 결제 후 선적서류 인수하고 Usance 기간 이내에 해
당 건의 대금을 개설은행에 결제합니다.

이때 수출자는 매입은행으로부터 매입은행은 상환은행을 통해서 개설은행으로부터 선적
대금을 결제 받습니다. 그리고 개설은행은 해당 대금을 수입자에게 Usance 기간 이내에
결제 받습니다. 다시 말해서 수입자가 수출자에게 결제해야하는 대금을 중간에서 개설은
행이 선 결제하여 수입자에게 결제를 Usance 기간까지 유예 시켜 주는 신용공여주체가
됩니다. 즉, 개설은행은 수입자가 수출자에게 결제해야하는 대금에 대해서 수입자에게 대
출한 형태로서 개설은행은 수입자에게 대출 기간(Usance 기간) 만큼의 이자를 받아야합
니다. 이러한 이자를 기간이자(Term Charge)라하며, 수입자가 개설은행으로부터 선적서
류 인수 할 때 은행은 기타의 이자들과 함께 청구합니다.

---

18 수출자가 신용장 조건과 일치하는 선적서류로 매입 신청하는 경우를 Clean Nego라 하며 이때 매입은행은 대금을
바로 지급합니다. 하지만 신용장과 불일치하는 선적서류로 매입 신청하는 경우를 하자네고라 하며 하자 패널티가 발
생하고 매입은행은 선적서류를 인수는 하지만 대금을 지급하는 매입은 하지 않고 추심 돌립니다.

매입 신청 후 바로 대금 지급 못 받는 경우

* Shipper's Usance :

수입자를 위한 결제 유예를 Shipper(수출자)가 해주는 조건입니다. 즉, Shipper's Usance 일 때는 수입자에 대한 결제 유예를 수출자가 하는 조건이기 때문에 매입 신청 후 매입은 행으로부터 바로 대금 결제를 받지 못하고 Usance 기간 이후에 결제 받습니다. 물론 개설 은행의 수출자에 대한 지급 보증은 At Sight, Banker's Usance일 때와 동일합니다. 단지 수출자가 매입 신청 후 Usance 기간 이후에 결제 받는다는 것뿐입니다.

수입자의 결제 유예를 은행이 하는 Banker's Usance일 때 은행은 그 대가로서 기간이자 를 수입자에게 받지만, 수입자의 결제 유예를 수출자가 하는 Shipper's Usance일 때는 수 출자가 은행이 아니기 때문에 이자를 받지 못합니다. 따라서 수출자는 수입자와의 매매 계약에서 단가를 인상해야겠습니다. 하지만 거의 모든 수출자는 Shipper's Usance에 대 해서 상당한 거부감을 가지고 있으며 원하지 않기 때문에 Usance L/C는 대부분 Bank-er's입니다.

Tip

예외적으로 매입신용장으로서 At Sight 혹은 Banker's Usance 인 경우에 수출자가 하자네 고가 아닌 클린네고 진행하였음에도 매입은행은 대금을 바로 지급하지 않고 추심 돌리는 경우도 있습니다. 이러한 경우는 해당 건의 개설은행 혹은 수출자의 신용도에 문제가 있는 경우라 할 수 있으며, 심한 경우 수출지의 은행이 수출자로부터 선적서류 인수 자체를 거절 할 수도 있습니다.

2) 결제 유형 및 신용공여 주체 확인 방법

매입신용장은 선불At Sight과 후불Usance로 그 결제 유형이 나누어지며, Usance는 다시 수 입자에게 결제를 유예 시켜주는 주체가 은행Banker's인지 혹은 수출자Shipper's인지에 따라서 Banker's Usance와 Shipperd's Usance로 나누어집니다.

신용장 조항 42C Draft at 부분에 Sight가 명시되면 At Sight 조건이지만, 90 Days After B/ L Date면 Usance 조건입니다. 이때 Banker's Usance인지 Shipper's Usance인지를 확인해야 합니다.

관례상 수입자는 신용장 개설 신청서를 작성하여 바로 개설은행에 제출하여 개설 신청하지 않고 L/C Draft라는 제목으로 수출자에게 이메일로 발송하여 최종 확인을 받습니다. 수출자는 L/C Draft에서 At Sight 인지 Usance 인지 확인 가능하며, Usance이라면 Banker's 인지 Shipper's 인지 역시 일반적으로 확인 가능합니다. 그리고 개설은행을 통하여 통지은행으로부터 수출자는 실제로 개설된 신용장을 통지받고 해당 신용장의 42C Draft at 부분이 Usance 이라면 72 조항을 보고 Banker's 혹은 Shipper's인지 확인이 가능하지만, 확실한 것은 거래은행에 문의하는 것이 가장 확실합니다(72 조항에 "At Sight Basis"라는 문구가 있으면 Banker's Usance).

42C Drafts at   : 90 DAYS AFTER B/L DATE

41a Available with ... by ...   : ANY BANK BY NEGOTIATION

72 Sender to Receiver Information

  : TO PAY /ACC/NEG/BK : THE AMOUNT OF EACH DRAFT MUST BE ENDORSED ON THE REVERSE OF THIS CREDIT

  +ALL DOCUMENTS MUST BE FORWARDED TO US BY COURIER SERVICE IN ONE LOT. ADDRESSED TO WOORI BANK 203. XXX DONG 1 GA. XXX GU. SEOUL. KOREA

  +REIMBURSE YOURSELVES ON THE REIMBURSING BANK AT SIGHT BASIS.

  + ACCEPTANCE COMM AND DISCOUNT CHGS ARE FOR ACCOUNT OF APPLICANT.

Tip

수입자 입장에서는 At Sight로 진행하면 개설은행으로부터 선적서류 인수할 때 자신의 자금으로 결제해야 합니다. 따라서 수입자는 신용장 대금만큼의 담보를 은행에 제공하고 Usance로 개설한 다음 선적서류 인수 후 물품을 국내 거래처에 판매하고 그 대금에서 수입자 자신의 마진 제외 후 개설은행에 Usance 기간 이내에 결제를 원합니다.

그래서 Banker's Usance로 개설하려고 계약서에 명시하였는데 수출자가 그러한 신용장이 개설되면 매입 신청 후 바로 대금을 받지 못하니 At Sight로 개설하라는 경우가 있습니다. 이는 잘못된 것으로서 수입자는 수출자를 이해시킬 필요가 있습니다. 실무에서 종종 일어나는 일이기 때문에 체크해 둘 필요가 있는 부분이 되겠습니다.

4. 수출자 자신에게 지급 보증하는 개설은행의 신뢰도 확인

신용장에서 수출자가 물품을 수출하는 이유는 수입지의 개설은행이 자신에게 신용장 조건과 일치하게만 수출하면 대금 지급을 수입자를 대신해서 보증하기 때문입니다.[19] 그런데 이때 수출자가 확인해보니 자신에게 지급 보증하는 개설은행이 인지도가 없거나 혹은 수입지 국가의 경제 사정이 불안한 경우, 아무리 은행이라도 수출자는 수출 후 대금 지급을 확실히 받을 수 있는지에 대한 불안을 느낄 수 있습니다.

이때 수출자는 신용장 조건과 일치하게 수출 진행했음에도 개설은행이 파산하거나 기타의 이유로 대금 지급을 받지 못할 수 있는 상황을 대비해서 개설은행을 대신해서 2차적으로 자신에게 대금 지급을 하는 은행을 지정할 수 있습니다. 그러한 은행이 확인은행이 되겠으며 일반적으로 수출자는 이러한 확인 업무에 대해서 자신의 거래은행에 요청하나, 그 은행이 수출자의 요청에 대해서 응해 주어야지만 확인은행으로서 지정 가능합니다.

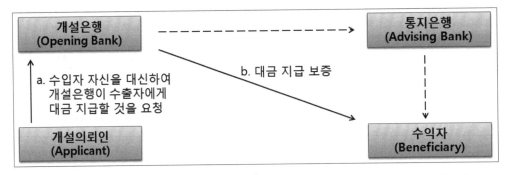

▲ 수입자(개설의뢰인)의 요청에 의해서 개설은행은 수입자를 대신하여 수출자(수익자)에게 신용장 조건과 일치하게 물품 수출하면 대금 지급할 것을 보증합니다. 수입자의 이러한 요청은 '신용장 개설 신청서'를 통하여 진행되며, 개설은행의 수출자에 대한 보증은 '신용장 개설 응답서'에 의해서 진행됩니다. 수입자는 개설은행에 '신용장 개설 신청서'를 직접 전달하지만, 개설은행은 수출자에게 '신용장 개설 응답서'를 직접 전달할 수 없으니 수출지의 지정된 통지은행을 통하여 통지합니다.

---

19 매입신용장에서 선불(At Sight)과 후불(Usance)은 모두 수입자 입장에서 개설은행으로부터 선적서류(=물품)를 인수할 때 선적 대금 결제와 함께 인수 하면 선불, 인수 후 Usance 기간 이내까지 결제하면 후불입니다. 신용장에서 은행이 수출자에게 지급 보증할 때 46A 선적서류를 48 선적서류제출기일까지 제출하면 32B에서 명시한 금액을 최대 한도로 결제하겠다고 보증하기 때문에 수출자는 선적 전에 결제 받는 경우는 신용장에서 없습니다.

5. 은행의 조언에 100% 의지하지 말 것

수입자가 신용장 개설신청서를 작성하는 등 신용장 업무 전반에 대해서 진행하는 경우에도 해당되는 부분이지만, 특히 수출자는 통지은행으로부터 통지받은 신용장을 해석하여 완벽히 이해한 상태에서 수출 진행해야 합니다. 본 과정에서 수출자는 신용장의 특정 부분에 대해서 이해가 되지 않는 경우 통지은행이나 매입 신청할 은행에 분의를 합니다(통상 통지은행, 매입은행은 모두 수출자의 거래은행). 은행은 이에 대한 답변을 나름대로 해주지만 그 답변이 정확하지 않는 경우도 있고, 실제로 매입 신청하는 시점에서 은행은 말을 바꾸는 경우도 있습니다(이러한 경우 매입은행은 수출자의 매입신청에 대해서 신용장 조건과 선적서류가 불일치한다는 이유로 바로 대금 지급하지 않고 추심을 돌릴 수도 있음). 또한, 매입은행은 이상 없이 수출자의 매입 신청에 대해서 대금 지급을 했는데, 개설은행 쪽에서 신용장의 내용과 선적서류가 불일치한다는 이유로 지급거절Unpaid 통지하는 예도 있겠습니다(이러한 경우 수출자는 지급거절 사유를 확인하고 서류 보완해서 다시 제출해야 하거나 혹은 매입 신청할 때 결제받은 선적대금 자체를 다시 매입은행에 돌려주어야 할 수도 있음).

따라서 수출자는 자신이 통지받은 신용장의 해석에 있어 이해가 되지 않는 내용을 은행에 문의했을 때 은행의 답변에 대해서 100% 신뢰하는 것은 좋지 못하며, 해당 은행의 본점이라든지 수입자에게 직접 문의해서 답변을 받고 최종적으로 결론을 내리는 것이 좋습니다.

이를 위해서 수출자는 자신이 스스로 신용장에 대한 기본적인 지식을 반드시 가진 상태에서 결제 조건을 신용장으로 결정하여 거래를 진행해야겠습니다. 이러한 사실은 수입자 역시 마찬가지입니다. 신용장 거래에서 은행은 수출자, 수입자와 함께 계약 당사자가 되지만, 신용장 거래에서의 은행 역할은 수출자와 수입자가 T/T, 추심결제(D/P, D/A)에서보다는 조금 더 안전하게 거래를 할 수 있도록 최소한의 도움을 제공하는 당사자이지 해당 거래에 대한 불미스러운 사건 발생 시 해결을 해주는 당사자가 아닙니다.

결론적으로 매매계약서에 결제조건을 신용장으로 결정 내리기 전에 신용장을 다루는 수입자뿐만 아니라 수출자는 신용장에 대한 공부가 필요합니다.

공통 체크 사항

1. 신용도 체크 아무리 L/C라도 상호 신용도가 가장 중요

　많은 사람들이 신용장이라는 결제조건 하에서 거래 진행하면 사기 당하는 일은 없을 것이라 생각합니다. 하지만 이러한 생각은 대단히 위험한 생각입니다. 신용장에서 수출자는 추상성의 원칙을 이용해서 수입자에게 피해를 충분히 줄 수 있으며(54쪽 참고) 그러한 피해가 실제로 매스컴에 보도되기도 합니다. 반면 후진국의 수입자는 개설은행과 불미스러운 타협을 하여 혹은 46A 부분에서 무리한 요구를 하여 수출자에게 피해를 줄 수도 있으며, 실제로 그러한 피해 사례가 발생되기도 합니다.

　앞에서도 설명하였듯이 신용장에서 개설은행의 역할과 입장에서는 양 당사자가 다른 결제 방식에서 보다 조금 더 안전하게 거래 진행할 수 있도록 최소한의 도움을 주는 가교 역할을 하고 수수료만 잘 받으면 됩니다. 사고가 발생되면 대부분 은행은 뒷걸음질 치고 모두 수출자와 수입자가 직접 해결 할 것을 주문합니다. 따라서 아무리 신용장에서 개설은행이 수출자에게 대금 지급에 대한 보증과 수입자에게 신용장에 명시된 조건으로 명시된 물품을 전달할 것을 보증하지만 그 밑바탕에는 반드시 수출자와 수입자의 신뢰 형성이 탄탄하게 되어 있어야 합니다.[20]

　그래서 대부분의 거래는 큰 거래부터 시작되는 것이 아니라 소량의 소액 거래로서 T/T 결제 조건하에서 신용도를 쌓으면서 수량과 금액도 함께 커져 가는 것이 거래의 정석이라 할 수 있습니다. 수출자는 수입자에 대한, 수입자는 수출자에 대한 신용도는 아무리 강조를 해도 지나치지 않습니다.

---

[20] 한국의 수출자는 외국의 수입자에 대한 신용 조사 보고서를, 그리고 한국의 수입자는 외국의 수출자에 대한 신용 조사 보고서를 한국무역보험공사(http://www.ksure.or.kr)를 통하여 일정 금액을 지불 후 제출 받아 볼 수 있습니다.

2. 언급되는 일자와 함께 사용되는 단어의 해석

*본 내용은 신용장 통일규칙(UCP600)에 명시된 조항을 기준으로 설명합니다.

1) '~경에(on or about)'의 해석(UCP600 제3조 제8문)

'~경에on or about' 등의 표현이 사용된 경우에는, 언급된 일자의 5일 전부터 5일 후까지의 기간으로서 이들 일자는 모두 그 양끝의 일자인 초일과 종료일을 포함하는 것으로 해석됩니다.

따라서 88쪽 매매계약서 '2. Shipment : On or About 25, August, 2012'의 의미는 8월 25일을 기준으로 해서 8월 20일이 초일이 되며, 8월 30일이 종료일이 되어 기준일 포함 총 11일 이내에 선적 진행할 것을 명시한 부분이 되겠습니다.

신용장에서는 이렇게 선적기간에 대한 범위를 통상 정하지 않고 신용장 조항 44C에서 언제까지 선적 진행할 것이라는 정확한 기일을 명시합니다.

2) 선적기간의 결정에 사용된 '까지(to, until, till)', '부터(from)', '사이(between)', '이전(before)', '이후(after)'의 해석(UCP600 제3조 제9문)

선적기간Period of shipment을 결정하기 위하여 사용되는 다음의 용어 중에서, '까지to, until, till', '부터from' 및 '사이between'라는 단어는 당해 일자를 포함하는 것으로 해석됨으로써 해당 기간의 초일이 포함되지만, '이전before' 및 '이후after'라는 단어는 당해 일자를 포함하지 않는 것으로 해석됨으로써 해당기간의 초일은 산입되지 않습니다.

예를 들어, 선적기간에 대해서 "From the 5th to [until, till] the 15th day"라고 명시한 경우 5일과 15일 모두 포함됩니다. 하지만, "Before the 14th day"는 14일은 포함되지 않기 때문에 13

일까지 적재 완료해야 합니다. 그리고 "After the 5th day"의 경우 5일이 포함되지 않기 때문에 6일 이후에 적재를 해야 한다는 뜻이 됩니다.

3) 환어음 만기일의 결정에 사용된 '부터(from)', '이후(after)'의 해석(UCP600 제3조 제10문)

환어음의 만기일을 결정하기 위하여 '부터from' 및 '이후after'라는 단어가 사용된 경우에는, 이러한 단어는 당해 일자를 제외하는 것으로 해석됨으로써 해당기간의 초일은 산입되지 않습니다. 즉, '부터from'라는 단어가 선적기간의 결정을 위하여 사용된 경우에는 당해 일자를 포함하지만, 환어음의 만기일의 결정을 위하여 사용된 경우에는 당해 일자를 제외하는 것으로 해석된다는 뜻입니다.

예를 들어, 환어음을 요구하는 매입신용장에서 유형이 Usance로 개설된 경우로서 신용장 조항 42C Drafts at 부분에 "90 Days After B/L Date"라고 명시되어 있다고 가정해봅니다. 이때 환어음의 만기일에서 After가 사용되었기 때문에 B/L Date가 5일이라면 5일은 제외하고 6일부터 90일이 카운트 되어 결제 만기일이 결정됩니다.

III. 클레임(Claim)과 중재(Arbitration)

1. 계약서에는 클레임 제기 및 해결 방법을 명시해야

1) 회사 내에서 계약서 작성은 누가 해야 하나?

수출자 혹은 수입자에 의해서 클레임이 제기되고 양 당사자가 평화적으로 합의하여 클레임이 해결되지 않는 불미스러운 상황까지 직면하기에 앞서, 양 당사자 쪽에서 해당 건의 매매계약서를 작성하는 담당자는 계약 과정 중에 발생 가능한 모든 상황에 대해서 클레임 제기는 언제, 어떠한 방법으로 제기할 것이며, 그에 따른 해결 방법과 상호 합의로 해결되지 않을 때 어떠한 방법으로 법적 대응을 한다는 내용을 반드시 계약서에 명시해야 합니다. 그래서 상대와 매매계약서를 작성하는 업무는 무역의 모든 과정을 머릿속으로 그림을 그릴 수 있는 지식과 경험을 갖춘 사람이 담당자가 되어 작성해야 차후에 발생할 수 있는 불미스러운 사건들에 대해서 계약서로 예방할 수 있겠으며, 발생하더라도 계약서를 바탕으로 해결을 할 수 있겠습니다.

2) 클레임 발생 이유와 처리 절차

클레임이라는 것은 한쪽이 계약서와 같이 거래를 진행하지 않아서 다른 한쪽이 항의Claim하는 것입니다. 다음의 경우에 클레임이 제기될 수 있을 것입니다.

a) 계약서에 분명히 해당 부분이 명시되어 있지만, 한쪽이 잘못 이해하고 계약 이행을 했기 때문일 수도 있으며(인코텀스에 대한 잘못된 이해로 FOB로 계약했음에도 수출자가 수출지 항구 부대비용을 결제하지 않아서 포워더가 수입자에게 해당 비용을 청구하는 경우),

b) 부주의로 인한 경우(패킹을 부실하게 해서 수입지에서 물품이 파손된 경우),

c) 고의적인 경우(선적기일까지 물품을 적재하지 않는 경우)도 있겠으며,

d) 불가항력적인 상황(태풍이라든지 화물연대의 파업으로 인해서 선적기일까지 선적을 못 한 경우) 으로 어쩔 수 없이 계약서의 내용과 같이 계약을 이행하지 못하는 경우,

e) 기타 매매계약서와는 상이하게 거래를 진행하여 다른 한쪽이 피해를 본 경우.

클레임을 제기할 때는 계약서의 어느 조항에 대해서 상대가 잘못을 했다라는 것을 인지시켜 줄 필요가 있습니다. 그리고 클레임 제기는 Claim Note를 만들어서 정식으로 제기하는 것이 (132쪽 참고) 클레임을 제기하는 당사자가 갖추어야 할 최소한의 예의가 되겠으며, 클레임을 받는 당사자는 협조적으로 대처하여 클레임이 평화적으로 빠른 시일 안에 상호 합의하에 해결될 수 있도록 조치하는 것이 클레임을 받은 당사자가 갖추어야 할 예의가 되겠습니다.

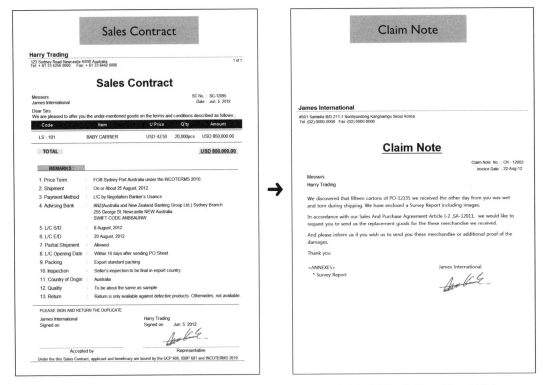

▲ 클레임을 제기할 때 매매계약서(Sales Contract)의 어느 조항을 상대가 위반했음을 Claim Note에 명시하여, 그에 따른 매매계약서 상에 명시된 후속 조치를 상대에게 Claim Note를 통하여 취할 것을 요구해야 겠습니다.

3) 클레임이 양 당사자의 합의로 해결되지 않는 경우 해결법

문제는 클레임 해결이 상호 합의로 이루어지지 않는 경우입니다.

이러한 상황을 대비해서 계약서에는 제기된 클레임이 상호 합의로 해결되지 못하는 경우를 대비해서 법적인 대응 방법 역시 명시합니다. 무역 업무를 함에 있어 클레임에 대한 법적 해결 방법으로 재판을 선택하는 것보다는 재판과 동일한 효과를 가지면서도 비용이 저렴하고 결과가 비교적 빨리 나오는 '중재'라는 방법을 선택하는 경우가 일반적입니다.

2. 무역 클레임의 해결 방법으로서 중재 선택

1) 중재의 의미와 장점

중재란 클레임으로 인한 양 당사자의 분쟁에 대해서 법원의 판정에 의하지 아니하고, 사인인 제3자를 중재인으로 선정하여 판정하고 그 결과에 대해서 양 당사자가 무조건 복종함으로써 분쟁을 해결하는 방법입니다. 무조건적인 복종이라 함은 중재인에 의한 판정은 단심제로서 재판처럼 법원의 판결에 대해서 불복하는 항소 절차가 없이 중재 판정 결과를 그대로 복종해야 한다는 것입니다. 중재는 이렇게 비록 법원의 판정은 아니나, 중재인의 판정은 법원의 판정과 동일한 효과를 가지며, 양 당사자에게 법적인 구속력 역시 가집니다(뉴욕 협약).

무역 거래에서 발생하는 클레임의 해결에 대해서 수출자 및 수입자 모두는 되도록 이른 시일 안에 저렴한 비용으로 결론 내리고 싶어하며, 그 결론이 법적으로 구속력을 가질 수 있기를 원합니다. 그것은 법적 구속력을 가져야지만 상대로 하여금 결과에 대해서 손해배상과 관련된 후속 조치를 받을 수 있기 때문일 것입니다. 따라서 법적인 구속력을 가지면서도 최대한 조속한 시일에, 그리고 저렴한 비용으로 결론을 낼 수 있는 중재를 그 해결책으로 계약서에 명시하는 것이 무역 계약서에서 발생 될 수 있는 클레임의 일반적 해결 방법입니다.

2) 계약서에 반드시 중재 조항이 명시되어 있어야

클레임으로 인한 무역 분쟁을 중재로 해결하려면 계약서에 반드시 중재 조항을 명시해야 합니다. 중재 조항에는 중재를 행할 '중재지', '중재기관' 및 적용할 '준거법Governing Law'을 정확하게 명시하여 중재 절차 진행 시 당사자 간 다툼의 소지를 없애는 것이 바람직합니다.

다음은 계약서 '일반거래조건협정서'에서 중재 조항을 명시한 부분입니다(93쪽 M. GOVERNING LAW AND ARBITRATION 부분). a)분쟁 해결을 할 때 상용될 법률로서 준거법은 한국법으로 한다라는 조항이 있으며, b)중재지는 한국의 서울로서 서울에 위치한 c)중재기관은 대한상사중재원임을 계약서에 명시하였습니다.

GOVERNING LAW AND ARBITRATION

This Contract shall be governed and construed by the laws of Republic of KOREA. All the disputes shall be, first of all, settled in an amicable way of mutual communication between the Seller and the Buyer. In case such a discussion cannot be settled amicably for both parties, all disputes in relation to this contract shall be settled by arbitration Rules of the Korean Commercial Arbitration Board in Seoul, Korea and under the laws of Korea. The award rendered by the arbitrator(s) shall be final and binding upon both parties concerned.

3) 이메일 관리의 중요성

계약 과정에서 서로의 의견을 조율할 때, 계약서에 서명하여 상대에게 전달할 때, 계약 후 계약서와 같이 업무를 진행하면서 서류 및 상황 통지를 할 때, 계약 중에 상대의 계약 위반에 대한 클레임을 제기하여 합의점을 찾을 때, 그리고 클레임에 대한 평화적인 방법으로 합의를 이루지 못하고 법적인 방법으로 해결할 것을 최종 통지할 때 등등, 계약 과정에서 발생하는 이러한 모든 상황은 모두 이메일로 처리됩니다. 이렇게 수발신 된 이메일은 차후 클레임 해결을 양 당사자가 평화적으로 할 때라든지 법적인 방법으로 할 때 근거 서류로 사용될 수 있습니다.

따라서 하나의 주제에 대해서 회사가 결정한 결과를 정리하여 대외적으로 통지하는 역할을 하는 이메일 작성은 너무나도 중요한 일이며, 그에 못지않게 이메일을 체계적으로 관리하는 것은 그 회사가 업무를 얼마나 전문적으로 하는지를 결정하는 하나의 척도가 됩니다.

회사의 이미지와 회사의 존폐까지 좌지우지할 수 있는 이메일의 작성과 관리에 대해서는 실무자라면 한 번쯤 심각하게 생각해 볼 필요가 있겠으며, 현재 자신은 어떻게 하고 있는지도 뒤돌아봐야 할 부분입니다(이메일 작성 및 관리는 198쪽을 참고해주세요).

3. 중재의 특징과 계약서에 중재 조항 적용 방법

* 다음의 내용은 대한상사중재원(http://www.kcab.or.kr) 홈페이지를 참고 하였습니다.

1) 중재의 특징

단심제	- 중재 판정은 법원의 확정 판결과 동일한 효력, 즉 구속력을 가짐. - 중재 판정에 대해서 불만이 있어도 항소 절차 없음.
신속한 분쟁해결	- 법원 판결은 평균 2~3년 걸리지만, 중재는 대략 7개월 정도 소요.
국제적인 인정	- 뉴욕협약에 가입한 체약국(2009년 11월 현재 144개국) 간에는 외국중재 판정을 상호 간 승인하고 강제집행도 보장.
저렴한 중재비용	- 중재제도가 단심제이고, 신속성을 중점을 두었기 때문.
중재인의 전문성	- 법률지식을 갖춘 변호사, 사업경륜을 갖춘 기업인, 학문적 이론을 갖춘 교수 등으로 구성된 무역 전문가에 의한 정확한 판단. - 당사자에게 1인 또는 3인의 중재인을 선임할 권리 부여.
중재절차 비공개	- 재판과는 달리 공개되지 않음. 따라서 영업상 비밀 보장.

2) 중재 조항 적용 방법

A. 신청인 국가에서 중재를 하기로 하는 경우(한·중 기업 간의 예)

"이 계약과 관련하여 발생하는 모든 분쟁은 신청인의 국가에서 중재로 최종 해결한다. 만일 신청인이 (한국기업)일 경우 대한상사중재원에서, 만일 신청인이(중국기업)일 경우 중국국제경제 무역중재위원회에서 진행한다."

"All disputes in relation to this contract shall be finally settled by arbitration in the country of the claimant. In case the claimant is (a Korean enterprise), the arbitration shall be held at the Korean Commercial Arbitration Board. In case the claimant is (a Chinese enterprise), the arbitration shall be held at the China International Economic and Trade Arbitration Commission."

B. 피신청인 국가에서 중재를 하기로 하는 경우(한·일 기업 간의 예)

"이 계약과 관련하여 발생하는 모든 분쟁은 피신청인의 국가에서 중재로 최종 해결한다. 만일 피신청인이 (한국기업)일 경우 대한상사중재원에서, 만일 피신청인이 (일본기업)일 경우 일본상사중재협회에서 진행한다."

"All disputes related to this contract shall be finally settled by arbitration in the country of the respondent. In case the respondent is (a Korean enterprise), the arbitration shall be held at the Korean Commercial Arbitration Board. In case the respondent is (a Japanese enterprise), the arbitration shall be held at the Japan Commercial Arbitration Association."

Ⅳ. 무역 계약 관련 서류 작성법 및 이해

수입자		수출자
견적요청	→	견적서(Proforma Invoice) 발송
P/I 체크 후 가격/조건 조정 요청	↙ →	P/I 조정 후 재발송
Order Sheet 작성 후 발송	↙ →	오더 수신 의미로 Order Confirmation 발송
T/T in Advance 송금 송금 Cable 이메일로 전달	↙ →	T/T 송금 받음
		수출물품 제조 / 구매
		생산 스케줄 고려하여 Shipment Booking 진행
Invoice, Packing List 이메일로 수신	←	Invoice, Packing List 작성 후 수입자에게 이메일로 전달
		수출신고 후 수출신고필증, Invoice, Packing List 포워더에게 전달 (Document Closing Time 이내)
		수출물품 포장 후 포워더가 지정한 반입지로 반입 (Cargo Closing Time 이내)
		적재(On Board) 완료
		해상의 경우 OB/L 항공의 경우 AWB 포워더에게 전달 받음.
수입지 포워더에게 전달 후 결제하면 D/O 받음	←	OB/L의 경우 특송으로 AWB의 경우 이메일로 수입자에게 전달
수입신고 후 수리 받고 최종적으로 통관 완료		

▲ T/T in Advance 기준으로 설명

제시한 무역 거래 절차에 따라서 수출자와 수입자는 관련 서류를 주고받습니다. 이때 서류의 수발신은 팩스로 이루어지지 않고 이메일로 이루어집니다. 따라서 이메일에 대한 관리가 필요하고, 이메일 수발신에 있어 무역 업계의 관례가 존재하는데 그러한 관례 즉, 문화를 알아야 이메일을 수발신 할 때 예를 갖출 수 있는 것이며 상대로부터 그에 맞는 대우를 받을 수 있습니다.(이메일 관리 및 작성법 198쪽 참고)

그리고 수입자는 오더 진행 한 건들을 정리한 오더발신대장이 필요할 것이고 반대로 수출자는 오더 받은 건들을 정리한 오더수신대장이 필요할 것입니다. 재고도 관리해야 하니 재고관리대장, 결제 관리에 대한 결제관리대장 등이 필요할 것입니다. 또한 수발신되는 선적서류 및 기타 무역서류에 대한 체계적이고도 효율적인 관리 역시 필요 할 것입니다(무역 관리 대장 작성 및 관리 방법 155쪽 참고).

본 책에서는 이러한 관리 방법에 대해서 저자가 실무에서 사용했던 방법 그대로 하나하나 설명하고 있으며, 그에 앞서 본 장에서는 무역 계약 관련 서류 작성법에 대해서 알아보겠습니다.

1. 무역 계약 절차에 대한 개념 바로잡기

일반적으로 무역 계약이 성립되기 전에 Seller는 Buyer에게 물품에 대한 단가와 거래조건을 기술한 서류를 전달합니다. 이러한 서류가 바로 견적서입니다. 실무에서 견적서는 통상 Proforma Invoice(P/I)[21]라는 제목으로 만들어집니다. 이론서에서 말하는 Firm Offer 역시 견적서이나 Seller가 Firm Offer[22]라는 제목으로 견적서를 작성하여 Buyer에게 전달하는 경우는 실무에서 통상적이지 않습니다.

---

[21] Proforma Invoice는 일반적으로 Buyer가 Seller에게 구매 의사를 밝히고 Seller가 그에 따른 단가 및 거래조건을 기술하여 발송하는 서류로서 견적서(Quotation)입니다.

[22] Firm Offer는 Seller가 잠재 Buyer에게 거래제안(Business Proposal)하는 서류에 가깝습니다. 물론, 견적서(Proforma Invoice)처럼 단가 및 거래조건 등은 기술되어 있으며 이러한 정보들은 언제까지 유효하다라는 내용 역시 포함되어 있습니다. 시장 환경이 변동됨에 따라서 단가 및 거래조건이 변경될 수 있기 때문입니다.

Seller는 Buyer에게 견적서Quotation, Proforma Invoice, Firm Offer를 전달하고 Buyer는 가격 혹은 기타의 거래 조건에 대해서 조정을 요구할 수 있습니다. 이러한 행위는 실무에서 빈번하게 일어나며, 이론에서는 Counter Offer라고 합니다. 거래가 성립되기 전에 많이 일어나지만, 매매계약서를 작성한 이후에도 상호 거래 조건에 대한 수정 및 보완 작업은 빈번히 일어날 수 있습니다.

이러한 과정을 거쳐서 최종 합의를 이룬 단가 및 거래조건을 수출자 혹은 수입자 중에 한쪽이 b)매매계약서Sales Contract라는 제목의 서류에 명시하여 서로의 사인을 합니다. 그러면 비로써 계약이 성립되는 것입니다(견적 받고 계약서 작성해서 상호 사인하는 방식으로서 통상적인 예). 물론, a)Firm Offer라는 제목 혹은 Proforma Invoice라는 제목의 서류가 양 당사자 사이에서 오가면서 수정 및 보안 작업을 하여 해당 서류에 상호 사인을 하더라도, 단가 및 거래조건이 있고 양 당사자의 사인이 있기 때문에 매매계약서로서의 역할을 할 수 있습니다(별도로 매매계약서라는 제목의 서류를 작성하지 않고 견적서라는 제목의 서류를 매매계약서로 대체하는 경우로서 거래 금액 단위가 적으며 단발성으로 끝나는 거래의 경우의 예).

또한, b)와 같이 매매계약서를 따로 작성하였다고 하더라도 매매계약서는 거래조건을 간략하게 작성하기 때문에 이러한 거래조건을 더욱 상세히 명시하는 c)일반거래조건협정서를 또다시 작성하는 경우도 있습니다. c)의 경우와 같이 일반거래조건협정서를 작성하는 경우는 일반적으로 거래 금액 단위가 상당한 경우의 건, 독점계약의 건, 한 번 계약서를 작성하고 해당 계약서로 연속적인 거래가 이루어지는 건 등의 경우에 해당한다고 생각하면 되겠습니다.

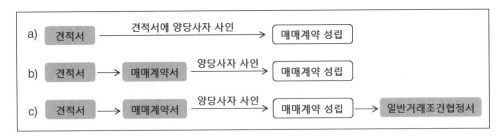

▲ 매매계약서(Sales Contract)를 전면 계약서, 일반거래조건협정서를 이면 계약서라고 하기도 합니다.

정리하자면, a)는 견적서가 최종 매매계약서가 되는 경우로서 따로 매매계약서Sales Contract라는 제목의 서류가 없습니다. b)와 c)의 경우에 견적서는 정말 단순히 계약 성립 전에 단가와 거래조건을 기술한 견적을 위한 서류에 불과하고, 이를 바탕으로 다시 새롭게 작성한 매매계약서가 존재하는 경우입니다. 마지막으로 C)는 계약에 대해서 간략하게만 기술하는 매매계약서만으로는 거래에서 발생할 수 있는 여러 상황을 커버할 수 없다고 판단하여 보다 상세히, 그리고 추가적인 계약 내용을 기술하는 이면 계약서로서 일반거래조건협정서라는 또 다른 계약서를 작성하는 조건입니다. C)의 경우는 견적서, 매매계약서, 일반거래조건협정서가 모두 따로 존재하는 경우라 할 수 있습니다.

2. Firm Offer견적서

Firm Offer견적서, Quotation, Proforma Invoice[23]는 Seller가 Buyer에게 자신의 물품에 대한 가격과 거래조건 등을 명시하여 거래를 제안(Offer)하는 서류로서, 일반적으로 시장 상황을 고려하여 해당 내용(단가 및 거래조건 등)이 언제까지 유효한지에 대한 유효기일Validity을 함께 명시합니다. Firm Offer라는 것은 거래제안서라고 할 수도 있겠지만, 가격 및 거래조건이 일반적으로 명시되어 있기 때문에 견적서Quotation, Proforma Invoice로서의 역할을 하는 서류로 인지하는 것이 적절하다고 판단됩니다. 또한, Seller는 통상 Buyer가 긍정적인 반응을 보인다고 하더라도 Seller 자신의 최종 확인Final Confirmation이 있어야 계약 성립이 된다고 조건부 조항을 Firm Offer에 명시합니다. 이러한 것을 이론에서는 조건부 청약Conditional Offer이라고 하는데 실무에는 이러한 용어를 사용하는 경우는 거의 없습니다. 단지 서류에 묻어 있을 뿐입니다.

---

23 실무에서는 Firm Offer라는 이름으로 견적서가 발행되기보다는 Proforma Invoice(P/I)라는 제목으로 견적서가 발행되는 것이 일반적입니다. P/I의 양식은 정해진 것은 없지만 통상 매매계약서 양식과 비슷합니다.

Harry Trading
123 Sydney Road Newcastle NSW Australia
Tel : + 61 33 4256 0000   Fax: + 61 33 6442 0000

FIRM OFFER

OFFER NO.   : OF-12135
DATE   : June 05, 2012

Messers   : James International
Dear Sirs.
We are pleased to offer you the under-mentioned goods on the terms and conditions described as follows ;

Origin	Australia	Validity	End of June, 2012
Shipping port	Australian Port	Packing	Standard export packing
Manufacturer	Harry Trading	Destination	Busan Port, Korea
Delivery		Inspection	Maker's final

Price Term   FOB Sydney Port Australia under the INCOTERMS 2010.

Payment   By an Irrevocable L/C at Banker's Usance 60 days in favor of Harry Trading,
through ANZ Sydney Branch, 255 George St. Newcastle NEW Australia

Code	COMMODITY / SPECIFICATION	QUANTITY	U'PRICE	AMOUNT
LS - 101	BABY CARRIER (6 pcs / CTN)	100 CTNs	USD 237.00	USD 23,700.00

TOTAL AMOUNT	US$23,700.00

<Remarks>

Very Truly Yours,

Accepted by	Representative

▲ 수출자가 자신의 사인을 하고 수입자에게 해당 내용에 대해서 동의하면 수입자의 사인을 요구하는 경우
가 있습니다. 수입자가 사인을 하여 수출자에게 전달하면 양 당사자의 사인이 있기 때문에 매매계약서로
서 역할을 할 수 있는 서류가 됩니다. 무역서류의 제목은 서류의 제목이 아니라 내용이 서류의 제목이 됩
니다.

3. 매매계약서^{Sales Contract}

매매계약서는 수출자와 수입자 양 당사자 간의 계약서입니다. 매매계약서는 **〈양식 1〉**과 같이 일반적으로 물품에 대한 품명, 단가 등이 기록된 Description 부분과 가격조건, 결제조건, 반품조건 등이 기록된 거래조건^{Conditions} 부분, 그리고 양 당사자가 사인을 하는 부분으로 크게 나누어진다고 할 수 있습니다. 또한, 한 장으로 매매계약서가 작성될 수도 있지만, 거래조건에 대해서 매매계약서에 명시할 내용이 많다면 매매계약서는 2장 이상이 될 수도 있습니다(하지만, 일반적으로 매매계약서는 간략하게 작성하고, 상세한 계약서를 원하는 경우 일반거래 조건협정서를 따로 작성합니다). 수출자는 **〈양식 1〉**의 매매계약서 제목을 Proforma Invoice^{P/I,} 견적서로 수정하여 수입자에 보내는 견적서로도 사용하더라도 문제가 없겠으며, 수출자의 사인과 수입자의 사인이 모두 서류에 있다면 제목이 Proforma Invoice라도 해당 서류는 Sales Contract가 됩니다.

〈양식 1〉은 실무에서 중소 무역회사가 매매계약을 할 때 양식으로 손색이 없겠으나, 회사의 사정에 따라서, 그리고 제품의 특성에 따라서 명시되는 내용이 다소 차이가 있을 수 있습니다.

Edu Tradehub

#000 XX building 111-1 Nonhyundong Kangnamgu Seoul Korea
Tel: + 82 2 4256 0000   Fax: + 82 2 6442 0000

Sales Contract

Messers

Kaston Co., Ltd.

Dear Sirs.

Contract No. : SC - 12006

Date : Feb. 8 2012

We are pleased to offer you the under-mentioned goods on the terms and conditions described as follows ;

No.	Description	Q'ty	Unit Price		Amount	
BA - 101	Baby Carrier - Type A	500 pc	USD	39.50	USD	19,750.00
BS - 105	Baby Carrier - Type S	500 pc	USD	42.00	USD	21,000.00
WA - 103	Warmer - Type A	800 pc	USD	22.70	USD	18,160.00
				Total Amount		58,910.00

Price Term	:	FOB Any Korean Port / FCA Any Korean Airport under the INCOTERMS 2010.
Payment Method	:	L/C by Negotiation Banker's Usance
Bank Information	:	L/C Advising Bank
		Bank Name : Industrial Bank of Korea (IBK)
		Bank Address : 9-2 Samsungdong Kangnamgu, Seoul, Korea
		Swift Code : IBKOKRSE
		Account No. : 000-000001-00-00015
		Beneficiary : Edu Tradehub
Shipment	:	Within 1 month after receipt of your L/C
Partial Shipment	:	Allowed
Packing	:	Export standard packing
Inspection	:	Seller's inspection to be final in export country.
Country of Origin	:	South Korea
Quality	:	To be about the same as sample
Return	:	Return is only available against defective products. Otherwise, not available
Remarks	:	Customize available for all products.

PLEASE SIGN AND RETURN THE DUPLICATE

Signed on

Yours fithfully.
Eud Tradehub
Signed on   Feb. 8 2012

Accepted by   Representative

Under the this Sales Contract, applicant and beneficiary are bound by the UCP 600, ISBP 681 and INCOTERMS 2010

1) 매매계약서의 작성 당사자

매매계약서를 수출자가 작성하라는 법은 없습니다. 매매계약서가 작성되기 전에 수출자가 수입자에게 Proforma Invoice^{Quotation}을 보내고 이메일을 이용하여 상호 거래조건에 대해서 충분히 이해관계를 좁혔다면 수입자가 먼저 매매계약서를 작성해도 상관없습니다. 그리고 사전에 충분히 거래에 대해서 서로 의견을 나누었다 하더라도 매매계약서를 먼저 작성하는 쪽이 계약의 유리한 위치를 선점하게 됩니다. 이유는 매매계약시를 바탕으로 서로 또 다른 합의가 진행되기 때문입니다.

2) Price Term 뒤의 지명

가격조건은 인코텀스로서 인코텀스 뒤에 지명은 Busan Port와 같은 특정 지명을 명시해도 되지만 'Any Korean Port'와 같이 한국의 모든 항구가 가능하다는 뜻으로 지정해도 무관하겠습니다. 그리고 매매계약서에 분할선적^{Partial Shipment}을 허용한 경우 해당 건이 두 번 이상 나누어서 적재될 수도 있겠으며, 이때 오직 선박으로만 두 번 이상 혹은 항공기로만 두 번 이상 그것도 아니면 배와 항공기로 나누어서 운송이 이루어질 수도 있습니다. 다시 말해서 계약 당시에는 선박으로만 두 번 이상 나누어 운송 진행할 것을 예상했으나 차후에 스케줄이 변경되어 항공기로 한 번, 그리고 배로 한 번 운송이 이루어질 수도 있습니다. 따라서 **〈양식 1〉**의 매매계약서 Price Term에 명시된 것과 같이 해상 건으로 진행되는 경우 가격조건은 FOB Any Korean Port가 되고, 항공 건으로 진행되는 경우 가격조건은 FCA Any Korean Airport 조건이 되어 해당 건의 인보이스 가격조건으로 사용될 것임을 명시하는 것이 적절하겠습니다.

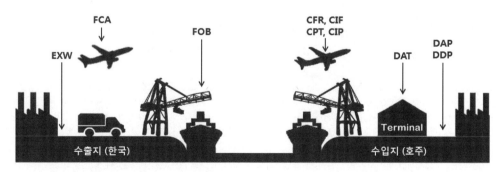

▲ 상기는 각 인코텀스에 대한 비용분기점을 나타내고 있으며, 인코텀스를 서류에 명시할 때 인코텀스 뒤의 지정 지명은 바로 비용분기점이 됩니다.

3) Payment Method

결제조건을 명시할 때 항상 주의해야 하는 것은 결제조건이 T/T라고 해서 T/T만 명시하면 나중에 문제가 발생할 수 있다는 것입니다. 즉 수출자는 T/T로 거래하면 항상 선불을 원하지만, 수입자는 후불을 원합니다. 따라서 매매계약서에 T/T는 결제를 어떻게 하는 것에 대한 결제 방법으로서 결제를 송금 방식인 T/T로 하는데 후불로 할 것인지 선불로 할 것인지를 정확하게 명시를 해야겠습니다.

L/C도 마찬가지입니다. L/C에도 선불At Sight과 후불Usance이 있으며, 후불에는 또다시 Banker's Usance와 Shipper's Usance로 나누어집니다. 수입자 입장에서는 신용장 거래에서 At Sight로 하고 싶지 않아 Usance로 개설하려고 'Payment Method'에 L/C by Negotiation Usance'라고만 표기를 하면, 수출자 입장에서는 Banker's Usance이냐 Shipper's Usance이냐에 따라서 매입 후 바로 선적 대금을 매입은행에게 받느냐Banker's Usance 및 At Sight L/C에서 해당 혹은 Usance 기간 이후 받느냐Shipper's Usance L/C에서 해당가 결정되기 때문에 상당히 중요한 부분이 됩니다. 따라서 매매계약서의 Payment Method뿐만 아니라 모든 부분은 정확히 명시를 해야겠습니다.

구 분		조건 표기 방법
T/T 결제 조건	T/T 선불	T/T in Advance
	T/T 후불	T/T 35 Days After B/L Date
		T/T 35 Days After Invoice Issuing Date
	기타	T/T 30% With Order, 70% Before Shipment[24]
매입신용장	선불	L/C by Negotiation At Sight
	후불	L/C by Negotiation Banker's Usance
		L/C by Negotiation Shipper's Usance

▲ Payment Method 표기 방법

---

24 T/T 30% With Order의 경우 수입자가 수출자에게 오더 시트 발송 이후 수출자가 오더 확인 (Order Confirmation)을 하면 그때 T/T 송금을 30% 보내면 됩니다. 그리고 70% Before Shipment의 경우 수출자는 수출지 포워더에게 물품을 전달하고 Booking 한 일자에 적재(On Board) 되기 전, 즉 OB/L이 발행되기 전에 수출지 포워더는 수출자에게 이메일로 'Non-Negotiable'이라고 날인된 사본을 일반적으로 이메일로 전달합니다. 본 서류를 수입자는 수출자에게 받아서 혹은 수입지 포워더에게 수출자가 물품을 수출지 포워더에게 전달하였는지에 대해서 확인받은 이후에 70%를 T/T 송금하면 확실하겠습니다.

4) Bank Information

수출자의 거래은행 정보를 나타내는 부분입니다. 결제조건이 송금 방식으로서 T/T인 경우, 수입자는 수출자에 대한 계좌 정보가 있어야 송금을 진행할 수 있습니다. 따라서 수출자는 Bank Information이라는 명목으로 자신의 거래 은행 정보 및 계좌번호Account No., 그리고 예금주Beneficiary 정보를 통지합니다. 결제조건이 L/C라면 수출자는 수입자가 수입지에서 수입자의 거래은행을 통하여 개설된 신용장을 통지를 받아야 하는데 수입지의 개설은행이 수출자에게 바로 통지 못 해주기 때문에 수출지의 은행을 지정합니다. 이때 수출자는 수입자가 신용장 개설신청서를 작성할 때 자신의 거래은행을 통지은행으로 지정할 것을 요구하는 것이 일반적인 경우로서 매매계약서에 Bank Information이라고 해서 통지은행Advising Bank 정보를 제공합니다. 하지만, 때로는 수입자의 신용장개설신청서의 통지은행 지정 요청에 대해서 개설은행은 무시하고 개설은행 자신의 해외지점 등의 다른 은행을 통지은행으로 직접 지정하는 경우도 있습니다. 원칙상 통지은행 지정은 개설은행의 결정사항이기 때문입니다.

5) 매매계약서에서 누락하기 쉬운 반품조건Return

계약서를 작성할 때, 특히 수출자는 계약서 조건에 반드시 반품조건Return을 명시해야 합니다. 이유는 수입자가 수입지에 도착한 물품의 수입 통관 과정에서 통관이 되지 못하는 경우가 있습니다. 예를 들어, 식품을 수입하려는 수입자는 '식품 등의 수입신고'를 진행하여 식약청 승인을 받아야지만 비로소 세관에 수입신고를 할 수 있습니다. 하지만, 수입자가 이러한 사실을 모르고 무작정 오더를 해서 수입지에서 '식품 등의 수입신고'를 진행하였더니 '부적합' 판정이 나와서 세관에 수입신고를 못 하여 수출자에게 반송을 요청하면서 받아 달라고 요구하는 경우가 있습니다. 일반적으로 이러한 요구를 받게 되는 경우 수출자는 상당히 난감한 상황에 빠집니다. 수출자는 자국 내의 제조사에 물품을 이미 구매 완료한 상태로서 수입자에게 반품을 받아서 해당 제조사에 반품할 수 없고 다른 국외 거래처가 있다 한들 해당 거래처가 물품을 구매할 의사는 희박하기 때문입니다. 특히, 수출자는 T/T 선불 조건이 아니라 후불 조건인 경우 이러한 상황에 직면하면 더욱 난감한 처지에 빠지게 됩니다. 따라서 수출자는 '매매계약서 작성할 때 반드시 물품 자체에 하자가 있는 경우에만 반송을 받아 준다.Return is only available against defective products. Otherwise, not available.'라고 명시를 해야겠습니다[25].

반대로 수입자는 수입지 세관에 수입신고를 하지 못하는 상기와 같은 상황을 직면할 수도 있기 때문에 반드시 정식으로 대량 오더를 진행하기에 앞서 샘플을 받아서 혹은 정식 오더이긴 하나 소량만을 오더 진행하여, 해당 제품이 식품이라면 식약청 검사를 미리 해보고 전자제품이라면 기술표준원 등과 같은 관련 기관에서 이상이 없는지 사전에 판단 후 이상이 없으면 그때 정식으로 대량 오더를 하는 절차를 밟는 것이 적절하다고 할 수 있겠습니다.

6) 매매계약서에 사인하지 않고 오더 진행하는 수입자

매매계약서는 수입자가 작성을 해도 되지만, 실무에서는 일반적으로 수출자가 작성해서 수입자에게 이메일에 첨부해서 전달합니다. 그러면서 수출자는 수입자에게 동의하면 수출자 자신의 사인 옆에 수입자의 사인을 해서 한 부는 수입자가 가지고 나머지 한 부를 다시 이메일로 첨부해서 수출자 자신에게 발송할 것을 요구합니다. 수입자는 수출자가 발송한 매매계약서의 내용에 대해서 동의를 한다고 하더라도 실무에서 수입자는 자신의 사인을 해서 수출자에게 발송하지 않는 경우가 많습니다. 그러면서도 오더는 매매계약서를 바탕으로 오더시트를 만들어서 수출자에게 발송합니다.

수입자가 매매계약서에 사인하지 않고 오더만 하더라도 오더가 성립된 것으로 수출자는 이해를 하고 거래를 진행합니다. 일반적으로 수입자가 사인하지 않는 이유는 사인을 하면 계약서에 구속되기 때문이라고 풀이됩니다. 하지만, 계약 금액이 상당하고 거래가 하나의 계약서를 바탕으로 연차적으로 발생하는 거래의 계약서에 대해서는 상호 사인을 하는 것이 적절하겠습니다. 수입자가 사인하지 않는 거래는 일반적으로 거래 금액 단위가 얼마 되지 않는 소액 거래가 통상의 예라고 할 수 있습니다(물론, 때에 따라서 거래 금액이 상당한 신용장 거래에서도 종종 이러한 예를 접할 수도 있습니다).

---

25 수입통관 업무에는 늘 여러 변수가 있기에 수출자와 수입자의 의도와 상관없이 지연될 수 있으며, 이러한 통관 지연으로 인한 추가 발생비용은 계약서의 인코텀스(Price Term)를 기준으로 수출자 혹은 수입자 부담이라는 결론을 내리기 힘들겠습니다. 결국, 인코텀스와는 관계없이 수입지에서의 수입통관 지연에 의한 추가 발생비용에 대해서는 그 원인을 제공한 자(수출자 or 수입자 or 운송사 등)가 누구인지 확인하여 그 원인 제공자에게 책임을 물어야 할 것이며, 수입지 세관의 부적절한 조치로 인한 지연은 수출자의 책임이 아닐 것입니다. 이러한 내용은 매매계약서에 명시하는 것이 적절할 것입니다.

4. 일반거래조건협정서SALES AND PURCHASE AGREEMENT[26]

'Sales Contract^{매매계약서}'와 '일반거래조건협정서'를 작성하는 것은 견적서를 바탕으로 한 견적 관련 사항에 대한 합의를 끝내고, 앞으로 일어날 상황에 대해서도 상호 합의하여 문서화시켜서 서로를 구속하는 작업입니다. 특히, 매매계약서보다 세부적으로 기술하는 '일반거래조건협정서'를 작성할 때는 통관, 운송, 결제 등 무역의 모든 과정에 대해서 지식과 경험을 가진 담당자가 관여하여 신중히 작성하는 것이 무엇보다도 중요하겠습니다.

이렇게 계약 과정에서 발생할 수 있는 사고에 대해서 미리 세부적으로 기술하고 그에 따른 후속 조치를 어떻게 한다라는 조항을 '일반거래조건협정서'에 명시하면 그러한 사고가 발생할 경우 합의점을 찾아 문제를 해결함에 있어 보다 신속하고 정확하게 할 수 있을 것입니다. 또한, 상호 평화적인 방법으로 합의점을 찾지 못하는 경우를 대비해서 '일반거래조건협정서'에 중재 ARBITRATION 조항을 삽입하고, 중재 판정에 대해서 서로가 승복하며 이러한 판정이 법적인 구속력을 가질 수 있도록 하는 것이 상당히 중요한 부분이 되겠습니다.

앞에서 설명하길, 일반거래조건협정서는 금액 단위가 상당한 건, 독점계약의 건, 한번 계약서를 작성하고 해당 계약서로 연속적인 거래가 이루어지는 건 등의 경우에 통상 작성한다고 설명한 바 있습니다. 수출자와 수입자가 존재하고 이들 둘 사이에 견적서가 Firm Offer의 제목으로 혹은 Proforma Invoice의 제목으로 혹은 기타의 제목으로 양 당사자 간에 오갔고 단가 및 거래 조건에 대해서 모든 합의를 마쳤다고 가정해봅니다. 그리고 전면 계약서로서 매매계약서를 작성하고 이를 바탕으로 이면 계약서로서 일반거래협정서를 작성했음을 가정하고 다음의 매매계약서와 일반거래협정서를 확인합니다.

---

[26] 일반거래조건협정서는 Sales And Purchase Agreement, Agreement on General Terms and Conditions of Business 등으로 표현할 수 있습니다. 때로는 단순히 Sales Contract라는 제목으로 명시되는 경우도 있습니다. 일반거래조건협정서는 매매계약서로서 계약 조건에 대해서 세부적으로 상세히 기술한 서류라고 받아들이면 되겠습니다.

〈양식 2〉 매매계약서Sales Contract, 전면 계약서

* 본 매매계약서 2. Shipment 부분에 명시된 On or About에 대한 해석은 67쪽에서 설명하고 있으니 참고해주세요.

Harry Trading
123 Sydney Road Newcastle NSW Australia
Tel: + 61 33 4256 0000   Fax: + 61 33 6442 0000

Sales Contract

Messers
James International

SC No. : SC-12095
Date : Jun. 5 2012

Dear Sirs.
We are pleased to offer you the under-mentioned goods on the terms and conditions described as follows ;

Code	Item	U'Price	Q'ty	Amount
LS - 101	BABY CARRIER	USD 42.50	20,000pcs	USD 850,000.00

| **TOTAL** | | | | **USD 850,000.00** |

REMARKS :

1. Price Term	:	FOB Sydney Port Australia under the INCOTERMS 2010.
2. Shipment	:	On or About 13 August, 2012.
3. Payment Method	:	L/C by Negotiation Banker's Usance
4. Advising Bank	:	ANZ(Australia and New Zealand Banking Group Ltd.) Sydney Branch 255 George St. Newcastle NEW Australia SWIFT CODE ANBBAUNW
5. L/C E/D	:	20 August, 2012
6. Partial Shipment	:	Allowed
7. L/C Opening Date	:	Within 10 days after sending PO Sheet
8. Packing	:	Export standard packing
9. Inspection	:	Seller's inspection to be final in export country.
10. Country of Origin	:	Australia
11. Quality	:	To be about the same as sample
12. Return	:	Return is only available against defective products. Otherwise, not available.

PLEASE SIGN AND RETURN THE DUPLICATE

James International
Signed on

Harry Trading
Signed on   Jun. 5 2012

Accepted by   Representative

Under the this Sales Contract, applicant and beneficiary are bound by the UCP 600, ISBP 681 and INCOTERMS 2010

▲ 본 계약서를 전면 계약서로 하여 이면 계약서로서 〈양식 3〉 일반거래조건협정서를 작성하였습니다.

SALES AND PURCHASE AGREEMENT

No. : SA-12011

Date : June 8. 2012

Buyer	: James International

#501 Samwha B/D 211-1 Nonhyundong Kangnamgu Seoul Korea

Seller	: Harry Trading

123 Sydney Road Newcastle NSW Australia

It is mutually agreed by the parties undersigned that the Seller agrees to sell to the Buyer and the Buyer agrees to buy from the Seller the following goods with general terms and conditions hereunder:

1. VALID OF CONTRACT

This Sales and Purchase Agreement (hereinafter referred to as "Contract") shall enter into force and become effective upon signing of the Contract by the parties hereto.

2. ITEM SPECIFICATION

Details are as per Offer No. OF-12135 dated June 05, 2012, issued by the Seller.

3. ORDER DETAILS

3-1 The "Sales Contract" , SC-12095, Total Amount is USD85,500 on condition of FOB Sydney Port. (INCOTERMS 2010)

3-2 Order Item Description is as per SC-12095 dated June 18, 2012, issued by the Seller.

4. GENERAL TERMS AND CONDITIONS

A. PAYMENT TERM

A-1 USD85,500 - by irrevocable letter of credit negotiable at sight in favor of the Seller.

A-2 Advising Bank - ANZ(Australia and New Zealand Banking Group Ltd.) Sydney Branch, 255 George St. Newcastle NSW Australia, SWIFT CODE ANBBAUNW

A-3 Before the Buyer submit L/C Draft to Opening Bank, the Buyer shall e-mail L/C Draft to the Seller for Seller's final confirmation.

B. TIME OF DELIVERY

B-1 The latest Ex-factory date for the entire order quantity shall be on later than the first week of August, 2012.

B-2 The entire quantity shall be arrived within August 30, 2012 at nominated port located in Korea.

C. PARTIAL SHIPMENT

Partial Shipment is Allowed but only by vessel.

D. PRICE TERM

D-1 The delivery term for Products shall be FOB Sydney Port, which is governed by the Incoterms 2010 of the International Chamber of Commerce.

D-2 Both parties shall comply with INCOTERMS 2010.

D-3 INCOTERMS 2010 stipulates that FOB(Free on Board) means that the Seller delivers the goods on board the vessel nominated by the Buyer at the named port of shipment. The risk of loss of or damage to the goods passes when the goods are on board the vessel, and the buyer bears all costs from that moment onwards.

E. PACKING

E-1 Packing shall be at Seller's option. In case of special instructions are necessary, the Buyer shall notify the Seller thereof in time to enable the Seller to comply with the same and all additional cost thereby incurred shall be borne by the Buyer.

E-2 Regardless of Incoterms, the problem incurred by the poor packing is the Seller's responsibility.

F. SHIPPING MARK

Each Box shall be born the mark "James" in diamond with port mark, running case numbers, and the country of origin as follows ;

Busan Port
C/N(Running Number)
Made in Australia

G. Sample and Quality

The quality of the goods to be shipped shall be about equal to the "Sample Quality Report" e-mailed by the Buyer to the Seller on June 10, 2012.

H. INSPECTION

Export inspection by the Manufacturer or Seller shall be considered as final. When the Buyer appoints special inspection, the Buyer must inform the Seller of the name of the appointed inspector, and bear all inspection expenses.

I. CLAIMS

I-1 Claim Report, if any claims, shall be submitted by e-mail within thirty(30) days after arrival of goods at destination port or airport specified in the Bills of Lading(B/L).

I-2 In case of less than 3% defective goods of invoice total quantity, the Seller shall issue Credit Note and refund the money to the Buyer by T/T within twenty(20) days after receiving Buyer's Claim Note. In case of over 3% defective goods of invoice total quantity, the Seller shall ship on the replacement within twenty(20) days after receiving Buyer's Claim Note. The cost regarding the replacement dispatch shall be fully covered by the Seller.

I-3 The arrangement of the different goods compared with sample provided in Article G shall comply with Article I-2.

J. RETURN

Return is only available against defective products. Otherwise, not available.

K. FORCE MAJEURE

Seller shall not be responsible for the delay in shipment due to force majeure including war, strikes, riots, civil commotion, hostilities, blockade, prohibition of export, fires, floods, earthquakes, tempest and any other contingencies beyond Seller's control, which prevent shipment within the stipulated period. In the event of any of the aforesaid causes arising, documents proving its occurrence or existence shall be sent by Seller to Buyer without delay.

L. DELAYED SHIPMENT

L-1 In all cases of force majeure provided in the Article K. FORCE MAJEURE, the period of shipment stipulated shall be extended for a period of twenty one(21) days.

L-2 In the case of delayed shipment due to force majeure, the Buyer is able to apply L/C amendment after receiving agreement from the Seller.

M. GOVERNING LAW AND ARBITRATION

M-1 This Contract shall be governed and construed by the laws of Republic of KOREA. All the disputes shall be, first of all, settled in an amicable way of mutual communication between the Seller and the Buyer. In case such a discussion cannot be settled amicably for both parties, all disputes in relation to this contract shall be settled by arbitration Rules of the Korean Commercial Arbitration Board in Seoul, Korea and under the laws of Korea. The award rendered by the arbitrator(s) shall be final and binding upon both parties concerned.

M-2 The arbitral tribunal consists of three arbitrators, each party shall appoint one arbitrator and the two arbitrators chosen by them shall appoint a third arbitrator, as a presiding arbitrator.

The Buyer : James International	The Seller : Harry Trading
By :	By :
Title :	Title :
Date :	Date :

<ANNEXES>

* Offer Sheet : OF-12135

* Sales Contract : SC-12095

* Sample Quality Report issued June 10, 2012.

일반거래조건협정서

발행번호 : SA-12011
발행일자 : June 8. 2012

매수인	: James International

#501 Samwha B/D 211-1 Nonhyundong Kangnamgu Seoul Korea

매도인	: Harry Trading

123 Sydney Road Newcastle NSW Australia

매도인은 매수인에게 물품을 판매할 것을, 그리고 매수인은 매도인에게 물품을 구매할 것을 다음 조건과 같이 상호 합의한다.

1. 계약의 유효

본 일반거래조건협정서(이하 "계약서")는 양 당사자가 본 계약서에 사인하면 그 효력이 발생한다.

2. 제품의 스펙

매도인이 2012년 6월 5일에 발행한 **Offer No. OF-12135**와 같다.

제품의 스펙을 본 일반거래조건협정서에 포함하면, 복잡해지기 때문에 해당 내용을 대신할 수 있는 본 계약과 연관된 기 발행 서류의 번호를 명시합니다.

3. 주문 내역

3-1 매매계약서(계약서 번호 SC-12095)의 총액은 USD85,500이며, 가격조건은 FOB Sydney Port로서 INCOTERMS 2010 기준이다.

가격조건을 명시할 때는 반드시 해당 가격조건이 INCOTERMS 2000 기준인지 2010 기준인지를 정확하게 명시를 해야 합니다. FOB, CFR, CIF 소선의 경우 위험분기점이 INCOTERMS 2000에서는 수출지 항구에 정박한 선박의 선측 난간을 통과할 때지만 2010에서는 선박에 적재(On Board) 완료된 시점으로 변경되었습니다.

또한, 계약서에 명시한 가격조건이 FOB라면 FOB의 정확한 비용 및 위험분기점이 어디이며, 그에 따라서 수출자의 비용 및 위험 커버는 어디까지고 수입자의 비용 및 위험 커버는 어디서부터인지를 다시 한 번 계약서에 명시하는 것이 중요합니다.

이유는 인코텀스가 법이 아니라 규칙이기 때문에 상대가 이러한 규칙을 무시 혹은 잘못 이해하고 있을 수 있기 때문입니다. 이러한 내용은 D. PRICE TERM 부분에서 정확하게 명시를 따로 해두었습니다.

* 결제조건이 신용장인 경우 '신용장개설응답서'의 45A Description of Goods and / or Service 부분에 가격조건이 명시되며, 계약 총액(USD85,500)은 32B Currency Code Amount 부분에 명시됩니다. 본 금액은 개설은행이 매도인(Beneficiary)에게 지급 보증하는 최대 금액이 됩니다.

3-2 주문 제품 명세는 매도인이 2012년 6월 18일에 발행한 계약서 번호 SC-12095의 매매계약서의 것과 같다.

4. 일반 거래조건

A. 결제조건

A-1 USD85,500 - 매도인을 수익자로 하는 취소불능신용장.

일반적으로 수출자(Beneficiary)는 매입신용장(Negotiation L/C)에서 신용장 조건과 같이 수출 진행 후, 그와 같이 수출 진행했다는 근거 서류로서 신용장 조항 46A에서 요구하는 선적서류를 매입은행에 제출하여 은행이 보증한 것과 같이 선적 대금 결제를 요구합니다. 그러면 매입은행은 말 그대로 해당 선적서류를 매입합니다. 즉, 매입은행은 선적서류를 전달받고 그에 대한 대가로 선적한 만큼의 대금을 신용장 조항 32B에 명시된 금액의 한도 내에서 수출자에게 결제합니다. 이는 곧 매입은행이 선적서류를 매입하는 것이 됩니다. 따라서 수출자는 매입신청서를 작성하여 매입해 줄 것을 요청하며, 결제에 대해서도 환어음을 작성하여 요구합니다. 이때 대금 결제를 요구하는 환어음의 금액은 선적 대금과 동일 해야 하기 때문에 인보이스 총액과 일치해야만 합니다.

여기서, 매입은행은 수출자의 매입신청에 대해서 신용장과 선적서류가 일치하면 대금을 매입신청 일에 통상 바로 결제합니다. 상기 A-1에서 'at sight' 부분은 수출자의 매입신청에 대해서 은행이 바로 대금을 결제하는 조건이라는 뜻이 됩니다.

따라서 해당 건의 신용장은 수출자가 매입신청 후 신용장 조건과 선적서류가 일치하면 바로 대금을 결제받을 수 있는 매입신용장 중에서도 At Sight L/C 혹은 Banker's Usance L/C가 되어야 합니다. 본 계약서를 근거로 진행되는 거래에서는 수출자가 매입 신청 후 대금 결제를 바로 받지 못하는 조건으로서 Shipper's Usance로 신용장이 개설되면 안 될 것이며, 또한 매입방식이 아닌 추심으로 진행되는 지급신용장으로 개설되어도 안 됩니다.

* 본 내용은 개설 완료된 '신용장개설응답서'의 42C Drafts at, 72 Sender to Receiver Information 부분 등 전반적인 내용을 체크 후 알 수 있겠습니다.

A-2 통지은행 - ANZ(Australia and New Zealand Banking Group Ltd.) Sydney Branch, 255 George St. Newcastle NSW Australia, SWIFT CODE ANBBAUNW

 설명

원칙상 통지은행 지정은 개설은행의 결정사항이지만, 실무에서 매도인은 이렇게 계약서에 수출지에 위치한 자신의 거래은행을 통지은행으로 매수인이 신용장개설신청서를 작성할 때 지정할 것을 요구합니다. 이러한 요구에 대해서 개설은행이 무시를 하고 통지은행으로서 개설은행의 해외 지점 혹은 다른 은행을 통지은행으로 지정하는 경우도 종종 발생할 수 있습니다.

* 신용장이 개설 완료되면, 통지은행은 '신용장개설응답서'의 제일 상단에 'SWIFT 전문수신 은행' 혹은 'To' 등으로 명시되거나 신용장 조항 57A Advise Through Bank 부분에 명시됩니다.

A-3 매수인은 작성한 L/C 개설신청서 초안(Draft)을 개설은행에 제출하기 전에, 매도인에게 이메일로 전달하여 매도인의 최종 확인을 받아야 한다.

 설명

L/C 개설신청서는 'Sales Contract'를 바탕으로 매수인이 작성합니다. L/C 개설신청서는 Sales Contract에 없는 계약 내용도 다수 포함되어 있고 Sales Contract에 있지만, L/C 개설신청서에 적용하기 혼란스러운 부분도 있습니다. 따라서 매수인이 작성한 L/C 개설신청서가 매도인의 의도와 완벽히 일치할 수 없으며, 매수인이 Sales Contract의 내용과 같이 작성하였다고 하더라도 매도인이 보기에는 상이한 부분이 존재할 수 있습니다. 그런데 이러한 L/C 개설신청서를 매도인 확인 없이 그대로 매수인이 개설은행에 제출하여

L/C 개설이 완료된다면 차후에 수정을 위해서는 L/C Amend 신청을 따로 해야 하고 수수료까지 발생합니다. 따라서 개설은행에 제출하기 전에 상호 최종 확인이 반드시 필요합니다.

B. 인도시기

B-1 모든 오더 물량에 대한 최종 공장 출고일은 2012년 8월 첫 번째 주 이내여야 한다.

B-2 모든 물량은 2012년 8월 30일 이내로 한국의 지정된 항구에 도착해야 한다.

모든 거래에는 물품을 언제까지 수출지에서 적재 혹은 수입지에 도착해야 한다는 조건을 명시합니다. 가장 큰 이유는 매수인이 해당 건의 물품을 수입하여 제조 과정에 사용 혹은 국내거래처에 제때 공급을 해주어야 하기 때문이라고 할 수 있겠습니다.

계약서에는 이렇게 인도시기에 대한 부분을 명시하는데, 이때 Lead Time이라는 용어를 사용하는 경우도 있습니다. Lead Time이란 상품 생산 시작부터 완성될 때까지 걸리는 시간인데, 실무에서는 수입자가 물품을 받는 '납품 일자'의 뜻으로 사용되는 일도 있습니다. 따라서 이러한 애매모호한 용어의 사용은 자제하고 B-1, B-2와 같이 정확한 뜻을 계약서에 명시하는 것이 적절하겠습니다.

* 신용장 거래에서는 이러한 조건을 신용장 조항 **44C Latest Date of Shipment** 부분에 선적 기일로서 명시합니다.

C. 분할선적

분할선적은 해상 조건으로만 허용한다.

분할선적이란 오더 수량(계약 수량)에 대해서 한 번에 모두 적재 진행하는 것이 아니라, 두 번 이상 나누어서 진행하는 것을 말합니다. 해상으로 2번 이상 혹은 항공으로 2번 이상 혹은 해상 및 항공으로 각각 진행하는 것을 말하며 전체 수량을 언제까지 적재 완료하라는 조항은 계약상에 통상 표기가 되지만, 각각의 적재 건에 대해서 언제까지 진행하라는 조항은 따로 없습니다(만약 전체 수량에 대한 적재 완료 기일이 있고 각각의 적재 건에 대해서도 스케줄이 계약상에 있으면 이는 할부선적이 됩니다).

* 결제조건이 L/C라면 해당 조건은 43P Partial Shipment 부분에 Allowed(허용) 혹은 명시됩니다. 만약 신용장 43P 조항에서 분할선적을 허용하고, 해당 건에 대해서 해상으로만 분할선적 원한다면, 신용장 46A 조항에서 B/L만 요구할 것이고, 항공으로만 분할선적 요구하는 경우 AWB만 요구할 것입니다. 하지만 분할선적을 해상과 항공으로 모두 가능하다고 하는 경우 46A에서 B/L와 AWB을 모두 요구합니다.

D. 가격조건

D-1 가격조건(인도조건)은 FOB Sydney Port로서 INCOTERMS 2010 기준이다.

D-2 양 당사자는 가격조건으로서 INCOTERMS 2010을 준수해야 한다.

D-3 INCOTERMS 2010에서 규정하기를 FOB(본선인도조건) 조건에서 매도인은 지정 항구에서 매수인에 의해서 지정된 본선까지 물품을 운송하여 적재해야 한다. 물품의 멸실 및 손상에 대한 위험은 본선에 물품을 적재하였을 때 매수인에게 넘어간다.

계약서에 명시된 가격조건에 대해서 D-3과 같이 따로 비용과 위험 분기점을 정확하게 설명하지 않으면, 인코텀스라는 것이 법이 아니라 규칙이기 때문에 매도인이 커버해야 할 비용을 매수인이 커버해야 하는 상황에 직면할 수도 있습니다. 예를 들어, FOB 조건에서 매도인이 커버해야 하는 수출지 항구에서 적재(On Board) 전의 비용으로서 THC, Wharfage, CFS Charge, DOC Fee 등의 부대비용을 매도인이 커버하지 않아 포워더가 매수인에게 요구하는 경우가 발생할 수 있습니다. 따라서 합의된 가격조건에 대한 비용 및 위험 분기점을 다시 한 번 정확하게, 그리고 상세히 계약서에 명시하여 양 당사자가 운송에 있어 자신의 커버 부분이 어디인지 충분히 인지할 수 있도록 계약 과정에서의 D-3과 같은 조치가 필요합니다.

다음과 같은 문장을 명시하는 것도 적절할 것으로 판단됩니다.
All trade terms provided in the Contract shall be interpreted in accordance with the latest INCOTERMS 2010 of International Chamber of Commerce.

E. PACKING

E-1 패킹 방법은 매도인의 선택 사항이다. 만약 패킹에 대한 매수인의 특별한 요청이 있는 경우 매수인은 매도인에게 요청 내용을 적용할 수 있는 시간 내에 통지해야 하며, 관련 패킹에 대한 추가적인 비용은 매수인이 커버한다

일반적으로 수출자가 직접 할 수 있는 패킹 방법은 박스 포장 방법일 것입니다. 하지만, 물품에 따라서 진공 포장, 나무 포장(252쪽 참고) 혹은 위험물에 대한 포장 등 수출자가 직접 할 수 없는 포장 방법이 요구되는 경우가 있습니다.

이러한 요구가 있는 경우 매도인은 매수인에게 해당 포장 비용을 청구할 수 있다라는 부분이 되겠습니다.

실제로 이러한 특수한 포장의 경우 비용이 상당히 많이 발생하는 경우가 있으며, 포장으로 인한 무게가 증가하여 운송 관련 비용 역시 상승할 수 있습니다.

E-2 인코텀스와 관계없이 부실한 포장 때문에 발생한 문제는 매도인의 책임이다.

실제로 매도인의 부실한 포장으로 인해서 수입지에 도착한 물품의 포장이 손상되면서 내품 역시 손상되는 경우가 종종 발생합니다. 이러한 경우에는 적하보험에 가입하였다고 하더라도 매도인의 부실한 포장이 직접적인 원인으로 밝혀진다면 보험 커버를 받지 못할 수도 있습니다.

F. 화인

각각의 박스에는 다음과 같이 도착항, 화물일련번호, 그리고 원산지를 표기하고, "James"라는 문구를 다이아몬드 안에 표기한다.

Busan Port
C/N(Running Number)
Made in Australia

설명

화인(Shipping Mark)은 수출 물품의 박스(Carton)에 반드시 표기해야 할 사항이 아니며, 특별히 정해진 양식 역시 존재하지 않습니다. 화인은 화주의 필요에 의해서 표기를 하며, 표기를 하더라도 필요한 부분만 정해서 표기할 수 있습니다

(필요한 부분이 원산지표기와 취급주의 표기라면, Made in Korea와 With Care 표기만 해도 상관없음). 물론 원산지표기는 물품의 HS Code에 따라서 원산지표시대상 물품인 경우 무조건 표기를 해야 합니다.

통상 화인의 표기는 운송 과정 중에 물품의 분실 우려와 운송 및 창고 담당자로 하여금 해당 물품의 도착지와 수입자 및 취급주의 정보를 확인하여 다룰 수 있도록 하는 정보 제공의 목적이 있습니다. 따라서 항공 건이나 해상 LCL 건에서 주로 표기하며, 해상 FCL 건의 경우 컨테이너 번호로서 대신합니다 (FCL은 하나의 컨테이너에 하나의 화주 물품만이 적재된 경우이기 때문).

 Tip

참고로 화인을 표기할 때 수출자는 수입자와 화인에 들어갈 정보를 상호 합의하고 박스 제작 당시부터 화인을 넣어서 제작할 수도 있고, 오더량이 적은 경우 화인 표기가 없는 박스에 화인을 표기할 경우도 있습니다. 후자의 경우 A4용지에 프린트하여 풀 혹은 테이프로 붙여도 되고, 물류스티커를 사용하여 붙여도 됩니다. 이때 주의할 점은 화인에 물이 묻더라도 번지지 않도록 레이저 프린터를 사용하는 것입니다.

그리고 화인이 표기되지 않은 화물을 무인화물이라고 하며, 'N/M'이라는 표기를 하기도 합니다. 'N/M'은 No Mark라는 뜻으로서 화인이 없는 무인화물이라는 뜻입니다.

G. 샘플의 품질

적재된 물품의 품질은 2012년 6월 10일에 매수인에 의해서 매도인에게 이메일로 전송된 '샘플 품질 보고서'의 내용과 상응해야 한다.

 설명

매도인이 발송한 샘플과 정식 오더 건으로 수입 완료된 물품의 품질이 상이한 경우가 실무에서 종종 발생합니다(매도인은 물품을 판매하기 위해서 샘플 발송 때는 직접 확인하여 주의를 기울이지만, 정식 오더 건에 대해서는 이러한 자체 품질 검수에 소홀한 경우가 있음). 이러한 경우 매수인은 매도인에게 반품하고 다시 물품을 수입해야 하니 그로 인한 비용과 시간적인 손해가 발생됩니다.

따라서 매수인 입장에서는 정식 오더 건에 대해서도 샘플과 동일한 품질의 제품을 받는 것이 중요하겠으며, 이를 위해서 매수인은 최종 확정된 샘플을 기준으로 설명과 사진을 포함하여 '샘플 품질 보고서'를 작성하여 매도인에게 전달하고 해당 보고서를 기준으로 최종 확정된 샘플과 상응하는 물품의 발송을 요구해야 할 것입니다. 그리고 만약 샘플과 비교해서 문제가 있는 물품이 정식 오더 건으로 도착한 경우 본 계약서의 I. CLAIMS 조항에 의해서 조치할 것임을 명시해야겠습니다.

H. 검사

제조사 혹은 매도인에 의한 수출 검사가 최종적인 것으로 간주한다. 만약 매수인이 특별한 검사를 요구할 경우, 매수인은 지정 검사기관명을 매도인에게 통지해야 하며 관련 비용을 모두 커버해야 한다.

무역은 분명히 실물이 수출지에서 수입지로 이동하는 것입니다. 이를 위해서 수출지에서는 수출 신고, 수입지에서는 수입 신고하여 물품에 대한 통관 진행을 합니다. 그리고 수출지에서 수출자가 물품을 수출지의 포워더에게 전달하면 물품 이상 없이 잘 받았고 수입지까지 운송해주겠다는 의미로 B/L(항공 건의 경우 AWB)을 발행하여 수출자에게 전달하며, 수출자는 결제조건에 따라서 수입자에게 전달하고 수입자는 다시 수입지의 포워더에게 해당 서류를 전달 후 D/O를 받아서 물품을 전달받습니다.

이러한 통관 및 운송 업무는 대부분 물품 자체는 확인하지 않고 서류만으로 진행하는 경우가 상당수를 차지합니다. 다시 말해서 무역은 분명히 실물이 이동하는 것이지만, 이를 위한 업무는 서류만을 확인하여 진행하는 경우가 빈번하다는 것입니다. 그래서 무역을 서류 업무라고 할 정도입니다.

이러한 무역 업무의 허점을 노리고 매수인에게 A라는 제품 1,000CTNs을 매도인은 오더를 받았지만, 컨테이너에 10CTNs만 적재하고 인보이스, 패킹리스트에는 1,000CTNs이라고 명시하고서 포워더에게도 1,000CTNs 적재했다고 말하면 포워더는 B/L에 1,000CTNs 표기합니다. 그러면 실물은 10CTNs이 적재되었는데 서류상으로는 완벽히 매수인이 오더 한 전량인 1,000CTNs이 표기됩니다. 매수인은 수입지에서 해당 서류만 보고 수입통관 진행할 것이며, 완료 후 서류와 실물이 불일치하다는 사실을 알고 포워더에게 CLAIM 할 것입니다.

하지만, 포워더는 이 부분에 대해서 책임이 없습니다(부지약관, UNKNOWN CLAUSE). 그리고 매도인이 이러한 것을 의도적으로 했다면 매도인은 연락을 받지 않을 것입니다.

a. 부지약관(Unknown Clause) 의미와 표기

부지약관이란 B/L에 명시되는 문구로서 운송사는 물품을 운송만 해주는 것이지 컨테이너에 해당 건의 물품을 적재(Load)하고, 수량을 카운트(Count)하고 컨테이너 문을 봉인(Seal)한 주체는 매도인(Shipper)이니 B/L에 표기된 물품과 수량이 매수인이 오더 한 정보와 일치 여부에 대해서는 운송사는 책임이 없다라는 조항입니다. 이러한 문구는 B/L의 중간 부분에 Shipper's Load, Count and Seal 등의 문구로 표기되며 이러한 문구가 B/L 앞부분에 없더라도 이면에 포함되어 있습니다.

b. 매수인의 조치

상기와 같이 선적서류의 수량/물품이 실제의 수량/물품과 다른 경우는 빈번히 발생하는 경우가 아니지만, 매수인으로서는 불안할 수밖에 없습니다. 따라서 매수인은 이러한 피해를 사전에 방지하기 위해서 조치를 취합니다. 일반적으로 거래 금액이 적은 USD10,000 이하의 T/T 건에 대해서는 요구하지 않고, 거래 금액이 상당하여 상기와 같은 사건이 발생하면 매수인이 상당한 피해를 볼 수 있는 경우의 거래로서 L/C 건에서 관련 조치를 취합니다.

L/C에서 선적서류를 요구하는 조항인 46A 조항에서 선적 전 검사증명서(Pre-Shipment Inspection)를 통상 SGS라는 기관으로부터 발급받을 것을 요구합니다. 물론, 관련 비용은 매수인이 커버하는 것이 일반적입니다. 해당 기관에서는 선적서류의 수량과 물품의 일치 여부뿐만 아니라 품질에 대한 일치 여부 역시 적재 전에 검사 대행합니다.

I. 클레임

I-1 클레임을 제기할 경우 클레임 보고서를 B/L에 명시된 도착 항구/공항에 물품이 도착 후 30일 이내로 이메일을 통하여 제출해야 한다.

설명

정장 매장에서 어떤 고객이 정장을 구입한 지 3달이 지난 후에 제품에 문제가 있다며 반품을 요구합니다 상식에 벗어난 행동이지만 충분히 있을 수 있는 상황입니다. 무역도 장사입니다. 단, 국가와 국가의 Seller와 Buyer 간의 장사일 뿐입니다. 따라서 무역에서도 이러한 다소 황당한 요구를 매도인을 받을 수 있으며, 황당함에도 계약 당시 이러한 조항이 없으면 대처하기에 난감한 경우가 있습니다. 따라서 클레임 제기 기한을 계약서에 명시하는 것이 중요하겠습니다.

I-2 인보이스 전체 수량 중 3% 미만에 하자가 있는 경우, 매도인은 매수인의 "Claim Note"를 수취 후 20일 이내에 "Credit Note"를 발행하여 해당 금액을 T/T 방식으로 결제해야 한다.

만약 인보이스 전체 수량 중 3% 이상에 하자가 있는 경우, 매도인은 매수인의 "Claim Note"를 수취 후 20일 이내로 대체품을 발송해야 한다. 대체품 발송 관련 비용은 모두 매도인이 커버해야 한다.

설명

매수인이 정식 오더 한 물품에 하자가 있는 경우를 대비해서 관련된 후속 조치 사항을 명시한 부분입니다. 하자가 있는 경우 매수인은 정식 절차에 따라서 Claim Note를 발행하여 하자 사유와 그에 따른 피해 상황을 결과로서 매도인에게 보고하고 하자 물량만큼의 물품 금액을 환불받거나 대체품을 받는다라는 조건을 계약서에 명시하였습니다.

매도인의 잘못으로 매도인이 환불을 T/T로 하는 경우 송금 수수료에 있어서 '국외수수료'는 매도인이 부담하는 것이 적절할 것이며, 대체품을 발송하는 경우 매도인이 운송비용까지 부담하는 DAP(=DDU) 조건으로 진행하는 것이 적절합니다. 또한, 대체품 발송의 경우에 하자품에 대한 처리 역시 계약서에 명시하면 좋겠지만 적절하지 않는 경우, 해당 문제가 발생한 이후에 상호 합의를 해도 큰 문제가 없을 것이라 판단됩니다.

a)매수인이 하자 물품을 재수출[26] 하는 경우 '위약 물품[27]'으로서 재수출 신고를 하여 외국으로 나가는 배/비행기에 물품을 적재 완료 후, 해당 물품을 국내에서 소비된 것이 아니기에 수입신고할 때 납부한 관세에 대한 환급 신청(위약 물품 환급 신청)을 할 수 있도록 해야겠으며, b)하자 물품을 폐기처분 하는 경우는 보세창고에 반입하여 폐기처분하고 완료되면 해당 건에 대해서 수입신고할 때 납부한 관세를 환급받을 수 있도록 해야겠습니다. a)의 경우는 매수인의 부담이 가장 적은 EXW 조건으로 진행하는 것이 적절할 것입니다.

I-3 G 조항에서 규정한 것과 같이 샘플과 상이한 물품에 대한 처리는 I-2 조항에 따른다.

J. 반품

반품은 물품에 하자가 있는 불량품의 경우에 대해서만 허용된다. 그 외의 경우에는 허용되지 않는다.

 설명

계약서에 반품 조항 명시에 대한 필요성에 대해서는 85쪽 5) 매매계약서에서 누락하기 쉬운 반품조건(Return) 부분을 참고해주세요.

K. 불가항력

계약서에 규정된 선적 기간을 방해하는 전쟁, 파업, 폭동, 내란, 교전, 항구의 봉쇄, 수출 금지, 화재, 홍수, 지진, 폭풍 등과 같이 매도인의 통제를 벗어난 불가항력적인 사태로 인해서 발생하는 선적지연은 매도인의 책임이 아니다. 만약 앞에서 언급한 사태가 발생하는 경우, 매도인은 이러한 사태의 발생 또는 발생하였음을 증명하는 서류를 지체없이 매수인에게 전달해야 한다.

---

27 재수출이란 수입신고하여 세액 납부 후 수리된 물품을 어떠한 이유로 다시 수출 진행하는 것입니다. 흔히 말하는 반송은 외국에서 국내에 도착했는데, 어떠한 이유로 수입신고 하지 않거나 못한 상태의 보세물품(외국물품)을 외국으로 보내는 것을 말합니다.

28 위약 물품이란 오더와 상이한 물품을 말합니다. 즉, 약속과 상이한 물품입니다.

불가항력이란 미래에 발생될 수 있는 일에 대해서 사람이 주의 혹은 예방을 기울인다 하더라도 막을 수 없는 일을 말합니다. 매도인은 상기에서 언급한 사태가 발행할 경우 스스로의 힘으로는 도저히 계약서에 명시된 선적기일을 지키지 못할 것입니다.

예를 들어, 화물연대의 파업으로 인해서 대구 공장에서 컨테이너 작업 완료한 물량을 부산항 CY까지 내륙운송 할 수 없는 상황에 직면한다면 매도인이 포워더에게 Booking 한 Shipment Schedule과 같이 선적을 진행할 수 없을 것입니다. 화물연대 파업으로 인한 선적 지연은 매도인의 잘못으로 인한 것이 아니며 예방 및 주의도 할 수 없는 매도인의 힘으로는 도저히 막을 수 없는 상황입니다. 이러한 불가항력적인 상황에 직면하는 경우 매도인은 매수인에게 연락하여 계약서에 명시된 선적기일을 조정하는 것이 적절할 것입니다.

L. 선적지연

L-1 K 조항에서 규정된 불가항력이 발생하는 경우, 계약서에 명시된 선적기일은 21일 연장 된다.

불가항력으로 인한 선적 기일 연장 21일은 매도인이 매수인에게 이메일로 이러한 통지를 한 이후 매수인의 확인을 받은 즉시 자동으로 기존 선적 기일에서 21일이 연장된다라는 확실한 문구를 넣는 것이 더욱 적절할 것 같습니다.

L-2 불가항력으로 인한 선적 지연의 경우, 매수인은 매도인으로부터 동의를 얻은 후 L/C Amend 신청을 할 수 있다.

결제조건이 L/C인 경우, L/C에서 선적 기일 관련 조항은 44C 부분에 있습니다. T/T, 추심거래(D/P, D/A)의 경우 매도인의 통지에 대해서 매수인이 확인하면 계약서의 선적 기일은 연장되는 것이라고 받아들이면 되지만, L/C의 경우 계약 당사자에 은행도 포함됩니다. 은행은 매도인과 매수인이 이메일로 주고받은 사항을 알지 못하기 때문에 따로 L/C Amend 신청을 매수인이 진행해야 합니다. 이러한 L/C Amend를 신청하기 전에 상호 합의를 본 이후에 할 것을 명시한 부분이 되겠습니다.

M. 준거법과 중재

M-1 본 계약은 대한민국의 법에 따른다. 모든 분쟁은 먼저 매도인과 매수인 양 당사자 사이에서 우호적인 방법으로 상호 대화로서 해결한다. 양 당사자 간에 이러한 논의가 원만하게 해결되지 못한 경우, 본 계약과 관련된 모든 분쟁은 대한민국 법에 의해서 대한민국 서울에서 대한상사중재원의 중재 규칙에 따른다. 중재인이 내린 판정은 최종적인 것으로 관련당사자 쌍방을 구속한다.

분쟁에 대해서 쌍방 간에 해결되지 않는 경우 중재를 통해서 해결한다면, 중재지 및 중재기관, 그리고 중재를 위해서 사용될 법을 정해야 합니다. 이때 매도인과 매수인은 다른 국가이며 중재를 위한 법을 정함에 있어 어느 나라 법에 따를지 역시 정해야 할 것입니다. 이렇게 무역에서 분쟁이 발생한 경우, 어느 나라의 법률에 따라 분쟁을 해결할 것인가는 양 당사자의 합의에 의해서 결정되며 이렇게 정해진 법을 준거법이라고 합니다.

중재는 결과에 대해서 항소를 할 수 있는 재판과는 달리, 한 번 결정된 결과에 대해서 양 당사자가 항소할 수 없이 복종해야 하는 단심제입니다. 중재에 따른 비용과 절차가 간략하고 결과가 빨리 나온다는 장점이 있지만, 항소할 수 없다는 단점도 있습니다. 따라서 준거법을 정할 때는 될 수 있으면 자국법을 준거법으로 하는 것이 좋으며, 중재지 및 중재기관 역시 마찬가지입니다.

　* 중재에 대한 자세한 내용 참고 71 쪽
　* 중재 관련 기타 조항 참고 74 쪽

M-2 중재판정부는 3인으로 구성하되 각 당사자는 각자 1인의 중재인을 선정하고, 이에 따라 선정된 2인의 중재인들이 합의하여 의장중재인을 선정한다.

The Buyer : James International

By :

Title :

Date :

The Seller : Harry Trading

By :

Title :

Date :

<첨부 서류>

* Offer Sheet : OF-12135

* Sales Contract : SC-12095

* Sample Quality Report issued June 10, 2012.

제2장

무역서류작성

I. 수출자가 작성하는 서류

* 본 책에서 소개하는 모든 무역 대장과 무역 서식은 에듀트레이드허브(http://edutradehub.com/)의 '자료실'에서 내려받을 수 있습니다.

1. 선적서류Shipping Documents에 대한 이해

무역을 할 때, 가장 기본적으로 필요한 서류로서 인보이스Invoice, 패킹리스트Packing List, 그리고 B/L(해상은 B/L, 항공은 AWB)이 있습니다. 인보이스, 패킹리스트는 수출자가 작성하고, B/L 혹은 AWB(이하 B/L)은 운송사인 포워더가 작성을 합니다(특송 B/L[29]은 수출자가 직접 작성). 이들 서류를 선적서류Shipping Documents라고 하며, 수입자가 수입지에서 해당 건의 물품을 수입 통관함에 있어 필요한 기타의 서류들이 있을 수 있으며, 이 서류들도 선적서류에 포함됩니다. 수출자는 수입자의 이러한 기타 서류들의 요청에 응해 주는 것이 일반적인 관례입니다.

대표적으로 원산지증명서Certificate of Origin: C/O가 있으며 C/O는 통상 상공회의소에서 발행하며 세관에서도 발행하기도 합니다. 따라서 수출자는 상공회의소에서 발행을 받아서 수입자에게 전달합니다.

그리고 식품의 경우 식품에 어떠한 성분이 포함되어 있는지에 대한 성분분석표Compositions가 필요하며, 식품을 제조함에 있어 어떠한 순서로 제조하였는지에 대한 제조공정도Manufacturing Flow Chart 역시 필요합니다. 또한, 식품이기 때문에 제조연월일Manufacturing Date 및 유통기한 역시 성분분석표 혹은 제조공정도에 표기할 필요가 있습니다. 식품을 수입할 때 이러한 서류가 필요한 이유는 '식품 등의 수입신고'를 할 때 이들 서류를 기반으로 신고하기 때문입니다.

따라서 만약 수입자가 수입지에서 통관 상에 필요한 기타 서류를 요구하는 경우 이들 서류는 인보이스, 패킹리스트, B/L 등과 함께 모두 선적서류Shipping Documents가 됩니다.

* 인보이스, 패킹리스트 작성법에 대한 내용은 『어려운 무역실무는 가라!』를 참고해주세요.

---

29 특송(Courier Service)은 국제 택배 회사로서 국내에서 택배 보낼 때 작성하는 택배 용지가 곧 B/L입니다. 엄격히 말하면 운송장이지만, 실무에서는 이를 구분하지 않고 B/L이라고 합니다.

2. 제조공정도, 성분분석표, 그리고 검역증

1) 성분분석표 & 제조공정도

제조공정도Manufacturing Flow Chart는 Flow Chart라고도 하며, 제품의 제조 과정을 한눈에 알 수 있도록 만든 표입니다. 성분분석표Composition는 해당 제품에 함유된 성분이 무엇이며, 또 각 성분의 혼합을 정의해둔 표입니다. 이러한 제조공정도 및 성분분석표는 식품을 수입할 때, 식약청에 '식품 등의 수입신고'를 EDI로 진행하는 데 필요한 서류입니다(물론, 다른 제품을 수입할 때 필요할 수 있습니다).

제조공정도와 성분분석표는 각각 다른 서류로 발행할 수도 있지만, 한 부의 서류에 해당 내용을 모두 표기해도 상관없습니다. 또한, 식품 관련 내용이라면 해당 건의 식품에 대한 제조일자Manufacturing Date 및 유통기한Expiry Date 역시 표기를 해주는 것이 바람직합니다.

A. 양식 1 - 성분분석표 & 제조공정도

Kaston

Kaston
ABC 2 NL-1322
BC AAA NETHERLANDS
Tel : +31 (0) 00 00 0000
Fax : +31 (0) 00 00 0000

PRODUCT DESCRIPTION

1	**PRODUCT**	Sausage Casing	
2	**COUNTRY OF ORIGIN**	Netherlands	
3	**COMPOSITON**		**% Dry Weight**
	Collagen (Netherlands Origin Only)		58%
	Cellulose		13%
	Glycerol		23%
	Vegetable Oil		5%
	Sodium Carboxymethylcellulose		1%
	Colour(s)		N/A

4   CHART

1. Australian Sourced Collagen → 2. Purification → 3. Grinding → 4. Blend with other Ingredients ↓

8. Washing ← 7. Coagulation ← 6. Extrusion ← 5. Filtration

8. Washing ↓ 9. Plasticising → 10. Drying → 11. Shiiring → 12. Heat Curing ↓

15. Dispatch ← 14. Packaging ← 13. Rehumidification

5	**Packing**	Edible Collagen Sausage Casing
6	**Validity**	Valid for 2 years
7	**Specification**	12ABA101
		66 strands / box
		6 boxes / carton
8	**Manufacturing Date :**	....18/02/11 - 27/02/11.....
9	**Expiry Date :**	....18/02/11 - 27/02/13.....

▲ 성분분석표와 제조공정도 그리고 제조년월일 및 유통기한이 모두 상기 한 장의 서류에 포함되어 있습니다.

B. 양식 2 - 성분분석표

실무에서 사용되는 무역용어 중에는 특히 무역서류에 대한 영문 표기에 있어, 수출자와 수입자가 서로 상이하게 사용하는 용어가 종종 존재합니다. 그래서 수출자와 수입자가 상호 의사 전달 및 이해를 함에 있어 혼란을 초래하는 상황에 때로는 직면하기도 합니다. 성분분석표의 경우 Composition이라는 용어로도 사용되고 때로는 Ingredient 혹은 Certificate of Ingredient 라고도 표현하기도 합니다.

Emsoul Trading Company

#501 Samwha building 213-7 Nonhyundong
Kangnamgu Seoul Korea

Issuing Date : 22 Aug. 2012

Edu Tradehub
ABC 2 NL-1322
BC AAA NETHERLANDS

Tel : +31 (0) 00 00 0000
Fax : +31 (0) 00 00 0000

Certificate of Ingredient

We confirm that the product **ADDITIVE 1316 (spce mixture for food)**
has the following composition ;

EDU
TRADE
HUB

pepper	29%
mustard	21%
nutmeg	25%
coriander	10%
onion	8%
chilli	7%

Best Regards,
Edu Tradehub

C. 양식 3 - 제조공정도

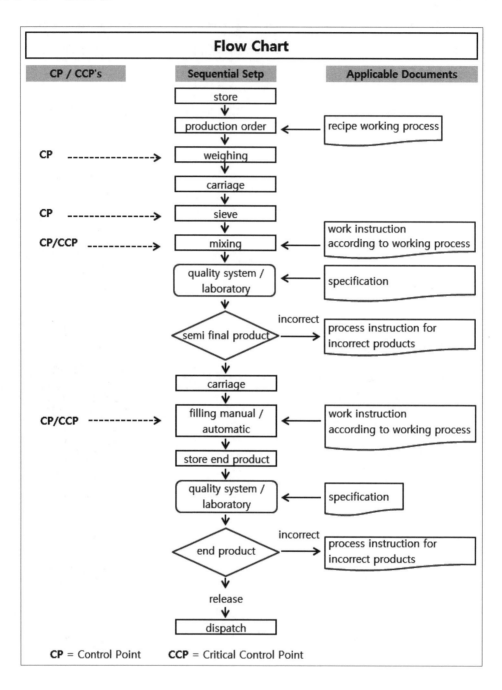

2) 검역증 Health Certificate

식품을 수입할 때 '식품 등의 수입신고'를 EDI로 진행하며, 이와 함께 관할지 식약청(해당 건의 보세물품이 서울의 보세창고에 반입되어 있는 경우 서울지방식약청)에 해당 식품이 안전하다라는 수출국의 특정 기관으로부터 발급받은 서류를 제출해야 하는 경우가 있습니다. 다음 서류는 미국 농림부가 발급한 검역증으로서 해당 식품에 포함된 동물로부터 추출한 성분은 안전한 동물에서부터 추출한 성분이라는 것을 증명해줍니다.

UNITED STATES DEPARTMENT OF AGRICULTURE ANIMAL AND PLANT HEALTH INSPECTION SERVICE	FOR OFFICIAL USE ONLY	
HEALTH CERTIFICATE **EXPORT CERTIFICATE** **ANIMAL PRODUCTS**	**PORT** LOSANGELES, CA **DATE** 22-Mar-12 **NO.** SSCC120339	

This certificate is for Veterinary purposes only. It is valid for 30 days after the date of signature (in the case of transport by ship or rail, the time is prolonged by the time of the voyage).

This is to certify that rinderpest, food-and-mouth disease, classical swine fever, swine veslcular disease, African swine fever, and contagious bovine pleuropneumonia do not exist in the United Staes of America.

ADDITIONAL DECLARATION

The animal byproducts contained in this shipment are not likely to disseminate agents of infectious diseases of domestic animals. This office has on file a notarized affidavit from KASTON, verifying the accuracy of the statement below.

The commercially prepared collagen in this shipment contain collagen materials derived exclusively from the skins/hide of domestically slaughtered bovine animals. KASTON has never used imported collagen materials in its USA facility. All of its collagen raw materials are obtained from USDA inspected facilities.

(SIGNATURE OF ENDORSING OFFICIAL)

NAME AND ADDRESS OF EXPORTER	NAME AND ADDRESS OF CONSIGNEE
KASTON P.O. BOX 11211 LOSANGELES, CA 12311	Emsoul Trading Company #501 Samwha building 213-7 Nonhyundong Kangnamgu Seoul Korea

PRODUCT (quantity, unit of measure, and kind)

Bovine collagen
50 cartons   Total Weight : 350 kg

IDENTIFICATION	CONVEYANCE
LC : MD112201NU00123	VESSEL

3. 미수금내역서^{Debit Note}

무역에서 말하는 Debit Note는 미수금내역서입니다. 대금 결제를 받아야 하는 수출자가 대금 지급을 해야 하는 수입자에게 Debit 발행하는 경우는 a)수출자가 수입자에게 수출 이행 완료한 물품에 대한 결제 기일이 다가왔을 때 결제 기일 통지를 위한 수단으로 사용되며, 혹은 b)결제 기일이 이미 지난 경우 돈을 빨리 송금할 것을 요청할 때도 Debit Note라는 제목으로 미수금내역서를 발행합니다(때로는 Debit Note라는 제목이 아닌 Statement 라는 제목으로 발행되기도 함).

STATEMENT

Dear Sir or Madame,

The invoices listed below are currently open items on your account. Among them are invoices due for payment.

We kindly ask you to check these items and authorise the payment soon. If you have paid the amounts due in the intervening period, please accept our best thanks and disregard this noitce.

Yours sincerely,
Emsoul Co., LTD

Invoice No.	Invoice Date	Amount	Currency	Arrears
11083	2011-10-05	12,560.00	EUR	58 Days
11089	2011-10-15	985.00	EUR	48 Days
11091	2011-10-29	11,550.00	EUR	34 Days
11095	2011-11-12	10,550.00	EUR	20 Days

4. 크레딧 노트 Credit Note

Credit Note란 수출자가 수입자로부터 결제받은 금액 일부를 어떠한 이유로 다시 수입자에게 돌려줄 때 발행하는 무역서류입니다.

A. Credit Note를 발행하는 경우

첫 번째	수출자가 선적한 물품을 수입자가 수입 통관해서 보니 일부 제품이 불량으로 판매가 불가능한 경우로서 해당 불량품에 대해서 결제 금액을 수출자가 다시 수입자에게 환불하는 경우
두 번째	어떠한 이유로 수입자가 물품을 다시 수출자에게 반송 혹은 재수출하는 경우
세 번째	수출자로부터 커미션을 받아야 하는 경우

세 번째의 경우 간단하게 말해서 외국의 A라는 수출자의 물품에 대한 국내 독점권을 가진 국내 B라는 업체가 A로부터 직접 수입하지 않고 B의 국내 거래처인 C가 A에게서 직접 물품을 수입하는 경우가 있습니다(물론, 중간에서 B가 컨트롤 함). 이러한 경우 A는 B가 수입지 국내 독점권을 가진 자로서 영업을 하여 B의 수입지 국가 거래처인 C가 자신의 물품을 구매한 것이니 차후에 A는 B에게 그 대가로서 판매 가격 대비 일정 퍼센티지를 적용하여 커미션Commission: 수수료을 지급합니다.

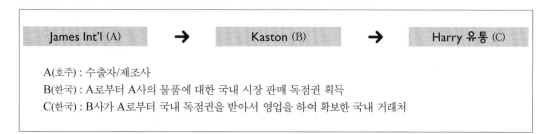

A(호주) : 수출자/제조사
B(한국) : A로부터 A사의 물품에 대한 국내 시장 판매 독점권 획득
C(한국) : B사가 A로부터 국내 독점권을 받아서 영업을 하여 확보한 국내 거래처

B. Credit Note 양식

아래의 Credit Note는 Emsoul(엠솔)이라는 수출자가 Kaston이라는 수입자에게 커미션 관련
하여 발행한 Credit Note입니다.

EMSOUL
#000 XX B/D 111-1 Nonhyundong
Kangnamgu Seoul Korea
Tel: (02) 0000-0000
Fax: (02) 0000-0000

Kaston Co., LTD.
ABC 2 NL-1322
BC AAA NETHERLANDS
Postal zip : 122-001

Date : 29 Jan. 2012

No.   : CR-12002

CREDIT NOTE

Re : Commission (Oct '11 - Dec '11)   TOTAL .... US$15,360.50

(TOTAL US DOLLARS FIFTEEN THOUSAND THREE HUNDRED SIXTY AND CENTS FIFTY ONLY)

Baby Carrier @ 5% on Net Invoice Price

Customer P.O.#	Invoice #	Date	Sold To	Inv Amt(USD)	Commission @5%
12103	IN-12087	2011-10-05	ABC	US$24,590.00	US$1,229.50
12109	IN-12088	2011-10-15	ABB FOOD	US$45,200.00	US$2,260.00
12115	IN-12091	2011-10-29	ABB FOOD	US$32,590.00	US$1,629.50
12118	IN-12092	2011-11-05	BB KOREA	US$56,800.00	US$2,840.00
12121	IN-12093	2011-11-09	CC HAM	US$25,500.00	US$1,275.00
12122	IN-12099	2011-12-05	ABB FOOD	US$33,210.00	US$1,660.50
12129	IN-12105	2012-12-09	ABC	US$20,200.00	US$1,010.00
12135	IN-12110	2012-12-13	BB KOREA	US$48,920.00	US$2,446.00
12139	IN-12112	2012-12-19	ABC	US$20,200.00	US$1,010.00

US$15,360.50

5. Order Confirmation

수입자가 오더 시트를 사용해서 혹은 단순히 이메일 본문을 이용해서 오더를 수출자에게 하면 수출자는 자신이 받은 오더 건에 대해서 오더를 잘 받았음을 수입자에게 통지하는 것이 관례입니다. 이때 수출자가 단순히 이메일 본문에, 예를 들어 "Thank you for your PO. We will send your PO just after your 100% T/T payment." 이렇게만 적어서 오더 확인을 수입자에게 전해도 되겠지만, 수출자는 자신의 회사 관리가 잘 되고 있음을 수입자에게 알려 신용도를 형성할 필요가 있습니다. 따라서 'Order Confirmation'이라는 서류를 만들어서 상기 본문의 문장과 함께 해당 메일에 서류를 첨부하여 서류로서 확인을 시켜주는 것이 가장 적절한 방법이며, 신뢰도 형성에도 도움이 되겠습니다.

EDU TRADEHUB

Edu Tradehub
ABC 2 NL-1322
BC AAA NETHERLANDS

To :
Emsoul Trading Company
#501 Samwha building 213-7 Nonhyundong
Kangnamgu Seoul Korea

Tel : +31 (0) 00 00 0000
Fax : +31 (0) 00 00 0000
Chamber of Commerce No. 32011989
VAT No. NL812228176B02

ORDER CONFIRMATION

Number	: 20120253	Terms of Payment	: Prepayment
Confirmation Date	: 19-09-2012	Terms of Delivery	: Free Carrier Schiphol Airport
Order Number	: Order 12137		:
Client Number	: 60881	Telephone Number	: +82200000000
Client Contact Person	: David Choi	Fax Number	: +82200000000

Product Code	Product Description	Quantity	Unit	Price/Unit in EUR	VAT %	Total Amount in EUR
SE.213.8.9876	Spray Soap for Wood Floor (2,500 ml / BOX) EXP. 2014-02 LOT 0889	500	BOXES	15.12	0%	7,560.00

	Excl. VAT	VAT %	VAT Amount		Total Amount
	7,560.00	0.00%		EUR	7,560.00

Your PO will be sent within 10 days after your 100% prepayment.
We kindly ask you to transfer the total amount within 14 days after the issuing date of order confirmation.

Bank   : ABN AMRO Bank NV   IBAN   : NL56ABNA0500991122
BIC   : ABNANL2A   Account : 23.99.00.000

▲ Terms of Payment 부분에 Prepayment는 T/T in Advance(선불)와 동일한 뜻으로 볼 수 있겠으며, Terms of Delivery는 Price Terms, 즉 Incoterms를 나타내는 부분입니다. 이곳에 표기된 Free Carrier는 FCA를 뜻하며 FCA 뒤의 비용분기점으로서 Schiphole Airport가 지정되었습니다.

▲ BIC는 SWIFT Code와 같은 은행 고유 코드로서 그 체계가 서로 동일하며, IBAN Code 역시 은행 코드인데 이는 유럽국가 내에서만 제한적으로 사용됩니다. 모두 수입자가 수출자에게 전신환송금(T/T) 하기 위해서 필요한 Bank Information입니다.

EDU TRADEHUB

Edu Tradehub
ABC 2 NL-1322
BC AAA NETHERLANDS

To :
Emsoul Trading Company
#501 Samwha building 213-7 Nonhyundong
Kangnamgu Seoul Korea

Tel : +31 (0) 00 00 0000
Fax : +31 (0) 00 00 0000
Chamber of Commerce No. 32011989
VAT No. NL812228176B02

COMMERCIAL INVOICE

Invoice Number	: 00120255	Terms of Payment	: Prepayment
Invoice Date	: 22-09-2012	Terms of Delivery	: Free Carrier Schiphol Airport
Order Number	: Order 12137		:
Client Number	: 60881	Telephone Number	: +82200000000
Client Contact Person	: David Choi	Fax Number	: +82200000000

Product Code	Product Description	Quantity	Unit	Price/Unit in EUR	VAT %	Total Amount in EUR
SE.213.8.9876	Spray Soap for Wood Floor (2,500 ml / BOX) EXP. 2014-02 LOT 0889	500	BOXES	15.12	0%	7,560.00

	Excl. VAT	VAT %	VAT Amount		Total Amount
	7,560.00	0.00%		EUR	7,560.00

▲ 동일한 수출자가 발행하는 Order Confirmation과 Invoice는 일반적으로 그 양식이 동일합니다. 하지만, 그 내용보다는 발행 시점과 발행 이유에 맞게 수출자는 발행하는 것이 중요하겠습니다. 수입자에게 오더를 받으면 오더 확인을 위해서 Order Confirmation을 바로 발행해 주는 것이고, Invoice는 차후에 발행합니다.

6. Beneficiary's Certificate

신용장 조건하에서 진행되는 거래의 경우, 수출자가 신용장 조건과 같이 수출을 성실히 이행했음을 증명하는 서류를 수출자가 매입은행에 매입 신청할 때 제출할 것을 요구하는 부분이 있습니다. 이 부분은 신용장 46A 조항으로서 일반적으로 Commercial Invoice, Packing List, 그리고 B/L을 요구합니다. 하지만, 때로는 수입자의 필요에 의해서 기타 서류들을 요구하는 때도 있습니다. 예를 들면, 수입지에서 수입 통관할 때 원산지 증명을 받기 위해서 원산지증명서C/O, Certificate of Origin, 그리고 수출자가 신용장 조건 45A에서 요구하는 물품과 수량을 정확히 적재하는지 수입자가 확인할 수 없으니 수출지의 공인 기관에 검사받을 것을 요구하는 선적 전 검사증명서Pre-Shipment Inspection 등이 있을 수 있습니다.

실무에 이러한 서류들보다 수입자가 더 빈번히 요구하는 서류로서 'Beneficiary's Certificate'라는 서류가 있습니다. 본 서류는 수출자가 발행하는데, 수입자가 46A 부분에서 요구하는 사항을 성실히 이행했음을 수출자 스스로 서류로서 증명하는 것이며, 기타의 46A 서류들과 함께 매입 신청할 때 매입은행에 제출하면 되겠습니다. 주의할 점은 45A 부분에서 Beneficiary's Certificate를 요구하면서 통상 어떠한 내용을 실제 수출자가 발행하는 해당 서류에 포함 시킬 것을 명시하고 있는데, 이러한 내용이 Beneficiary's Certificate에 명시되어 있어야 한다는 점입니다.

신용장 조항 46A
+ SIGNED COMMERCIAL INVOICE IN 3 COPIES + FULL SET OF CLEAN ON BOARD OCEAN BILLS OF LADING MADE OUT TO THE OR-DER OF ABC BANK FREIGHT COLLECT NOTIFY EMSOUL + PACKING LIST IN 3 COPIES + BENEFICIARY'S CERTIFICATE CERTIFYING THAT 01 SET OF NON-NEGOTIABLE DOC-UMENTS HAVE BEEN SENT TO THE APPLICANT WITHIN 05 DAYS AFTER SHIPMENT DATE BY COURIER SERVICE AND FAX.

EMSOUL

#000 XX building 111-1 Nonhyundong Kangnamgu Seoul Korea
Tel: (02) 0000-0000   Fax: (02) 0000-0000

BENEFICIARY CERTIFICATE

Inovice No. IN-12179

Date. JUN 15, 2012

TO WHOM IT MAY CONCERN:

1. L/C NO.	:	330LCI602355
2. CONTRACT NO	:	CT-12177
3. PO.NO	:	12187
4. AMOUNT	:	U$55,000
5. COMMODITY	:	Sausage Casing 150,000 M

WE CERTIFY THAT :

A. ALL DOCUMENTS WERE FAXED TO APPLICANT, ATTN: GERRIT DEKKER / MANAGEMENT DEPT,
   IMMEDIATELY AFTER SHIPMENT.

B. ONE SET OF COPY DOCUMENTS, INCLUDING NON-NEGOTIABLE BILL OF LADING, PACKING LIST,
   INVOICE WERE SENT TO APPLICANT VIA COURIER SERVICE WITHIN 3 DAY AFTER SHIPMENT.

THANKING YOU,

YOURS TRULY,

▲ 신용장 조항 46A에서 BENEFICIARY'S CERTIFICATE를 언급하면서 요구하고 있는 사항이 실제 수출자
  (Beneficiary)가 발행한 BENEFICIARY'S CERTIFICATE의 'WE CERTIFY THAT :' 부분에 명시되어 있습니다.

II. 수입자가 작성하는 서류

1. 오더시트Order Sheet 작성

다음의 오더 내용은 수입자 EMSOUL이 수출자 KASTON에 오더 진행한 오더시트Order Sheet입니다. 무역서류는 누가 보더라도 알기 쉽도록 간단명료하게 작성하는 것이 가장 좋습니다. 다시 말해서, 반드시 필요한 내용만 명시하면 되고 가능한 불필요한 내용은 제외하는 것이 향후 오해를 일으킬 수 있는 일들을 방지하는 일이며, 업무에 있어서 효율성을 높이는 방법입니다.

1) Order Sheet 양식 샘플 1

Shipper KASTON abcd 2 NL - 1322 aaa The Netherlands T + 31 (0) 0000-0000 F + 31 (0) 0000-0000	**PURCHASE ORDER NO. :** 12056 **Ref No. :** **REQUEST SHIPMENT DATE :** 25-Mar-2012	**P/O DATE :** 5-Mar-2012 **PRICE TERM :** FOB European Port	**REVISED P/O NO. :** **PAYMENT TERM :** T/T in Advance	**REVISED P/O DATE :** **PAGE :** 1 of 1	**Consignee** EMSOUL #000 XX building 111-1 Nonhyundong Kangnamgu Seoul Korea Tel: (02) 0000-0000 Fax: (02) 0000-0000		

PURCHASE ORDER

Part 1

1. Order Sheet

No.	Product Code	Description	Quantity	Price / Box	Amount	Remarks
1	LS - 101	BABY CARRIER	100 CTNs	US$39.00	US$3,900.00	
2	LS - 201	WARMER 1	50 CTNs	US$29.00	US$1,450.00	
3	LS - 202	WARMER 2	50 CTNs	US$28.00	US$1,400.00	

Part 2

2. Conditions

SHIPMENT : After completion of the production of products, we decide on sea and/or airfreight.
Payment Term : 30% in advance 70% by shipping date.
Other Conditions : If epidemic failures above 5 procent may occur, all products will be send back to Netherlands and all costs will be invoiced to you.

TOTAL AMOUNT: US$6,750.00

Part 3

< Nominated Forwarder >
ABC Freight Carriers B.V.
#000 NL-1322 aaa Netherlands
TEL. 31 00 000 0000 FAX..31 00 000 0000
Contact to Gerrit Dekker

EMSOUL

Part 1

오더시트Order Sheet는 물품을 주문하는 수입자가 작성하여 물품을 판매하는 수출자에게 전달하는 서류로서 오더시트에는 수출자Seller, 수입자Buyer, 선적조건Shipment, 가격조건Price Term, 상품명세Product Description, 수량Quantity, 단가Unit Price,[30] 총액Amount, 그리고 화폐단위 Currency가 명시되는데, 특히 화폐 단위와 가격조건은 반드시 정확히 표현해야 합니다. 즉, 이러 한 내용들이 오더시트에 표기되어야 합니다.

오더시트뿐만 아니라 계약서 혹은 기타의 서류에서 Price Term을 작성할 때 수출지의 특정 항구(예를 들자면 FOB Rotterdam Port)를 지정하는 것도 좋지만, 특정 항구에서 선적될 것이라는 확실한 사실이 없는 경우 제시된 오더시트와 같이 Any European Port라고 명시하는 것이 적 절할 것입니다. 한국의 항구라면 Any Korean Port가 되고, 일본의 항구라면 Any Japanese Port가 됩니다. 물론, 항공 건이라면 Any European Airport라고 명시하면 되겠습니다.

Part 2

이 부분은 거래 조건Conditions 부분입니다. 만약 명시해야 할 거래 조건 내용이 많다면, 한 페 이지를 더 만들어서 다음 페이지에 거래 조건을 따로 명시하는 것도 하나의 방법이 됩니다.

Part 3

본 건의 거래조건Price Term은 FOB Any European Port이며, INCOTERMS인코텀스: Price Terms에 의거하여 운임Freight을 수입자가 커버하기 때문에 포워더를 지정할 수 있는 권리는 수 입자Buyer에게 있습니다. 따라서 수입자는 오더시트를 작성하기 전에 포워더를 지정Nomi: Nomi- nation하여 오더시트 작성 때 지정된 포워더Nominated Forwarder를 명시하는 것이 수출자 입장에 서도 빨리 통지를 받을 수 있어 편하고, 수입자 자신에게도 향후 따로 수출자에게 통지하는 수 고는 더는 방법이 되겠습니다.

다시 말해서, 해당 건의 인코텀스 조건이 EXW, F-Terms(FCA, FAS, FOB) 중의 하나면 이

---

[30] 수량은 Quantity로서 Q'ty 로 간단하게 표기, 단가는 Unit Price로서 U'Price로 표기하기도 합니다.

들 조건은 운임 후불Freight Collect 조건으로서 운임을 수입자가 커버하기 때문에 당연히 운송사(포워더) 지정에 대한 권리가 수입자에게 있습니다. 반대로, C-Terms(CFR, CIF, CPT, CIP) 혹은 D-Terms(DAT, DAP[31], DDP) 중의 하나면 이들 조건은 운임 선불Freight Pre-paid 조건으로서 운임을 수출자가 커버하기 때문에 당연히 운송사(포워더) 지정에 대한 권리가 수출자에게 있습니다.

따라서 예로 제시한 건은 FOB European Port 조건이므로, 운임 후불 조건이며 수입자가 포워더를 지정할 수 있는 권리가 있습니다. 이때 수입자는 자신의 국가에 있는 포워더를 지정합니다. 수입자는 제시한 오더시트에 따르면 한국에 있기 때문에 한국에 위치한 여러 포워더에게 견적을 받아서 하나의 업체를 지정합니다. 문제는 수출물품을 지정된 포워더에게 전달하는 수출자가 수입지 국가의 포워더에게 연락하여 물품 선적을 요구할 수 없다는 것입니다. 즉, 운임 후불 조건에서 수입자는 수입지 국가의 포워더를 지정하고 지정된 수입지 포워더의 수출지 파트너사를 수출자에게 통지하여 수출자가 해당 포워더를 통해서 수출 진행 할 수 있도록 합니다. 이때 수입자가 수출자에게 지정된 포워더를 통지하는 방법은 통상 오더시트에 'Nominated Forwarder'라고 명시하여 수입지 포워더에게 전달 받은 수출지 포워더 회사명, 주소, 연락처, 담당자명을 표기합니다.

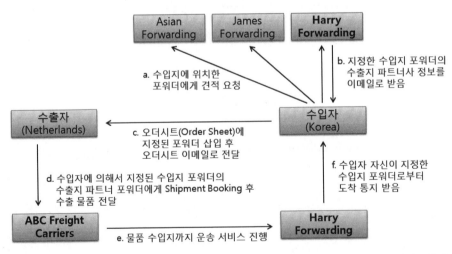

▲ 포워더를 수입자가 지정하는 인코텀스 조건에서 수입자가 수입지에 위치한 포워더들에게 견적 요청 후 하나의 포워더를 지정하여 지정된 수입지 포워더의 수출지 파트너 정보를 오더 진행할 때 오더시트에 포함해서 수출자에게 통지하는 절차입니다. 수입자가 사용하고 있는 포워더가 이미 있는 경우에는 다른

---

31 인코텀스 2000에서 2010으로 넘어오면서 DDU가 DAP로 변경되었습니다. 그러나 실무에서 여전히 DDU는 DAP와 동일한 의미로 많이 사용되고 있습니다.

포워더에게 견적 받을 필요가 없기 때문에 과거부터 사용하고 있는 포워더에게 수출지 파트너 정보 요청하여 오더시트에 포함해서 수출자에게 통지하기도 합니다.

반대로, 운임 선불 조건에서는 수입자가 포워더를 지정하는 것이 아니며, 수출자가 자신의 국가에 있는 포워더를 지정하여 지정된 포워더에게 물품을 전달합니다. 그리고 수출지에서 수출자에 의해서 지정된 수출지 포워더의 수입지 파트너사로부터 수입자는 물품에 대한 도착 통지를 받으며 해당 포워더와 운송 관련 업무를 진행합니다.

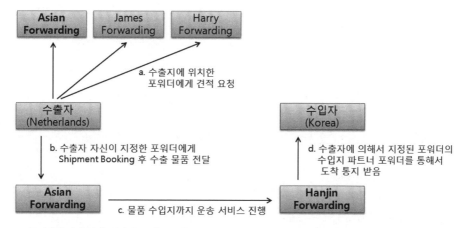

▲ 포워더를 수출자가 지정하는 경우 수출자는 자신이 지정한 수출지 포워더의 수입지 파트너사를 수입자에게 수입자의 요청이 없는 한 통지할 필요는 없겠으나 신뢰 형성을 위해서 통지하는 것이 적절하겠습니다. 수출자에 의해서 지정된 수출지 포워더(Asian Forwarding)가 수입지의 파트너사(Hanjin Forwarding)에게 물품을 전달하고 수입지 포워더는 물품이 수입지에 도착할 시점에 수입자에게 도착 통지합니다.
본 경우에 수출자가 이미 자신이 과거부터 사용하고 있는 포워더가 있는 경우 수출지의 여러 포워더에게 견적을 받는 수고를 할 필요 없이 사용 중인 포워더를 통해서 선적 진행하면 되겠습니다.

2) Order Sheet 양식 샘플 2

ORDER SHEET

TO	: ABC Company	EMSOUL TRADING	
ATTN	: Mr. Xiaobing Feng	ORDER NO.	: 12033
DATE	: Mar. 4th, 2012	TEL.	: +82 2 000 0000
PAGE	: 1/1	FAX.	: +82 2 000 0000

Dear Sirs,

We are pleased to place an order under the following terms and conditions ;

DESTINATION	:	In-Cheon Airport, Korea
SHIPMENT	:	By Air
PRICE TERM	:	CPT In-Cheon Airport, Korea
PAYMENT TERM	:	T/T 35 Days After B/L Date
REQUEST E.T.A.	:	Mar. 20th, 2012

UNIT : USD

	SPARE PARTS FOR ABB 277				
No.	Description	Part No.	Q'ty	Unit Price	Amount
1	Shaft Supporter	EMM-7021	20	437.00	8,740.00
2	Shaft Supporter	EMM-7022	35	223.00	7,805.00
	TOTAL AMOUNT				16,545.00

We are looking forward to your order confirmation with the best delivery.

Signed by: _____

Kyu-Sam Choi
EMSOUL TRADING

본 건의 가격조건Price Term은 CPT 조건으로서 CPT 조건은 운송비 포함 인도 조건입니다. 즉, 단가에 운임이 포함되어 있습니다. 따라서 해당 건의 포워더는 수출자가 지정함으로 수입자는 오더시트를 작성할 때 포워더를 지정하지 않았습니다.

또한, 본 건은 해상 건By Vessel이 아니라 항공 건By Air으로서 CFR 조건이 아닌 CPT 조건을 사용하였습니다.

참고로 CFR 조건은 'FOB + 운임Ocean Freight'조건이며, CPT 조건은 'FCA + 운임Air Freight' 조건이라고 이해하면 됩니다. 물론, CIF는 'FOB + 운임Ocean Freight + 보험료' 조건이며, CIP 조건은 'FCA + 운임Air Freight + 보험료' 조건이 됩니다. FOB, CFR, CIF 조건은 해상 운송 조

건이므로 항공 건으로 변경하는 경우 FCA, CPT, CIP 조건으로 인코텀스 조건 역시 변경을 하여 관련 서류에 명시하는 것이 적절합니다.

마지막으로 본 건의 오더시트를 보면 Description 하단 부분에 'We are looking forward to your order confirmation with best delivery'라는 문구를 볼 수 있습니다. 여기에서 Order Confirmation이라는 말은 수출자가 수입자의 오더를 받았다면 잘 받았다라는 통지서를 말합니다. 물론, 수출자가 이메일 상으로 오더 잘 받았고 선적 진행할 것이라는 표현을 해도 좋지만, 어느 정도의 체계를 갖춘 수출자의 경우 Order Confirmation이라는 제목으로 인보이스 양식처럼 서류를 발행해서 수입자에게 전달하는 경우도 있습니다(Order Confirmation 참고 121쪽).

2. 클레임 노트Claim Note

클레임 노트는 수출자 혹은 수입자가 상대에게 거래 과정에서 발생된 불합리한 부분에 대해서 항의를 전달하면서 그에 따른 조치를 요구하는 서류라고 이해하면 됩니다(즉, 수출자 혹은 수입자 둘 중에 누구나 작성할 수 있는 서류이나 'II. 수입자가 작성하는 서류' 코너에 포함했습니다).

아래의 Claim Note는 수입자가 작성하였으며, 수입지에 도착한 수입자의 오더 번호 PO-12135 건의 물품 중에 일부에 문제가 발생하였습니다. 그래서 해당 건의 계약서로서 일반 거래협정서(서류 번호 SA-12011) I-2 조항에 따라서 수입자가 수출자에게 대체품을 요구하고 있습니다.

James International

#501 Samwha B/D 211-1 Nonhyundong Kangnamgu Seoul Korea
Tel: (02) 0000-0000 Fax: (02) 0000-0000

<u>Claim Note</u>

Claim Note No. : CN - 12002
Invoice Date : 22-Aug-12

Messers

Harry Trading

We discovered that fifteen cartons of PO-12135 we received the other day from you was wet and torn during shipping. We have enclosed a Survey Report including images.

In accordance with our Sales And Purchase Agreement Article I-2 ,SA-12011, we would like to request you to send us the replacement goods for the these merchandise we received.

And please inform us if you wish us to send you these merchandise or additional proof of the damages.

Thank you

<ANNEXES>
  * Survey Report

James International

이와 같이 어떠한 건에 대해서 문제가 발생하여 Claim을 제기하는 경우, Claim Note 작성에 대한 정해진 규정은 없지만, 문제 발생 상황에 대한 추가적인 보고서를 Claim Note에 첨부

하는 것이 Claim을 제기하는 당사자가 Claim을 받아서 해결해야 하는 입장에 있는 상대에게 갖추어야 하는 예의가 되겠습니다.

다시 말해서, Claim Note는 단순히 어떠한 문제가 발생하였음을 알리는 Cover지와 같은 역할을 하는 것이며, 첨부된 추가적인 보고서는 해당 문제 건에 대한 자세한 상황 설명과 사진을 추가하여 'Survey Report'라는 제목으로 상대에게 전달하면 Claim을 받은 상대로 하여금 제기된 문제의 심각성을 보다 쉽게 파악할 수 있도록 할 것이며 보다 신속하고 협조적인 자세를 유도할 수도 있을 것입니다.

만약 제기된 Claim의 원인이 포워더가 책임지는 운송 구간에서 발생 된 문제라면, 화주는 포워더에게 관련하여 Report 제출을 요구할 수 있습니다. 그러면 포워더가 어떠한 이유로 문제가 발생하였고 문제의 책임소재와 관련 사진을 Report에 포함해 줄 것입니다. 이때 문제의 원인이 수출자의 포장 미흡으로 인한 것이라면 수입자는 수출자에게 Claim을 제기하여 계약서에 따라서 후속 조치를 요구할 수 있습니다.

제3장

무역관리 대장 작성 및 관리 방법

Ⅰ. 관리 대장 작성을 위한 기본 지식

본 책에서 소개하는 서류 양식뿐만 아니라 본 장에서 소개하는 관리 대장들은 모두 저자가 직접 실무를 하면서 만든 양식입니다. 실무에서 수년간에 걸쳐서 사용하면서 수정 및 보완을 해왔기에 관리에 대한 어려움을 겪는 많은 실무자에게 큰 도움이 될 것이라 확신합니다.

* 본 책에서 소개하는 모든 무역 대장과 무역 서식은 에듀트레이드허브(http://edutradehub.com/)의 '자료실'에서 내려받을 수 있습니다.

1. 관리 대장 작성 및 활용을 위한 유용한 엑셀 기능

엑셀을 활용하여 작성한 각종 관리 대장을 설명하기에 앞서 이들 관리 대장을 관리함에 있어 유용하게 사용할 수 있는 엑셀의 기능에 대해서 먼저 설명하도록 하겠습니다. 본 책은 엑셀 활용 책이 아니기에 본 내용에 대해서 이해가 부족하다고 느낀다면 엑셀 책을 구입하여 따로 공부를 하길 바랍니다.

1) 필터 기능을 활용한 사용자가 원하는 정보 걸러내기[32]

블록을 지정하여 필터 기능을 설정하면, 단추 모양(⊡)의 표시를 지정 블록 상단 부분에서 볼 수 있습니다. 이렇게 필터 기능을 설정하여, 오더 관리대장에서 지금까지 공급자Supplier A 사로부터 수입한 건에 대한 오더 내역을 보고 싶다면, 메뉴 SUP. 부분 하단의 단추를 클릭하여 A사에 오더 한 내역만을 뽑아낼 수 있습니다.

---

[32] 필터 기능 설정에 대한 자세한 절차는 192쪽을 참고해주세요.

	오더관리대장	필터 기능 활용 설명
No.1	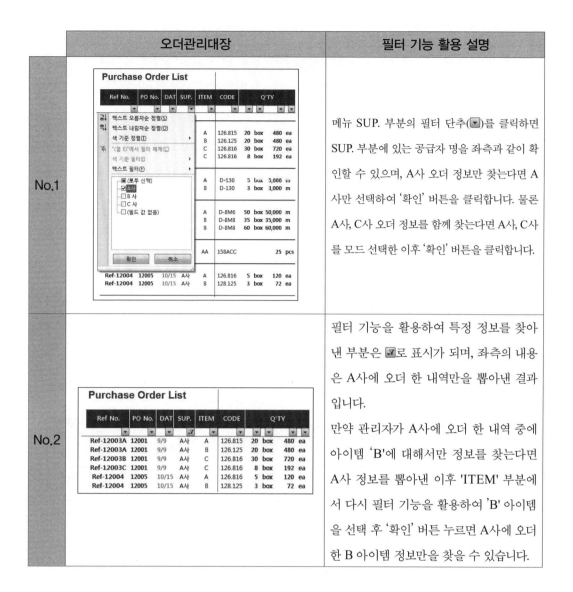	메뉴 SUP. 부분의 필터 단추(▼)를 클릭하면 SUP. 부분에 있는 공급자 명을 좌측과 같이 확인할 수 있으며, A사 오더 정보만 찾는다면 A사만 선택하여 '확인' 버튼을 클릭합니다. 물론 A사, C사 오더 정보를 함께 찾는다면 A사, C사를 모드 선택한 이후 '확인' 버튼을 클릭합니다.
No.2	**Purchase Order List** | Ref No.	PO No.	DAT	SUP.	ITEM	CODE	Q'TY | Ref-12003A 12001 9/9 A사 A 126.815 20 box 480 ea Ref-12003A 12001 9/9 A사 B 126.125 20 box 480 ea Ref-12003B 12001 9/9 A사 C 126.816 30 box 720 ea Ref-12003C 12001 9/9 A사 C 126.816 8 box 192 ea Ref-12004 12005 10/15 A사 A 126.816 5 box 120 ea Ref-12004 12005 10/15 A사 B 128.125 3 box 72 ea	필터 기능을 활용하여 특정 정보를 찾아낸 부분은 ▼로 표시가 되며, 좌측의 내용은 A사에 오더 한 내역만을 뽑아낸 결과입니다. 만약 관리자가 A사에 오더 한 내역 중에 아이템 'B'에 대해서만 정보를 찾는다면 A사 정보를 뽑아낸 이후 'ITEM' 부분에서 다시 필터 기능을 활용하여 'B' 아이템을 선택 후 '확인' 버튼 누르면 A사에 오더 한 B 아이템 정보만을 찾을 수 있습니다.

2) 틀고정 기능의 활용

<양식 1>의 오더 관리대장에 오더 번호별로 오더 건을 계속 건건이 아래로 적어 나가면 점선 박스에 있는 내용은 위로 밀려나면서 사라질 것입니다. 그러면 사용자가 새로운 오더를 적을 때마다 다시 위로 이동해서 점선 박스 내용을 확인하고 관련 내용을 적어야 하는 불편함이 발생합니다. 그리고 오더 건에 대해서 수량Q'ty, 단가U'price, E.T.D., E.T.A. 등의 정보뿐만 아니라 사용자의 업무 환경에 따라서 우측으로 많은 내용을 추가할 수도 있는데, 이렇게 하나 둘 추가하다 보면 좌측의 PO No., ITEM 정보 등 우측으로 추가된 내용에 대한 정보를 입력할 때 사라진 좌측의 중요 정보를 보려면 다시 이동하여 확인 후 우측의 추가된 내용을 확인해야 하는 불편함이 발생합니다.

따라서 아래로 내용이 아무리 추가되더라도 혹은 우측으로 아무리 내용이 추가되더라도 계속 확인해야 하는 정보는 고정이 되게 설정하는 기능이 바로 틀 고정 기능이 되겠습니다.

〈양식 1〉 오더 관리대장

Ref No.	PO No.	DAT	SUP.	ITEM	CODE	Q'TY		Price U. PRI.	AMT	SHIP.	E.T.D.	E.T.A.	수리일	P. TERM	L/C NO. No.	B/L NO.
Ref-12003A	12001	9/9	A사	A	126.815	20 box	480 ea	US$150	US$3,000	SEA	10/15	11/14	11/16	FOB	L/C U	M04D2909NU0	122123BUS
Ref-12003A	12001	9/9	A사	B	126.125	20 box	480 ea	US$180	US$3,600	SEA	10/15	11/14	11/16	FOB	L/C U	M04D2909NU0	122123BUS
Ref-12003B	12001	9/9	A사	C	126.816	30 box	720 ea	US$200	US$6,000	SEA	11/5	12/5	12/6	FOB	L/C U	M04D2909NU0	322124ABC
Ref-12003C	12001	9/9	A사	C	126.816	8 box	192 ea	US$200	US$1,600	AIR	11/13	11/13	11/14	FCA	L/C U	M04D2909NU0	KDS13014
Ref-12001	12002	9/18	B사	A	D-130	5 box	5,000 m	¥25,000	¥125,000	AIR	10/1	10/2	10/3	FCA	T/T A		KDS2001754
Ref-12001	12002	9/18	B사	B	D-130	3 box	3,000 m	¥36,000	¥108,000	AIR	10/1	10/2	10/3	FCA	T/T A		KDS2001754

Purchase Order List

오더 관리대장	틀 고정 기능 활용 설명

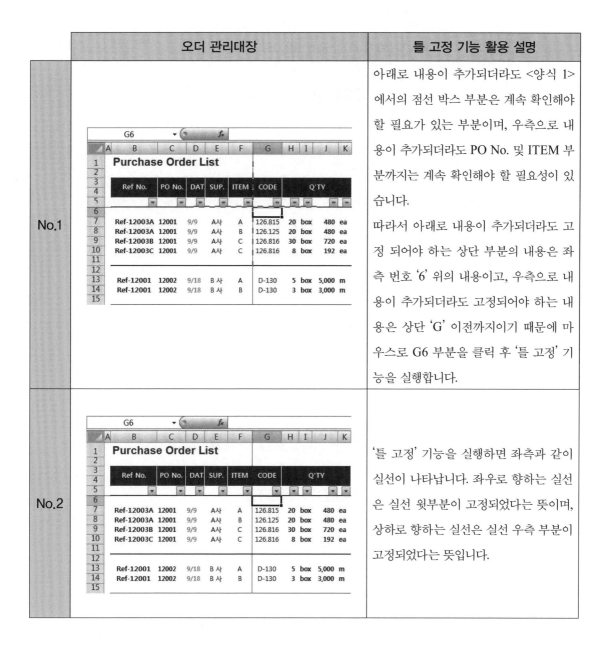

No.1 — 아래로 내용이 추가되더라도 <양식 1> 에서의 점선 박스 부분은 계속 확인해야 할 필요가 있는 부분이며, 우측으로 내용이 추가되더라도 PO No. 및 ITEM 부분까지는 계속 확인해야 할 필요성이 있습니다.

따라서 아래로 내용이 추가되더라도 고정 되어야 하는 상단 부분의 내용은 좌측 번호 '6' 위의 내용이고, 우측으로 내용이 추가되더라도 고정되어야 하는 내용은 상단 'G' 이전까지이기 때문에 마우스로 G6 부분을 클릭 후 '틀 고정' 기능을 실행합니다.

No.2 — '틀 고정' 기능을 실행하면 좌측과 같이 실선이 나타납니다. 좌우로 향하는 실선은 실선 윗부분이 고정되었다는 뜻이며, 상하로 향하는 실선은 실선 우측 부분이 고정되었다는 뜻입니다.

3) 눈금선 비활성화

엑셀을 사용함에 있어 '눈금선'을 그대로 두고 서류 작성을 하는 경우가 많습니다. 물론, 사용자 스스로 불편함을 느끼지 못한다면 괜찮겠지만, 눈금선이 엑셀 작업을 함에 있어 불편함을 느끼는 사용자들도 다수 있을 것으로 판단됩니다(물론, 눈금선은 인쇄했을 때 본문과 함께 인쇄되지는 않습니다).

CREDIT NOTE

Re : Commission (Oct '11 - Dec '11)　　　　　　　　TOTAL .... US$15,360.50

(TOTAL US DOLLARS FIFTEEN THOUSAND THREE HUNDRED SIXTY AND CENTS FIFTY ONLY)

Baby Carrier @ 5% on Net Invoice Price

Customer P.O.#	Invoice #	Date	Sold To	Inv Amt(USD)	Commission @5%
12103	IN-12087	2011-10-05	ABC	US$24,590.00	US$1,229.50
12109	IN-12088	2011-10-15	ABB FOOD	US$45,200.00	US$2,260.00
12115	IN-12091	2011-10-29	ABB FOOD	US$32,590.00	US$1,629.50
12118	IN-12092	2011-11-05	BB KOREA	US$56,800.00	US$2,840.00
12121	IN-12093	2011-11-09	CC HAM	US$25,500.00	US$1,275.00
12122	IN-12099	2011-12-05	ABB FOOD	US$33,210.00	US$1,660.50
12129	IN-12105	2012-12-09	ABC	US$20,200.00	US$1,010.00
12135	IN-12110	2012-12-13	BB KOREA	US$48,920.00	US$2,446.00
12139	IN-12112	2012-12-19	ABC	US$20,200.00	US$1,010.00
					US$15,360.50

CREDIT NOTE

Re : Commission (Oct '11 - Dec '11)　　　　　　　　TOTAL .... US$15,360.50

(TOTAL US DOLLARS FIFTEEN THOUSAND THREE HUNDRED SIXTY AND CENTS FIFTY ONLY)

Baby Carrier @ 5% on Net Invoice Price

Customer P.O.#	Invoice #	Date	Sold To	Inv Amt(USD)	Commission @5%
12103	IN-12087	2011-10-05	ABC	US$24,590.00	US$1,229.50
12109	IN-12088	2011-10-15	ABB FOOD	US$45,200.00	US$2,260.00
12115	IN-12091	2011-10-29	ABB FOOD	US$32,590.00	US$1,629.50
12118	IN-12092	2011-11-05	BB KOREA	US$56,800.00	US$2,840.00
12121	IN-12093	2011-11-09	CC HAM	US$25,500.00	US$1,275.00
12122	IN-12099	2011-12-05	ABB FOOD	US$33,210.00	US$1,660.50
12129	IN-12105	2012-12-09	ABC	US$20,200.00	US$1,010.00
12135	IN-12110	2012-12-13	BB KOREA	US$48,920.00	US$2,446.00
12139	IN-12112	2012-12-19	ABC	US$20,200.00	US$1,010.00
					US$15,360.50

A. '눈금선' 기능 비활성화로 설정 방법

깔끔한 엑셀 작업 환경을 위해서 눈금선이 보이지 않도록 설정을 할 필요가 있습니다.

설정 방법은 엑셀 상단 메뉴에서 '보기'를 클릭합니다. 그러면 하위 메뉴로서 '눈금선'을 볼 수 있고 활성화되어 있으면, 클릭하여 비활성화되게 설정합니다. 그러면 <보기 2>와 같이 눈금선이 보이지 않습니다.

4) '목록' 설정과 'HLOOKUP' 수식

'목록' 설정과 'HLOOKUP' 수식은 관리대장과 서류를 작성함에 있어 상당히 유용하게 쓰일 수 있는 기능입니다. 본 기능을 인보이스 작성 과정을 바탕으로 설명하겠습니다.

A. 목록 설정

인보이스를 작성하는 당사자는 수출자이며, 따라서 인보이스의 Shipper는 일반적으로 변함 없이 수출자 자신의 상호 및 주소가 명시됩니다. 하지만, Consignee의 경우 L/C 조건을 제외한 기타의 결제조건에서 수입자의 정보가 들어가는데, 수출자가 여러 수입자와 거래를 한다면 인보이스 발행할 때마다 Consignee 정보는 변경해야 합니다[33].

---

[33] 결제조건이 L/C인 경우 Consignee는 통상 'To the Order of 개설은행'이 들어가고 Notify에 수입자의 상호 및 주소 정보가 들어갑니다.

엑셀로 인보이스를 작성함에 있어 공란 부분에 여러 수입자의 정보를 기록해두고 이러한 정보를 복사(Ctrl + C)하여 Consignee 부분에 붙여넣기(Ctrl + V)를 해도 큰 불편함이 없겠지만, Consignee 부분에 목록을 설정하고 HLOOKUP 수식을 설정하면 업무를 보다 효율적으로 할 수 있습니다.

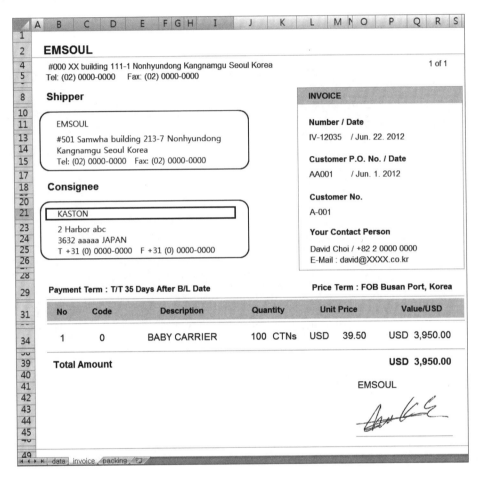

제시된 인보이스에서 B21[34] 부분은 물품을 받는 Consignee, 즉 수입자의 상호가 들어가는 부분입니다. 이곳에 목록을 설정해 보겠습니다. 참고로 B21을 선택했음에도 B~I 영역이 모두 선택되는 것은 B21 ~ I21 부분에 대해서 '셀 병합[35]' 했기 때문입니다.

---

34 엑셀 화면에서 상단 부분에 보면 A, B, C……. 영문 표기가 있고 좌측에는 숫자가 1부터 표기되어 있습니다. B21은 상단 부분의 B와 좌측 부분의 숫자가 만나는 지점을 말합니다.

35 셀 병합을 원하는 영역에 대해서 블록 지정합니다. 예를 들어, B21 ~ I21 부분에 대한 병합을 원한다면, 해당 영역을 선택하고 Ctrl + 1을 누릅니다. 그러면 '셀 서식' 창이 나오고 '맞춤' 탭 부분에서 '셀 병합'을 활성화해주면 해당 영역의 셀이 병합됩니다.

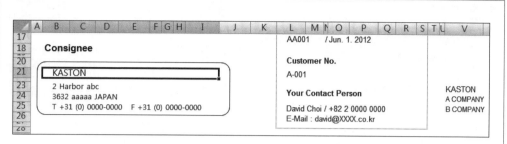

▲ 일단, B21 부분으로 가지고 올 정보가 있어야 합니다. 해당 정보는 양식의 공란 부분에 적어둡니다.
V23 ~ V25 부분에 Consignee의 상호를 미리 표기해두었습니다.

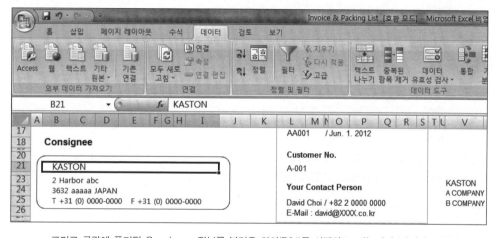

▲ 그리고 공란에 표기된 Consignee 정보를 불러올 위치(B21)를 선택하고, 메뉴에서 '데이터' 부분의
'데이터 유효성 검사' 부분을 클릭합니다.

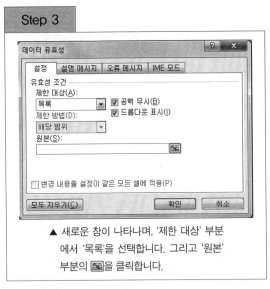

Step 3

▲ 새로운 창이 나타나며, '제한 대상' 부분
에서 '목록'을 선택합니다. 그리고 '원본'
부분의 🔲을 클릭합니다.

Step 4

▲ Consignee 부분(B21)에서 목록으로
조회될 내용을 마우스로 지정 후 🔲
을 클릭하면 'Step3' 화면으로 돌아
가며, '확인'을 클릭하면 B21 부분에
🔽와 같은 목록 버튼이 보입니다.

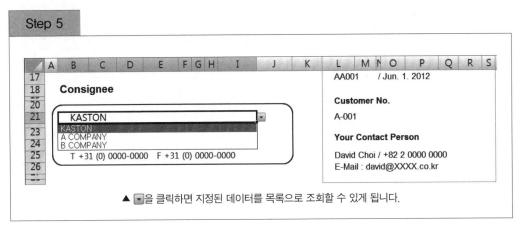

Step 5

▲ 🔽을 클릭하면 지정된 데이터를 목록으로 조회할 수 있게 됩니다.

B. HLOOKUP 수식의 사용

Consignee의 상호 부분에 목록을 지정 및 설정했다면, 해당 상호를 목록을 이용하여 변경
할 때마다 그에 맞는 주소(B23, B24)와 연락처(B25)가 자동으로 변경되고 Consignee 좌측에 표
기된 'Customer No.[36]'(L21) 역시 자동으로 변경 되도록 추가로 설정할 수 있습니다. 이때 활용
할 수 있는 수식이 바로 HLOOKUP 수식입니다.

---

36 Customer No.는 고객 번호로서, 수출자 입장에서는 자신에게 오더 하는 수입자를 관리하기 위하여 부여한 번호가
됩니다.

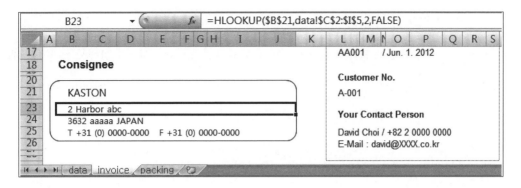

B21에서 지정되는 상호에 따라서 자동으로 그 내용이 변경되는 위치 중의 하나인 B23을 보겠습니다. B23에 HLOOKUP 수식이 설정된 것을 볼 수 있는데, 그렇다면 B21이 변경됨으로 인해서 B23에 자동으로 입력될 정보의 데이터가 필요할 것입니다. 해당 데이터는 좌측 하단에 보면 'data', 'invoice', 'packing' 시트가 있는데, 현재 작업하고 있는 시트는 invoice 시트로서 data가 입력된 data 시트로 이동을 해보겠습니다. data 시트를 클릭하면 이동하며, 시트의 제목은 사용자에 의해서 변경 가능합니다.

상기 부분은 data 부분으로서 B21 부분에 들어가는 3개의 상호가 있고, 그 상호에 따라서 주소, 연락처, 그리고 고객번호Customer No.가 있습니다. invoice 시트의 B23에 HLOOKUP 수식을 적용하면 B21의 목록 내용에 따라서 data 시트의 내용을 불러옵니다. 즉, 내용을 불러오기 위해서 해당 내용을 정리가 필요하며 그 정리는 data 시트에 미리 해둔 것입니다.

C. HLOOKUP 수식의 이해

　다음에서 설명하고 있는 HLOOKUP 수식을 이해하면 invoice 시트 B21에서 설정한 목록과 연결되어서 B21의 설정에 따라서 주소(B23,B24), 연락처(B25), 그리고 Customer No.(L21)의 내용이 어떻게 자동으로 변경되는지 이해할 수 있을 것입니다.

invoice 시트 B23 =HLOOKUP($B$21[35]),data!$C$2:$S$6,2,FALSE)

 설명

사용자는 B21의 내용에 따라서 data 시트의 C2:S6의 내용을 B23으로 불러오는데, C2:S6에서 B21의 내용을 찾고 그 행을 포함한 2번째 행의 내용을 불러오라는 명령어입니다. B21의 내용이 'KASTON'이라면 data 시트의 C2:S6의 영역에서 KASTON은 C2에 있습니다. C2가 첫 번째 행이며 2번째 행은 '2 Harbor abc'로서 invoice 시트의 B23 위치로 자동으로 표기됩니다.

invoice 시트 B24 =HLOOKUP($B$21,data!$C$2:$S$6,3,FALSE)

 설명

사용자는 B21의 내용에 따라서 data 시트의 C2:S6의 내용을 B24로 불러오는데, C2:S6에서 B21의 내용을 찾고 그 행을 포함한 3번째 행의 내용을 불러오라는 명령어입니다. B21의 내용이 'KASTON'이라면 data 시트의 C2:S6의 영역에서 KASTON은 C2에 있습니다. C2가 첫 번째 행이며 3번째 행은 '3632 aaaaa JAPAN'으로서 invoice 시트의 B24 위치로 자동으로 표기됩니다.

---

37 B 앞에 $이 있으면 B 열에 대한 고정을 의미하며, 숫자 21 앞에 $이 있으면 21행에 대한 고정을 의미합니다. 참고 191쪽

2. 선적서류 관리를 위한 '관리번호' 지정

1) '관리번호' 지정의 중요성

오더를 할 때 수입자는 오더시트Order Sheet를 만들고 해당 오더에 대한 고유번호를 지정하는데, 이를 오더 번호PO#, Purchase Order Number라고 합니다.[38] 예를 들어, 2012년도 35번째 오더를 한다면, 그 건에 대한 오더시트이 오더 번호를 PO#12035로 지정합니다. 오더 번호는 이렇게 오더를 진행한 순서대로 정리되어 오더 관리대장으로 관리합니다.

문제는 오더 번호PO#12001, 2012년도 1번째 오더가 빠르더라도 오더 번호PO#12003가 느린 건이 먼저 수출지에서 적재On Board 수입지로 향할 수도 있으며, 하나의 오더 건PO#12003이 한 번에 배 혹은 항공기에 적재되지 않고 배로 두 번 이상 혹은 항공기로 두 번 이상 혹은 배 및 항공기로 두 번 이상 나누어서 적재되는 경우분할선적, Partial Shipment도 있기 때문에 해당 건의 선적서류를 관리함에 있어 오더 번호PO No와는 다른 '관리번호Reference No.'를 지정하여 하나의 선적 건에 대해서 지정된 관리번호로 선적서류를 관리하는 것이 좋습니다(선적서류 파일링 방법 참고 186쪽).

선적서류의 관리를 오더 번호로 관리하게 되면, 특히 분할선적 건에 대해서는 선적된 건건이 인보이스, 패킹리스트, B/L 등의 선적서류가 발행되기 때문에 하나의 오더 번호가 분할선적 된 두 건 이상의 적재 건을 커버함으로써 선적서류 관리에 혼란이 올 수 있습니다.

따라서 오더 번호는 오더만을 관리하는 건이고, 선적 건별로 선적서류를 관리하기 위한 관리번호를 따로 지정하여, 해당 건의 선적서류를 하나로 묶어서 관리하는 것이 효율적인 선적서류 관리가 되겠습니다.

실무에서 많은 회사가 선적서류에 대한 관리번호를 지정하지 않고, 그리고 하나의 선적 건에 대한 선적서류를 관리번호로 묶어서 함께 관리하지 않고 있습니다. 인보이스 파일철, 패킹리스트 파일철, 그리고 B/L 파일철을 따로 관리하고 있습니다. 이렇게 되면 특정 건, 예를 들어 B/L No. ABAB123123 건에 대한 서류 혹은 결제 관련해서 외국 거래처와 이야기할 때 Invoice

---

[38] 오더 할 때 해당 오더에 대해서 오더 번호를 지정하지 않는 회사는 상당히 문제가 있는 회사입니다. 다시 말해서 관리에 대한 개념이 전혀 없으며, 이는 곧 관리가 전혀 되지 않는 회사가 되어서 거래 상대자인 수출자에게 신뢰도를 얻을 수 없습니다. 반드시 수출자이든 수입자이든 자신이 발행하는 서류에는 해당 서류에 대한 고유번호를 스스로 체계를 잡아 지정하여 관리해야 합니다.

No. 12128 에 대한 선적서류를 실제로 봐야 할 일이 있는 경우 각각의 파일철을 뒤져서 인보이스 찾고, 패킹리스트 찾고, B/L 찾기가 너무 어렵고 시간도 많이 소비됩니다. 따라서 선적 건별로 해당 건의 모든 선적서류를 함께 보관해야 하며, 그 묶음에 결제 및 통관 관련 서류도 함께 보관하는 것이 좋습니다. 다시 말해서 해당 선적 건에 대한 모든 서류를 지정된 관리번호를 기초로 함께 묶어서 보관하는 것이 업무를 함에 있어 상당히 효율성을 높이는 방법이 된다는 뜻입니다.

2) '관리번호' 지정 방법

아래는 엑셀로 관리하는 수입자 입장에서 정리한 오더 관리대장입니다. 상단 메뉴에서 좌측 첫 번째 있는 메뉴가 관리번호Ref. No이고 두 번째가 오던 번호PO. No가 됩니다. PO#의 경우 오더 순서로 정리되기 때문에 12001부터 시작하여 아래로 내려가면서 그 숫자가 하나씩 증가합니다. 하지만, Ref#의 경우는 선적이 되는 순서대로 번호가 지정되기 때문에 그렇지가 않습니다. 다시 말해서 Ref# 지정 이유는 오더 건을 관리하기 위한 것이 아니라, 특정 오더에 대한 선적서류를 관리하기 위한 목적으로 지정합니다. 그래서 Ref#는 선적 된 순서대로 번호가 지정됩니다[39].

Purchase Order List

Ref No.	PO No.	DAT	SUP.	ITEM	CODE	Q'TY			U. PRI.	AMT	SHIP.	E.T.D.	E.T.A.	수리일	P. TERM	L/C NO.	B/L NO.
Ref-12003A	12001	9/9	A사	A	126.815	20	box	480 ea	US$150	US$3,000	SEA	10/15	11/14	11/16	FOB	L/C U	M04D2909NU0 122123BUS
Ref-12003A	12001	9/9	A사	B	126.125	20	box	480 ea	US$180	US$3,600	SEA	10/15	11/14	11/16	FOB	L/C U	M04D2909NU0 122123BUS
Ref-12003B	12001	9/9	A사	C	126.816	30	box	720 ea	US$200	US$6,000	SEA	11/5	12/5	12/6	FOB	L/C U	M04D2909NU0 322124ABC
Ref-12003C	12001	9/9	A사	C	126.816	8	box	192 ea	US$200	US$1,600	AIR	11/13	11/13	11/14	FCA	L/C U	M04D2909NU0 KDS13014
Ref-12001	12002	9/18	B사	A	D-130	5	box	5,000 m	¥25,000	¥125,000	AIR	10/1	10/2	10/3	FCA	T/T A	KDS2001754
Ref-12001	12002	9/18	B사	B	D-130	3	box	3,000 m	¥36,000	¥108,000	AIR	10/1	10/2	10/3	FCA	T/T A	KDS2001754
Ref-12002A	12003	10/8	B사	A	D-8M6	50	box	50,000 m	¥25,000	¥1,250,000	SEA	10/11	10/15	10/20	CIF	L/C U	M04D2910NU0 KDS20013
Ref-12002A	12003	10/8	B사	B	D-8M8	35	box	35,000 m	¥45,000	¥1,575,000	SEA	10/11	10/15	10/20	CIF	L/C U	M04D2910NU0 KDS20013
Ref-12002B	12003	10/8	B사	B	D-8M8	60	box	60,000 m	¥45,000	¥2,700,000	SEA	11/6	11/10	11/13	CIF	L/C U	M04D2910NU0 KDS33455
Ref-12005	12004	11/17	C사	AA	158ACC		25	pcs	€ 350	€ 8,750	AIR	11/28	11/29	11/29	DDP	T/T A	1582001
Ref-12004	12005	11/19	A사	A	126.816	5	box	120 ea	US$200	US$1,000	AIR	11/20	11/20	11/21	FCA	T/T A	5867861
Ref-12004	12005	11/19	A사	B	128.125	3	box	72 ea	US$220	US$660	AIR	11/20	11/20	11/21	FCA	T/T A	5867861

39 통상 선적 순서는 곧 결제 순서와 동일합니다. 오더를 할 때 선결제를 하는 경우도 있지만, 후결제를 많이 진행하는 무역회사의 경우 선적일(B/L Date)을 기준으로 결제 기일이 정해지기 때문에 선적 순서대로 지정한 관리번호는 결제와 관련된 대장 관리를 할 때도 유용하게 사용될 수 있습니다.

오더 순서에 따라서 PO#12001이 가장 먼저 오더 하였음에도 PO#12002가 수출지에서 먼저 적재(오더관리대장에서 E.T.D.로 표기된 부분에서 확인 가능)되었기 때문에 해당 건의 선적서류가 먼저 발행되어 통관이 이루어집니다. 따라서 해당 건에 대해서 Ref#12001이 지정됩니다. 그리고 PO#12002는 오더 물량이 한 번에 항공By Air으로 운송된 건으로서 분할되지 않았기 때문에 관리번호 뒤에 분할선적을 나타내는 A, B 등의 영문 표기는 하지 않습니다. 동일 오더 건에 대해서 첫 번째 선적된 건은 '관리번호 + A'로 지정하고, 두 번째로 선적된 건은 '관리번호 + B'로 지정하여 관리합니다. 이때 동일 오더 건에 대해서 관리번호는 변경되지 않고 뒤의 분할선적 순서에 따라서 A, B, C……만을 추가하여 동일 오더 건에 대해서 분할 선적되었음을 나타냅니다.

그리고 다음에 적재된 건은 PO#12003건으로서, 해당 건은 원래 B사에 아이템 A(50 Boxes), 아이템 B(95 Boxes)를 오더 했지만, 어떠한 이유[40]로 인해서, 아이템 A(50 Boxes)와 아이템 B(35 Boxes)를 해상By Sea으로 10월 11일에 먼저 적재했고, 나머지 아이템 B 60 Boxes에 대해서는 해상으로 11월 6일에 적재를 진행했습니다. 즉, 하나의 오더 건에 대해서 2번 이상 나누어 분할 선적 했습니다. 따라서 Ref#12001건에 이어 그다음에 적재된 건으로서 PO#12003에 대한 첫 번째 적재 건에 대해서 관리번호를 Ref#12002A로 지정합니다.

Ref#12002A는 10월 11일에 적재되었고 그다음 적재 진행 한 건은 PO#12001건으로서, 본 건도 분할로 아이템 A, 아이템 B가 각각 20 Boxes씩 10월 15일에 적재 진행되었습니다. 따라서 본 건에 대해서 Ref#12003A로 지정합니다. 그다음에는 PO#12001건 중에 아이템 C 30 Boxes가 11월 5일에 적재됨으로써 관리번호 Ref#12003B로 지정되고, 다음으로 11월 6일에 PO#12003건에서 아이템 B 60 Boxes가 적재되었습니다. 이때 하나의 오더 건에 대해서는 그 적재된 순서와 관계없이 PO#12003에 대해서는 관리번호를 12002로 지정했으니, 본 건의 관리번호는 Ref#12002B가 됩니다. 그다음으로 11월 13일에 PO#12001 중에 아이템 C 8 Boxes가 세 번째로 적재되었으니 Ref#12003C로 관리번호가 지정됩니다.

이렇게 관리번호는 적재된 순서대로 지정을 하되, 하나의 오더 건에 대해서 분할 진행되었다면 다른 오더 건의 적재 순서와는 관계없이 최초로 지정된 관리번호, 즉 해당 오더 건에 대해서 최초로 적재된 물량에 대해서 부여받은 관리번호에 A, B, C……가 추가되어 해당 건의 오더

---

[40] 이러한 이유에 대해서는 메뉴에 비고(Remarks)를 만들어 따로 정리해두는 것도 효율적 관리를 위한 작은 실천이 되겠습니다.

물품 중에 분할 적재된 순서를 지정하고 구분할 수 있도록 합니다.

이와 같이 실무자가 선적서류를 체계적이고도 효율적으로 관리하기 위한 첫 번째 단계로서 관리번호 지정을 어떻게 하는지에 대해서 알아보았습니다.

3) '관리번호' 지정에 따른 활용

'오더 관리대장'에 오더 한 내역과 해당 건의 진행 과정에 맞게 대장의 메뉴를 하나씩 관리자는 채워 나갑니다. 물론, 이때 선적 순서별로 관리번호 역시 함께 지정하여, 관리번호를 기준으로 해당 건의 선적서류를 포함한 결제 및 통관 관련 서류를 모두 함께 관리합니다(선적서류 파일링 방법 참고 186쪽). 그리고 '오더 관리대장'은 오더가 많으면 내용이 아래로 계속 추가될 것입니다.

실무를 하다 보면, 외국 거래처와 이메일로 지난 과거의 오더 혹은 선적 건에 대해서 서신을 주고받고 해당 건에 대한 서류를 확인하여 답변을 해야 하는 경우가 많이 발생합니다. 이때 B/L No.를 기준으로 해당 건의 서신이 오갑니다. 그러면 '오더 관리대장'에서 오더 건이 아무리 많아도 'Ctrl + F'(찾기 기능)를 누르고 B/L No.를 입력 후 엔터 하면, 찾고자 하는 B/L No.는 금방 찾을 수 있으며 해당 건의 '관리번호' 역시 바로 찾아서 '오더 관리 파일철(참고 188쪽)'에서 해당 건의 선적서류 및 관련 기타 서류들을 확인할 수 있습니다[41].

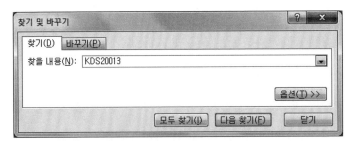

▲ Ctrl + F를 누르면 찾기 기능이 활성화되며,
찾고자 하는 내용 입력 후 엔터 누릅니다.

---

41 결제 관련이라면 B/L No. 보다는 Invoice No.로 서신이 오가는 데 이때는 '결제관리대장'(참고 158쪽)을 바탕으로 해당 건의 '관리번호'를 찾고 '오더관리철'에서 해당 건의 선적서류를 확인합니다.

4) 결론

결론적으로, 이러한 방법으로 선적 건별로 관리번호를 지정하여 지정 관리번호별로 해당 건의 선적서류를 포함한 모든 기타 서류를 함께 '오더 관리 파일철'에 묶어 보관하게 되면 업무 중에 특정 건의 서류를 확인해야 하는 경우 '오더 관리대장'에서 관리번호 확인 후 '오더 관리 파일철'에서 해당 관리번호를 쉽게 찾을 수 있을 것입니다. 이러한 식으로 관리만 잘 해두면 특정 건의 모든 서류를 찾는 데 단 30초도 걸리지 않습니다.

이것이 선적 서류를 각각 별개의 파일철로 보관하여 관리하는 것이 아니라 '오더 관리 파일철'이라는 하나의 파일철에 선적 순서와 같이 관리번호를 지정하여 선적서류를 관리해야 하는 중요한 이유가 됩니다.

3. PDF Converter를 이용한 PDF 파일 전환

엑셀, 워드 등의 프로그램에서 작성한 서류를 상대방에게 전달할 때, 파일 그대로 전달하지 않고 PDF 파일로 전달하는 것이 일반적입니다. 예를 들어, 수출자로서 인보이스를 엑셀로 작성하였는데, 엑셀 파일 그대로 수입자에게 전달하지 않고 PDF 파일로 전환해서 전달합니다. 이유는 엑셀 파일 그대로 전달하면, 수신자가 주요 내용을 변경할 수 있기 때문에 수정이 불가능한 PDF 파일로 전달합니다.

이때 엑셀, 워드 등의 프로그램에서 작성한 서류를 <방법 1>과 같이 프린터를 이용해서 프린트 후 다시 스캐너로 PDF 파일로 변환을 하는 방법은 시간이 오래 걸리고 절차도 복잡할 수 있습니다. 또한, 스캔을 하다 보면 오류가 발생할 수 있고 깨끗하게 PDF 파일로 변환되지 않는 경우도 종종 경험합니다.

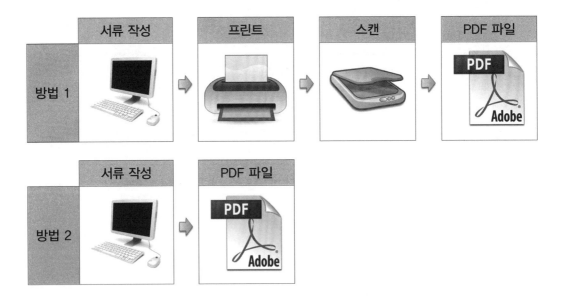

따라서 이러한 복잡하고 시간이 걸리는 방법을 대신할 수 있게 해주는 프로그램이 따로 존재합니다. 즉, 엑셀 등의 프로그램으로 작성한 서류를 바로 PDF로 변환해주는 <방법 2>와 같은 프로그램이 있으며, 이러한 프로그램PDF Converter을 사용하면 프린트 및 스캔 과정을 거치

지 않고 바로 PDF 파일로 변환됩니다. 다음은 PDF Converter의 사용 절차입니다.

1) PDF Converter 설치

PDF Converter는 포털에서 무료로 다운 가능하며, 컴퓨터에 설치합니다.

엑셀, 워드 등의 프로그램에서 서류를 작성하고 '인쇄하기(Ctrl + P)'를 하면 다음과 같은 인쇄 창이 생성되며, 프린터 실정 부분에서 설치한 'PDF Converter'를 선택합니다. 그리고 '확인' 버튼을 클릭합니다.

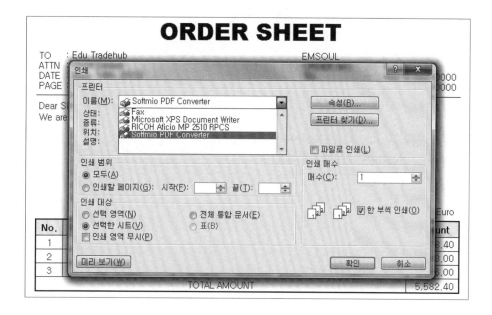

2) PDF 파일 저장

다음과 같은 창이 나타나며, 원하는 폴더를 선택한 후 파일 제목을 타이핑 후 '저장' 버튼 클릭합니다. 그러면 <방법 1>과 같이 종이로 프린트 후 스캐너로 스캔하는 작업을 거치지 않고 바로 PDF 파일로 전환이 가능합니다. 보다 효율적이고 보다 신속하게 업무를 처리하는 방법이 되겠습니다.

II. 엑셀을 활용한 무역 관리 대장

1. 오더 관리대장

    오더 내역, 즉 관리번호, 오더 번호, 오더 날짜, 공급자, 오더 물품, 수량, 단가, 선적 여부 등등을 한눈에 보면서 각각의 오더에 대한 진행 상황을 알 수 있는 대장이 있다면 관리자의 입장에서 대단히 편할 것입니다. 그래서 만든 것이 다음과 같은 '오더 관리대장'입니다. 비록 오더 하나하나에 대해서 직접 입력해야 하지만, 각각의 상품에 대한 수량, 선적 및 도착 여부와 가격조건, B/L No. 까지 한눈에 확인 가능하니 이보다 더 편한 오더 관리대장이 없을 것이며, 모든 내용을 한 번에 입력하는 것이 아니라 거래를 진행하면서 하나씩 입력하기 때문에 대장 관리에 따른 시간적 투자에 대한 부담은 없습니다. 또한, 관리자의 업무 환경에 맞게 기타의 메뉴들, 예를 들면 'B/L NO.' 메뉴 뒤에 '비고Remarks'를 만들고 싶다면 사용자 스스로 쉽게 추가할 수 있습니다. 그리고 엑셀의 '필터' 기능을 사용하면 아무리 많은 오더가 있더라도 공급자SUP.별로 혹은 품목ITEM별로 혹은 결제조건P.TERM, Payment Term별로 사용자가 원하는 내용만을 추출할 수 있습니다(필터 기능 사용 방법 192쪽 참고).

	Ref No.	PO No.	DAT	SUP.	ITEM	CODE	Q'TY			Price		SHIP.	E.T.D.	E.T.A.	수리일	P. TERM		L/C NO. No.	B/L NO.
										U. PRI.	AMT								
9	Ref-12003A	12001	9/9	A사	A	126.815	20 box	480 ea	US$150	US$3,000		SEA	10/15	11/14	11/16	FOB	L/C U	M04D2909NU0	122123BUS
10	Ref-12003A	12001	9/9	A사	B	126.125	20 box	480 ea	US$180	US$3,600		SEA	10/15	11/14	11/16	FOB	L/C U	M04D2909NU0	122123BUS
11	Ref-12003B	12001	9/9	A사	C	126.816	30 box	720 ea	US$200	US$6,000		SEA	11/5	12/5	12/6	FOB	L/C U	M04D2909NU0	322124ABC
12	Ref-12003C	12001	9/9	A사	C	126.816	8 box	192 ea	US$200	US$1,600		AIR	11/13	11/13	11/14	FCA	L/C U	M04D2909NU0	KDS13014
15	Ref-12001	12002	9/18	B사	A	D-130	5 box	5,000 m	¥25,000	¥125,000		AIR	10/1	10/2	10/3	FCA	T/T A		KDS2001754
16	Ref-12001	12002	9/18	B사	B	D-130	3 box	3,000 m	¥36,000	¥108,000		AIR	10/1	10/2	10/3	FCA	T/T A		KDS2001754
19	Ref-12002A	12003	10/8	B사	A	D-8M6	50 box	50,000 m	¥25,000	¥1,250,000		SEA	10/11	10/15	10/20	CIF	L/C U	M04D2910NU0	KDS20013
20	Ref-12002A	12003	10/8	B사	B	D-8M8	35 box	35,000 m	¥45,000	¥1,575,000		SEA	10/11	10/15	10/20	CIF	L/C U	M04D2910NU0	KDS20013
21	Ref-12002B	12003	10/8	B사	B	D-8M8	60 box	60,000 m	¥45,000	¥2,700,000		SEA	11/6	11/10	11/13	CIF	L/C U	M04D2910NU0	KDS33455
24	Ref-12005	12004	11/17	C사	AA	158ACC		25 pcs	€ 350	€ 8,750		AIR	11/28	11/29	11/29	DDP	T/T A		1582001
27	Ref-12004	12005	11/19	A사	A	126.816	5 box	120 ea	US$200	US$1,000		AIR	11/20	11/20	11/21	FCA	T/T A		5867861
28	Ref-12004	12005	11/19	A사	B	128.125	3 box	72 ea	US$220	US$660		AIR	11/20	11/20	11/21	FCA	T/T A		5867861

2. 결제관리대장

결제와 관련된 내용은 회계 부서에서 관리를 하는데 왜 별도로 무역 부서에서 관리를 해야 하는가에 대한 의문을 가질 수도 있습니다. 결론부터 말하자면, 따로 관리하는 것이 적합합니다. 회계는 회계 나름대로 결제 진행 완료된 건에 대해서만 관리를 하는 것이며, 외국과 서신을 교환하며 거래 건에 대한 결제 사항을 서로 체크하는 역할은 일반적으로 하지 않습니다. 이러한 업무는 무역 부서에서 진행하는 것으로서 무역 부서는 결제 완료 건보다 결제를 진행해야할 후불 결제 건에 대해서 그 기준일과 결제기일을 건별로 구분하여 정리합니다. 이렇게 만들어진 결제 관리대장을 근거로 수출자는 언제 얼마의 돈을 누구로부터 받을 것이며 어디에 사용할 것인지, 수입자는 언제까지 얼마의 돈을 누구에게 결제하기 위해서 대금을 언제까지 준비해야 할 것인지에 대한 나름대로 자금관리를 할 수 있게 됩니다.

특히 수출자가 수입자에게 T/T 후불 건에 대해서 Invoice No. 혹은 B/L No.를 말하며 결제 기일이 다가오고 있음을 통지했는데, 수입자는 그 건이 어떤 건이지도 모르고 있다면 관리가 전혀 되지 않는다는 뜻으로서 수출자의 사전 통지가 없었다면 수입자는 해당 건의 결제 기일까지 결제하지 못할 것이며, 그로 인해서 수입자의 신용도는 상당히 떨어졌을 것입니다. 따라서 수출자이든 수입자이든 후불 결제 건을 관리하기 위한 '결제관리대장'을 만들어 자체적으로 체계적 관리를 해야 할 것입니다.

1) 결제관리대장 관리

결제는 PO 별로 되는 것이 아니라 통상 선적 건별로 진행됩니다. 특히, 후불 결제는 T/T이든 L/C이든 그 기준일을 통상 B/L Date[42]로 정해서 진행되기 때문에 선적 건별로 관리를 해야 합니다. 그래서 결제관리대장 역시 선적 기준으로 지정한 Ref. No.관리번호를 기준으로 정리가 되어야 하며, 후불 결제에 있어 그 기준일과 결제 유예 기간에 따른 결제기일을 정확히 계산하여 관리해야겠습니다.

결제관리대장을 관리할 때 수출자가 주의해야 할 점은 기준일 대비하여 결제 유예 기일을 더한 결제기일에 대한 정확한 이해입니다. 결제기일은 수출자가 돈을 받는 날짜가 아니라 수입자가 결제를 하는 기일이 됩니다. 특히, T/T에서 수입자가 결제를 하면 수출자는 그날 대금을 받는 것이 아니라 통상 3~4일 이후에 결제받습니다. 따라서 수출자는 수입자가 결제기일 이전에 결제를 할 수도 있겠지만, 결제기일에 결제할 수도 있으며 그렇다면 자신은 결제기일보다 늦게 대금을 자신의 거래은행으로부터 받는다고 알고 있어야 합니다.

또한, 결제관리대장에 기록한 내용 중에 결제 완료되었다고 해서 해당 내용을 지우면 안 됩니다. 수출자와 수입자는 결제 관련해서 차후에 서신이 오갈 수 있으며, 회계 쪽과 결제 진행 관련하여 서로 정보를 교환해야 하는 경우도 있기 때문입니다.

---

[42] 예를 들어, 결제조건이 T/T 건이라면 'T/T 65 Days After B/L Date', L/C 건이라면 신용장 조항 42C에서 '120 Days After B/L Date'로 표기됩니다. 즉, 돈을 후불로 결제하는 데 있어 그 기준일을 통상 B/L Date(On Board Date)를 많이 지정하며, 결제 유예 기간을 더한 날짜가 결제기일이 됩니다.

결제 관리 대장

PO #	관리번호	발주일	공급처	Invoice No.	결제 내용	AMOUNT	기준일	대금기한	결제일	통관일
11056	Ref.11066	9/22	B 사	04871	L/C 90	¥2,543,068	11/10/04	12/01/02	12/01/02	11/10/8
11063	Ref.11074A	10/1	B 사	04879	L/C 90	US$8,500	11/10/15	12/01/13	12/01/09	11/12/8
11063	Ref.11074B	10/1	B 사	04879	L/C 90	US$23,500	11/10/23	12/01/21	12/01/23	11/12/18
11064	Ref.11075	11/14	A 사	41510940	T/T 35	€ 3,405.65	11/11/29	12/01/03	12/01/03	11/12/30
11072		12/1	A 사	41512907	L/C 60	€ 16,871.21	12/01/06	12/03/06		
11074		12/10	A 사	41514573	T/T 35	€ 1,015.37	12/01/19	12/02/23		
12001	Ref.12002	1/2	D 사	22405379	T/T 25	$3,650.00	12/01/11	12/02/05		12/1/14
12003	Ref.12001	1/4	D 사	22405426	T/T 25	$2,334.00	12/01/05	12/01/30		12/1/6
12004		1/19	A 사	41516921	L/C 60	€ 15,000.65	12/01/22	12/03/22		

▲ '기준일'은 해당 건의 계약서(T/T는 매매계약서, L/C는 신용장개설응답서 42C 조항)에 명시된 기준일을 기준으로 유예기간(Ref.11066 건의 경우 90일)을 더하면 '대금 기한(결제기일)'을 알 수 있고, 수입자는 T/T의 경우 수출자가 통지한 Bank Information의 내용에 따라 결제하며, L/C의 경우 개설은행으로 결제를 '대금 기한' 이내 진행해야 합니다.

▲ 결제조건이 T/T이든 L/C이든 '대금 기한' 당일 결제를 해도 되고, 그 이전에 해도 됩니다. Ref.11066의 경우 대금 기한 일에 결제를 진행했으며, Ref.11074A는 대금 기한일보다 4일 앞서 결제를 진행했습니다. Ref.11074B의 경우 대금 기한이 2012년도 1월 21일인데 21일 혹은 그 이전에 결제하지 않은 이유는 결제기일이 토, 일, 혹은 공휴일과 같이 은행이 영업하지 않는 날이 되면 결제기일은 자동으로 그다음 은행 영업일까지 연장되기 때문입니다. 1월 21일은 토요일이며, 그다음 은행 영업일은 1월 23일(월)입니다. 따라서 1월 23일에 결제를 했습니다.

2) 자금관리를 위한 달력 제작

결제 달력은 '결제관리대장'을 바탕으로 제작합니다. '결제관리대장'을 기초로 매월 결제 달력을 만들어 결제기일을 확인하고 결제하기 위한 자금 관리 계획을 세웁니다. 예를 들어, Ref.11074A의 경우 결제기일이 1월 13일이라면 결제 대금(USD 8,500)을 최소한 1월 12일 혹은 1월 11일까지는 마련해야 합니다. 즉, '결제관리대장'은 개별 선적 건별로 결제기일을 확인하기 위한 대장이며, 이를 바탕으로 자금 관리를 한눈으로 할 수 있는 달력을 만들어 결제기일 이내에 결제할 수 있도록 결제 스케줄을 잡아서 관리자는 자금 관리를 철저하게 해야겠습니다.

결제 달력은 현재가 2012년 1월 중순이라면 최소한 2월 달력까지 모두 채워 있어야 할 것이며, 1월 중순이 넘어가면 2월 결제 스케줄 달력과 3월 결제 스케줄 달력을 함께 보면서 자금 관리를 합니다.

자금 관리를 위한 후 결제 스케줄 달력						

1 2012 January

SUNDAY	MONDAY	TUESDAY	WEDNESDAY	THURSDAY	FRIDAY	SATURDAY
1	2 Ref.11066 ¥2,543.068	3 Ref.11075 € 3,405.65	4	5	6	7
8	9	10	11	12	13 Ref.11074A US$8,500.00	14
15	16	17	18	19	20	21 Ref.11074B US$23,500.00
22	23	24	25	26	27	28
29	30 Ref.12001 US$2,334.00	31				

3. 수입자의 Usance L/C 한도 사용 내역 대장

개설의뢰인[43]수입자이 자신의 거래은행을 통하여 신용장 개설을 원하는 경우, 거래은행에 자신의 신용 및 매출 정보를 제공해야 합니다[44]. 거래은행은 해당 정보를 확인 후 개설의뢰인의 신용장 개설 신청 의뢰를 허용할지 혹은 거절할지를 결정합니다.

일반적으로 개설되는 신용장의 종류는 매입신용장Negotiation L/C이며, 매입신용장의 유형은

---

43 개설의뢰인, 즉 Applicant는 신용장 개설신청서를 작성하여 개설은행에 개설 신청(Apply)하는 자로서 수입자를 뜻합니다.

44 개설의뢰인은 이러한 요청을 자신의 거래은행에 요청하며 개설의뢰인의 신용장 개설 요청에 대해서 허용하여 신용장을 개설해주는 은행을 개설은행이라고 합니다.

크게 At Sight선불와 Usance후불로 구분됩니다. 개설의뢰인의 신용장 개설 요청을 은행이 허용할 경우, 은행(개설은행)은 일반적으로 신용장의 유형이 At Sight에서는 담보를 개설의뢰인에게 요구하지 않습니다. 물론, 개설은행이 판단하기에 개설의뢰인의 신용 및 자금력에 다소 문제가 있지만, 신용장을 개설해주기로 했다면 At Sight임에도 담보를 요구하는 경우도 있으며, 또한 최초로 해당 은행이 해당 개설의뢰인을 위해서 신용장을 개설해주는 경우에도 At Sight일지라도 담보를 요구하는 경우가 있습니다. 유형이 Usance인 경우 개설은행은 거의 무조건 개설의뢰인에게 신용장 개설 대금(신용장 조항 32B에 명시된 금액으로서 개설은행이 수입자를 대신하여 수출자에게 보증하는 최대 금액) 만큼의 담보를 요구합니다.

상호가 EduTradehub라는 개설의뢰인은 거래은행으로부터 Usance L/C 개설 신청에 대해서만 담보를 요구받는다고 가정합니다. 그리고 본 개설의뢰인은 Usance L/C 개설 신청하는 빈도 수가 적지 않다고 가정할 때, Usance L/C 개설 신청할 때마다 해당 신용장의 32B 대금만큼의 담보를 개설은행에 제공해야 합니다. 매번 담보를 은행에 제공한다면 업무를 함에 있어 불편함을 느낄 수 있습니다. 그래서 2~3 개월Month 정도 담보를 제공하고 개설 신청하는 Usance L/C의 총액이 대략 USD400,000 정도가 된다면 USD400,000 만큼의 담보를 미리 개설은행에 제공하고 그 한도 내에서 Usance L/C를 계속 개설 신청할 수 있는 방법을 선택할 수 있습니다.

이렇게 한도를 제공하고 Usance L/C 개설 신청을 하는 경우, 개설의뢰인은 현재 어떤 수출자에게 몇 개의 Usance L/C가 개설되었고, 또 그에 따른 개설은행에 제공한 한도액 USD400,000이 얼마가 줄어서 얼마나 남았는지에 대해서 알고 있어야 합니다. 다음 대장은 이러한 기 발행된 Usance L/C에 따른 사용한도 및 사용 가능한 한도를 한눈에 볼 수 있도록 정리한 '신용장 개설 및 한도 관리대장'입니다.

한도 사용 내역을 개설의뢰인은 개설은행에 전화해서 문의하면 알 수 있지만, 매번 이렇게 할 수 없기에 자체적으로 관리하는 것이 좋습니다.

Usance L/C 한도 사용

미화환산율 JPY : 1.2594
EUR : 1.2578

PO#	관리번호	거래처	품명	L/C NO.	개설일	AMOUNT	미화환산액	기준일	기간	대금기한	통관일
12035	Ref.-12022	C 사	P - Casing	MD122202NU00160	12/02/03	$55,000.00	$55,000.00	12/02/21	90	12/05/21	12/03/13
12039	Ref.-12023	A 사	Spare Parts	MD122202NU00235	12/02/05	¥3,958,000.00	$49,847.05	12/02/24	120	12/06/23	12/02/28
12042	Ref.-12027	B 사	Machine	MD122202NU00025	12/02/12	€ 39,800.00	$50,060.44	12/02/27	120	12/06/26	12/04/02
12047	Ref.-12030A	C 사	P - Casing	MD122202NU00242	12/02/19	$23,000.00	$23,000.00	12/03/11	90	12/06/09	12/04/03
12047	Ref.-12030B	C 사	P - Casing	MD122202NU00242	12/02/19	$25,000.00	$25,000.00	12/03/02	90	12/05/31	12/03/23
12056	Ref.-12041	B 사	Machine	MD122203NU00057	12/03/06	€ 48,600.00	$61,129.08	12/03/31	120	12/07/29	12/05/03
12058	Ref.-12052A	C 사	P - Casing	MD122204NU00107	12/04/03	$15,500.00	$15,500.00	12/04/09	90	12/07/08	12/05/02
12058	Ref.-12052B	C 사	P - Casing	MD122204NU00107	12/04/03	$19,000.00	$19,000.00	12/04/16	90	12/07/15	12/05/08
12066	Ref.-12061A	C 사	P - Casing	MD122204NU00324	12/04/16	$22,000.00	$22,000.00	12/04/25	60	12/06/24	
12066	Ref.-12061B	C 사	P - Casing	MD122204NU00324	12/04/16	$15,000.00	$15,000.00	12/04/27	60	12/06/26	
12066	Ref.-12061C	C 사	P - Casing	MD122204NU00324	12/04/16	$19,400.00	$19,400.00	12/05/08	60	12/07/07	
12075	Ref.-12062	C 사	P - Casing	MD122204NU00445	12/04/28	$25,000.00	$25,000.00	12/05/09	60	12/07/08	

	L/C 한도 :	$400,000.00
	OPEN 금액 :	$379,936.57
	OPEN 가능금액 :	$20,063.43

LC한도 (open 예정포함)

▲ 'C사'와의 거래에서 개설되는 Usance L/C의 Usance 기간, 즉 개설의뢰인의 결제를 유예해주는 기간이 '90일'로 진행되다가 어느 날 갑자기 '60일'로 줄어 있는 것을 확인할 수 있습니다. 개설은행은 개설의뢰인의 Usance 기간 90일 이상 요청에 대해서 개설의뢰인의 자금력, 신용도 및 매출을 바탕으로 허용해주다가도 개설의뢰인의 매출 등이 떨어지면 Usance 기간을 줄여서 신용장을 개설할 것을 통지할 수 있습니다. 이러한 경우 C사와의 거래에서 개설되는 Usance L/C뿐만 아니라 개설의뢰인이 개설 신청하는 모든 Usance L/C에 대한 Usance 기간이 줄어드는 것입니다.

1) 'Usance L/C 한도 사용 대장'의 관리 목적

'Usance L/C 한도 사용 대장'은 Usance후불 조건하에서 개설된 신용장 대장으로서, 본 대장의 관리 목적은 a)개설의뢰인이 개설은행으로부터 제공받은 Usance L/C 개설 한도 USD 400,000에 대해서 이미 개설된 Usance L/C 총액('OPEN 금액' 부분)이 현재 얼마나 되고 b)이를 제외 한 사용 가능한 한도액('OPEN 가능금액' 부분)이 현재 얼마나 되는지를 확인하기 위함이 가장 큰 목적입니다. 그리고 본 대장을 관리함으로 인해서 개설된 Usance L/C의 결제 기한을 한눈에 확인 가능함으로 대금 결제를 위한 자금 관리 계획의 기초 자료로도 활용 가능합니다.

2) 'Usance L/C 한도 사용 대장'의 활용 방법 및 필요성

Usance L/C에 대한 한도는 USD로 제공됩니다. 하지만, 개설의뢰인의 신용장 총액은 USD로만 개설 신청되는 것이 아니라 EUR, JPY, AUD 등의 외화 단위로 개설될 수 있습니다. 따라서 본 대장에 '신용장 총액Amount' 부분과 이를 USD로 변환한 '미화환산액' 부분의 메뉴를 따로 만듭니다. 그리고 'AMOUNT' 부분의 신용장 총액(32B 조항)을 USD로 변환하기 위해서는 외환은행 환율 테이블을 활용합니다[45]. 외환은행은 환율을 고시하면서 '미화환산율'을 함께 고시하며 신용장 총액이 EUR라면, 해당 금액에 '미화환산율'을 곱하면 바로 USD로 변환 가능합니다[46]. 물론, 환율이 변함에 따라서 '미화환산율'도 변합니다. 하지만, 대략적인 금액의 산출은 가능하니 도움은 충분히 됩니다.

통화명	현찰		송금_전신환		T/C 사실때	외화수표 파실때	매매 기준율	환가 료율	미화 환산율
	사실때	파실때	보내실때	받으실때					
미국 USD	1132.98	1094.02	1124.40	1102.60	1126.86	1101.97	1113.50	2.0635	1.0000
일본 JPY 100	1451.23	1401.33	1440.25	1412.31	1440.54	1411.56	1426.28	2.1144	1.2809
유로통화 EUR	1466.93	1409.69	1452.69	1423.93	1459.88	1423.10	1438.31	2.0910	1.2917
영국 GBP	1834.32	1762.74	1816.51	1780.55	1825.50	1779.33	1798.53	2.4875	1.6152

● 기준일 : 2012-10-02 ● 고시시간 : 17:55(46 회차) [조회시각 2012-10-03 20:57]

▲ EUR50 을 USD로 변경하려면, EUR50 × 1.2917 을 하면 바로 USD로 변경할 수 있습니다. 따라서 'Us-ance L/C 한도 사용 대장'의 '미화환산율' 부분에 모두 이러한 수식을 적용했습니다.

3) 잔여 한도 이상의 새로운 Usance L/C를 개설 해야 하는 경우.

앞에서 제시한 대장에 따르면 L/C 한도액에 대해서 Open 된 금액은 대략 USD 380,000이며, 잔여 한도는 USD 20,000 정도입니다. 그리고 현재의 날짜가 '5월 10일'이라면, 5월 10일 기준으로 가장 가까운 결제기일은 관리번호 'Ref.-12022' 건으로서 결제기일이 10일 정도 여유가 있습니다. 하지면 현재 금액 USD 50,000짜리 Usance L/C를 개설의뢰인은 새롭게 개설 신청해야 하는 상황이라면, 개설의뢰인은 'Ref.-12022' 건이 비록 결제기일이 남아 있지만, 해당 건이 미리 결제를 합니다. 그러면 해당 건의 신용장 총액이 USD 55,000이기 때문에 한도는 결제한 만큼 살아나서 'OEPN 가능금액'은 총 USD 75,063.43이 되어 총액 USD 50,000짜리의 새로운 Usance L/C를 개설의뢰인은 개설은행에 개설 신청할 수 있습니다. 만약 이러한 대장이 없다면 건건이 결제일을 알 수 없는 것은 물론이거니와, 무엇보다 Usance L/C 개설에 대한 계획을 체계적으로 세울 수도 없을 것입니다.

---

45 외환은행 홈페이지: http://fx.keb.co.kr
46 참고로 JPY는 '/100JPY'로 고시되기 때문에 'JPY총액'에 '미화환산율'을 곱하고 100을 나누어 주어야 합니다.

4) 결제 완료된 건은 삭제

개설의뢰인은 Usance L/C의 결제기일 혹은 그전에 개설은행에 대금결제를 진행합니다. 그러면 해당 건은 결제했으니 해당 건의 결제금액(하나의 신용장 건에 대해서 한 번에 선적된 건이라면 신용장 조항 32B의 신용장 총액이겠지만, 분할선적 된 건이라면 선적된 만큼의 대금) 만큼의 한도는 다시 살아가게 됩니다. 따라서 해당 건은 본 대장에서 삭제하는 것이 좋습니다. 제시한 대장에는 결제 완료된 건은 없고 결제를 남겨둔 건만이 존재합니다.

4. 수출자의 L/C 매입 신청 스케줄 관리 대장

수출자는 L/C 거래를 함에 있어 통지은행으로 통지받은 신용장에 대해서 신용장 조건과 같이 수출 진행하고 신용장에서 요구하는 신용장 조항 46A 서류를 48 Period for Presentation에 명시된 선적서류 제출 기일까지 매입은행에 제출해야 합니다.

수출자가 통지받은 신용장의 수가 상당하여 각각의 신용장 별로 매입 신청 기일을 기억하지 못하는 경우, L/C 매입 신청 스케줄을 관리할 수 있는 대장을 만들 필요가 있습니다.

L/C 매입 신청 스케줄

PO#	관리번호	수입자	품명	L/C NO.	총액	통지일	선적기일 (S/D)	실제선적일 (On Board)	48조항	제출기한	만기일 (E/D)	비고
12035	Ref.-12030A	Kaston	P - Casing	MD122201NU22555	AUD 58,000.00	12/1/22	12/2/25	12/2/21	21	12/3/13	12/3/20	
4748	Ref.-12037	Harry	Soap 250ml	094312010002	USD 77,850.00	12/1/25	12/3/5	12/3/2	10	12/3/12	12/3/28	
12105	Ref.-12098	Kaston	S - Casing	MD122202NU00121	AUD 35,800.00	12/2/15	12/3/3	12/2/28	21	12/3/20	12/3/25	

▲ 메뉴에서 '48 조항'은 신용장 48 Period for Presentation 부분에 명시된 실제선적일 기준으로 언제까지 선적서류(46A)를 제출할 것을 나타내는 허용 일자가 되겠습니다(60쪽 참고).

수출자는 이러한 스케줄 대장에 각각의 신용장에 대한 매입 신청 기일을 명시하여 기한을 넘기지 않고 정상적으로 클린 네고 진행할 수 있도록 각별히 신경 써야겠습니다. 신용장에서 요구하는 모든 사항을 충족했지만 이러한 선적서류 제출 기일 이내에 매입 신청 못 하면 하자 네고를 하게 되고 그에 따른 수수료 부담과 매입 신청 당일 결제 받지 못하고 은행이 추심을 돌려서 불이익을 당할 수 있습니다.

따라서 수출자는 L/C 매입 신청 스케줄 대장을 관리할 필요가 충분히 있으며, 159쪽에서 예시 한 '자금 관리를 위한 후 결제 스케줄 달력'처럼 L/C 매입 신청 스케줄을 위한 달력을 만들어 매월 매입 신청 스케줄을 한눈에 쉽게 볼 수 있도록 하면 더욱 좋겠습니다.

5. 통관 스케줄 리스트

공급사	관리번호	ORDER NO.	품명	수량		금액	도착 예정일	통관 예상일	통관 완료일	통관 예상비	비고
						통관 스케줄 리스트					
Harry	Ref.-12001	12002	Liquid Soap 외	8 CTNs	JPY	233,000.00	12/1/5	12/1/5	12/1/5	₩680,000	
Harry	Ref.-12002A	12003	Powder Soap 외	85 CTNs	JPY	2,825,000.00	12/1/29	12/2/5	12/2/5	₩6,864,750	
James Int'l	Ref.-12003A	12001	S/P for STC	40 CTNs	USD	6,600.00	12/2/5	12/2/6	12/2/6	₩1,366,200	
Kaston	Ref.-12004	12005	Casing for 20D	8 CTNs	USD	35,660.00	12/2/15	12/2/24	12/2/24	₩11,482,520	
James Int'l	Ref.-12003B	12001	S/P for STC	30 CTNs	USD	6,000.00	12/2/16	12/2/17	12/2/17	₩1,932,000	
Harry	Ref.-12002B	12003	Powder Soap 외	60 CTNs	JPY	2,700,000.00	12/2/20	12/2/20	12/2/20	₩6,561,000	
Kaston	Ref.-12005	12004	Casing for 30D	15 CTNs	USD	56,660.00	12/2/25	12/3/1		₩18,244,520	
James Int'l	Ref.-12003C	12001	S/P for STC	30 CTNs	USD	6,000.00	12/2/26	12/2/28		₩1,932,000	

1) 통관 스케줄을 리스트 하여 관리해야 하는 이유

'오더 관리대장'에 E.T.D., E.T.A., (수입신고) 수리일이 있음에도 별도로 이렇게 '통관 스케줄 리스트'를 만들어서 관리하는 이유는 분명히 존재합니다.

선적지에서 선적되어 입항지에서 입항 예정되어 있는 건, 그리고 수입지에서 수입신고를 기다리는 건들에 대해서 담당자가 머리로 기억하고 그에 대한 통관 스케줄을 계획할 수 있다면 이러한 '통관 스케줄 리스트'는 없어도 업무 수행하는 데 있어 큰 불편함과 수입신고를 적절한 시기에 진행하는 것을 잊어버리는 실수를 범하지 않을 수도 있습니다. 하지만, 수입신고 진행할 건수가 상당한 경우 아무리 담당자라고 하더라도 각각의 도착 스케줄과 국내 거래처로의 공급일자 및 통관비용을 고려하여 통관 스케줄을 머릿속으로만 계획하기란 어렵습니다.

다시 말해서 a)개별 선적 건들에 대한 입항 스케줄, 그리고 b)그러한 건들을 수입신고하여 수입통관하기 위해서 얼마의 자금이 필요하며 c)언제까지 통관 완료하여 국내 거래처에 공급해야 하는지 등등을 기억으로만 의존하여서 업무를 진행할 수 없는 상황에 직면할 것입니다. 그리고 통관 과정 중에 예상치 못한 상황에 직면하여 통관이 지연 혹은 펜딩Pending 되는 건들 역시 존재할 수 있는데, 이러한 상황에서는 계획한 스케줄이 변경되기 때문에 머릿속이 더욱 복잡해집니다.

따라서 통관 스케줄을 한눈에 보고 관리할 수 있는 '통관 스케줄 리스트'를 만들어 통관을 앞둔 건들의 통관 스케줄을 체계적으로 관리해야겠습니다. 이러한 관리 방법에 대해서 담당자가 일을 늘리는 것으로 생각할 수 있지만, 오히려 업무를 보다 효율적으로 쉽게, 그리고 체계적으로 할 수 있도록 하여 긍정적인 결과를 창출하는 방법이 되겠습니다.

2) 통관 스케줄 리스트를 기초로 체크해야 하는 사항

A. 수입자의 체크 사항

a) 특정 기간에 여러 건이 집중되는 경우 자금 압박 문제

세액 납부	특정 기간에 여러 건들이 한꺼번에 입항되는 경우 수입신고 할 때 세액(기본적으로 관세, 부가세) 납부에 대한 자금 조달에 문제가 발생할 수 있습니다. 일반적으로 수입신고에 따른 수리는 담보를 제공하는 것이 아니라 수입자가 보유한 현금으로 결제해야 가능하기 때문에 수입자는 수입신고 건에 대한 자금을 미리 확보해두어야 순조로운 통관 진행을 할 수 있습니다.[45]
요건 확인에 따른 비용	HS Code 상 수입요건이 존재하는 물품의 경우 수입할 때 요건 확인을 받아야 하는데 이러한 비용 역시 만만치 않아서 수입자에게 부담을 주기에 충분합니다(물론 물품에 따라서 과거에 요건 확인을 수입자가 받았다면 그 이후 수입 건에 대해서는 받지 않아도 되는 물품이 있지만, 요건 확인을 과거에 받았다고 하더라도 수입할 때마다 받아야 하는 물품도 있습니다).
추가 비용 발생	특정 기간에 수입 통관해야 하는 건이 집중되면 급한 물품은 먼저 수입신고하여 통관 완료해야겠지만, 여유가 있는 물품은 수입신고 보류하고 보세구역/창고에 그대로 장치 해두어야 합니다. 그러면 당연히 추가적인 비용이 발생 될 것입니다. 또한, 요건 확인을 받은 제품의 경우 요건 확인 기관에 요건 확인 신청 후 그 결과가 나오기까지 보세구역/창고에 장치해야 하기 때문에 역시 추가적인 비용이 발생할 수 있습니다.

---

47 수입 화주들 중에는 매번 이렇게 건당 세액 납부를 원하지 않고 한 번에 여러 건에 대해서 납부를 원하는 화주도 있을 것입니다. 그래서 납부기한이 동일한 달에 속하는 세액에 대하여는 그 기한이 속하는 달의 말일까지 한꺼번에 납부하게 할 수 있도록(관세법 제9조 제3항) 만들어두었는데, 이러한 방법을 바로 '월별납부'라고 합니다. 납세실적 및 수출입실적 등을 고려하여 세관에 '월별납부' 신청을 할 수 있습니다(관세법시행령 제1조의3 1항). 물론, 신청 후 세관으로부터 승인을 받아야 합니다. 하지만, 월별납부는 일반적이지 않으며, 통상 건당 세액 납부하고 이상 없으면 수리를 받는 형태입니다.

b) 해결 방법

따라서 수입자는 선적 스케줄 관련하여 각국의 수출자와 합의하여 여러 건들이 특정 기간에 수입지의 항구/공항에 집중되지 않도록 조치하는 것이 중요합니다. 수출자는 인코텀스 조건에 따라서 지정된 포워더에게 Shipment Schedule 받아서 Shipment Booking을 하는데 이러한 사실을 상관례상 수입자에게 통지합니다. 그러면 수입자는 이러한 스케줄을 받아서 수입지에서 다른 건들과 특정 기간에 겹치는 경우라면 양해를 구하여 스케줄 조절을 요청해야겠습니다.

이때 특정 수출자에게 오더 한 오더 전체 수량에 대한 스케줄 조절을 요구할 수도 있지만, 수입지에서 수입 통관할 때 부담이 없는 선에서 특정 수출자에게 오더 한 해당 오더 전체 수량 중에 일정량을 스케줄과 같이 선적 진행하고 나머지는 차후에 수입자의 선적 요청에 따라서 선적 진행할 것을 요구할 수도 있겠습니다.

B. 수출자의 체크 사항

수출자가 만약 '수출 스케줄 리스트'를 작성한다면, 지정된 포워더에게 Shipment Booking 하기 전에 수출물품의 공장 혹은 창고에서 수출물품의 출고가 선적 스케줄과 일치할 수 있도록 공장 혹은 창고의 담당자와 업무 협조를 확실히 해두는 것이 중요하겠습니다.

다시 말해서 Shipment Booking에 따른 Cargo Closing Time까지 포워더가 지정한 항구/공항의 반입지까지 반입할 수 있도록 공장 혹은 창고에서 그전까지 물품의 포장 등 수출을 위한 모든 업무가 종료될 수 있는지를 체크해야 하며, 특히 FCL로 Door Order 하여 진행하는 경우 공 컨테이너가 공장 혹은 창고에 도착하여 적입Stuffing 작업이 차질 없이 진행될 수 있는지 체크해야겠습니다.

6. 재고관리대장(입·출고대장)

수출자는 수출자 입장에서, 수입자는 수입자 입장에서 전산으로 재고 관리를 해야 합니다(재고 창고의 실재고 관리는 184쪽 참고). 이를 위해서 재고관리대장이 필요하며, 재고관리대장을 작성할 때는 항상 '입고', '출고', '현재고' 항목을 포함하여 관리하는 것이 정식이 되겠습니다.

실무에서 이러한 재고관리대장을 엑셀을 사용하여 전산 관리하지 않고 수기로 관리하는 회사들도 적지 않게 있을 것입니다. 그리고 엑셀을 이용해서 전산 관리를 한다고 하더라도 현재고 대비 특정 제품이 입고되고, 출고가 되면 '입고', '출고', '현재고' 부분을 사용자가 직접 계산해서 더하고 빼서 현재고를 표시하는 회사들이 여전히 많을 것입니다.

저자 역시 신입사원으로서 무역회사에 입사하였을 때 30년 가까이 운영된 무역 회사임에도 재고관리대장이 수기로 관리되었으며, 일부 제품들은 엑셀을 사용하고 있었지만, 말 그대로 입고가 되면 '입고' 부분에 입고 수량을 적고, '현재고' 부분에 입고 수량을 더하는 식으로 관리가 되었습니다.

이러한 식의 관리는 시간 투자 대비 효율성이 떨어질 수밖에 없습니다. 이러한 단점을 보완하기 위해서 저자는 실무를 하면서 특정 제품이 입고되고 출고가 되면 이러한 내역이 자동으로 '입고', '출고' 메뉴에 기록되고 현재고 역시 엑셀 서식에 의해서 자동으로 더하기 빼기가 되어 '현재고' 메뉴에 기록된다면 업무가 한결 편해지고 효율적으로 재고관리를 전산으로 할 수 있을 것이라고 생각했습니다. 그래서 만든 것이 다음과 같은 재고관리대장이며, 지난 수년간 사용해오면서 많은 도움을 받았습니다.

'재고대장' 시트

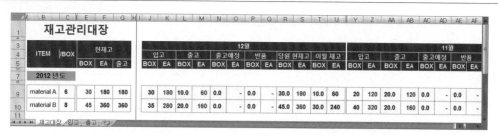

▲ 본 시트는 '입고' 및 '출고' 시트에서 정리된 입고 내역 및 출고 내역을 SUMPRODUCT 함수에 의해서 불러와서 자동으로 입고, 출고, 현재고 등의 숫자가 계산됩니다.

▲ H열과 I열 사이의 선은 틀 고정 기능을 설정한 것으로서, 해당 선을 기준으로 우측으로 '12월', '11월'이 보입니다. 실제로 엑셀 파일을 열어서[46] 우측으로 이동하면 '10월', '9월'에서 '1월'까지의 입□출고 및 해당 월의 최종 현재고를 모두 볼 수 있습니다. 즉, 'I1' 위치에서 '틀 고정' 기능을 설정했습니다. 만약 아이템(ITEM)이 많은 경우, 아래로 가더라도 메뉴를 확인할 수 있어야 하기 때문에 'I6' 위치에서 '틀 고정' 기능을 설정합니다(틀 고정 관련 138쪽 참고).

'입고' 시트

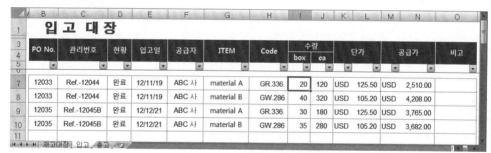

▲ '입고' 시트의 내용은 관리자가 직접 내용을 타이핑해야 합니다.[47] '입고일', 'ITEM', '수량', 그리고 입고 가 완료 되었다라는 뜻의 '현황' 부분에서의 '완료' 표기를 하면, '재고대장' 시트에서 자동으로 아이템별 로 입고일에 맞게 입고 수량이 잡힙니다.

▲ 5행에 ▾이 있고, 필터 기능을 적용했다는 사실을 알 수 있습니다. (필터 기능 활용 참고 192쪽)
정렬 기능으로 사용자는 '공급사' 별로, 'ITEM'을 추려낼 수 있고 또한 '입고일' 기준으로도 원하는 정보를 추려낼 수 있게 됩니다.

▲ 5행과 6행 사이에 실선이 있는 것으로 보아, 틀 고정 기능을 사용했습니다. 3행, 4행 부분의 메뉴는 내용 을 계속 추가하더라도 보여야 하니, 'A6' 부분을 선택 후 틀 고정 기능을 실행했습니다.

▲ 모든 대장이 그러하듯 항상 PO#와 관리번호(Ref. No.)는 표기되어 있어야 합니다.

▲ '단가' 및 '공급가'의 경우 사용자의 필요에 의해서 표기하면 되겠습니다.

---

[48] 본 책에서 소개하는 모든 무역 대장과 무역 서식은 에듀트레이드허브(http://edutradehub.com/)의 '자료실'에서 다 운받을 수 있습니다.

[49] 물론, '공급자'에 목록 기능 설정을 하고, '공급자'에 따라서 '아이템'을 다시 목록으로 선택할 수 있도록 설정한다면 사용자가 조금 더 업무를 편하게 할 수 있을 것입니다.

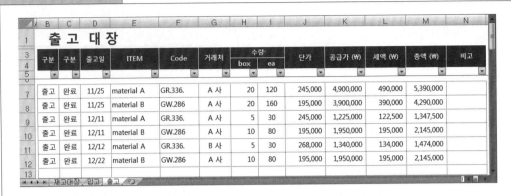

▲ '입고' 시트처럼 '출고' 시트 역시 관련 내용은 관리자가 직접 내용을 타이핑해야 합니다.

▲ 수입자가 관리하는 대장으로서, 출고는 수입자가 국내거래처로 수입 물품을 판매한 현황을 나타냅니다. 따라서 수입자가 수출자에게 오더 한 PO# 라든지 관리번호는 따로 표기하는 것이 의미가 없습니다. 물론, PO별로 물품이 국내거래처로 판매된다면 PO# 및 관리번호를 표기해도 되겠습니다.

▲ 수입자는 국내거래처와 월말에 마감업무를 할 때 본 '출고' 시트를 활용해서 마감업무까지 할 수 있습니다(참고 180쪽).

▲ '출고' 시트에서도 '정렬' 및 '틀 고정' 기능을 활용했음을 알 수 있습니다.

1) 재고관리대장에서 사용된 엑셀 수식 - '재고관리' 시트

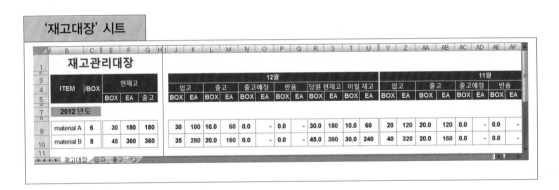

=SUMPRODUCT((입고!$G$7:$G$36=$B9)*(YEAR(입고!$E$7:$E$36)=$B$7)*(MONTH(입고!$E$7:$E$36)=J$3)*(입고!$D$7:$D$36="완료")*입고!$I$7:$I$36)

* J9, K9가 속한 J열, K열은 각각 입고되는 수량(BOX, EA)의 합계가 기록되는 곳으로서, 입고 내역을 정리한 '입고' 시트의 내용을 수식에 의해서 자동으로 불러옵니다.

 설명1

(입고!$G$7:$G$36=$B9)

'입고' 시트의 G7에서 G36 부분에서 '재고대장' 시트의 B9에 있는 내용을 찾는데, B9는 'material A'입니다(주의!: 찾고자 하는 'material A'는 단어 하나, 그리고 띄어쓰기 하나도 모두 동일해야 오류가 일어나지 않음. 이러한 원리는 기타의 수식 원리에서도 적용됨).

설명2

(YEAR(입고!$E$7:$E$36)=$B$7)

'입고' 시트의 E7에서 E36 부분에서 '재고대장' 시트의 B7에 있는 내용을 찾는데, B7은 '2012'입니다. 여기서 제시한 '재고대장' 시트의 B7에는 '2012년도'가 있는 것으로 보이지만 실제로 사용자가 입력한 것은 '2012'만 입력 했습니다(관련 참고 194 쪽). 다시 말해서 '입고' 시트의 E7에서 E36 부분은 년도/월/일의 순서로 입고일이 기록되어 있으며, 여기서 YEAR 부분을 찾는데, '재고대장' 시트의 B7에 입력된 '2012년도'를 찾으라는 것입니다.

설명3

(MONTH(입고!$E$7:$E$36)=J$3)

'입고' 시트의 E7에서 E36 부분에서 '재고대장' 시트의 J3에 있는 내용을 찾는데, J3은 '12'입니다. 즉, '입고' 시트의 E7에서 E36 부분의 년도/월/일 순에서 MONTH를 찾는데, '재고대장' 시트의 J3에 입력된 '12'월을 찾으라는 것입니다.

(입고!$D$7:$D$36="완료")

'입고' 시트의 D7에서 D36 부분에 '완료'라는 문구가 있는 내용을 찾는 것입니다.
해당 시트에서 완료를 입력하는 이유는 해당 건이 수입자 자신의 창고에 입고가 되
었다는 뜻으로 사용됩니다.

설명5

입고!$I$7:$I$36

'입고' 시트의 I7에서 I36 부분에 있어, 〈설명1〉 ~ 〈설명4〉 까지 만족하는 항목을
추려내어 I7에서 I36 부분의 숫자를 합하라는 뜻입니다. 그 합계가 바로 본 수식을
입력한 '재고대장' 시트의 J9 부분에 표시됩니다.

결론

결론적으로 본 수식은 '입고' 시트의 2012년 12월에 입고 완료된 material A의 입
고 수량을 합하여 '재고대장' 시트의 J9 부분에 자동 입력하라는 뜻의 수식이 되겠
습니다.

재고대장 시트 K9

=SUMPRODUCT((입고!$G$7:$G$36=$B9)*(YEAR(입고!$E$7:$E$36)=$B$7)*(MONTH(입
고!$E$7:$E$36)=J$3)*(입고!$D$7:$D$36="완료")*입고!$J$7:$J$36)

설명1

(입고!$G$7:$G$36=$B9)

J9 의 내용과 동일

설명2

(YEAR(입고!$E$7:$E$36)=$B$7)

J9 의 내용과 동일

설명3

(MONTH(입고!$E$7:$E$36)=J$3)

J9 의 내용과 동일

설명4

(입고!$D$7:$D$36="완료")

J9 의 내용과 동일

설명5

입고!$J$7:$J$36

'입고' 시트의 J7에서 J36 부분에 있어, 설명1 ~ 설명4 까지 만족하는 항목을 추려내어 J7에서 J36 부분의 숫자를 합하라는 뜻입니다. 그 합계가 바로 본 수식을 입력한 '재고대장' 시트의 J9 부분에 표시됩니다.

결론

'재고대장' 시트의 K9에는 SUMPRODUCT를 사용하지 않고 material A가 1 Box에 6개의 제품이 들어가니('재고대장' 시트 material A 부분에서 확인 가능. 위치 C9), J9에 SUMPRODUCT 수식을 사용해서 정보를 불러온 후 '재고대장' 시트 C9와 자동으로 곱하기가 될 수 있도록 설정을 할 수도 있습니다. 이때 K9에 '=J9*C9'를 표시하면 J9의 내용과 C9의 내용을 곱하라는 뜻이 됩니다.t

재고대장 시트 L9

=M9/$C9

---

* M9가 속한 M열은 출고되는 수량(EA)의 합계가 기록되는 곳으로서, 출고 내역을 정리한 '출고' 시트의 EA 부분인 I열의 내용을 수식을 적용하여 불러옵니다. 그러면 '재고대장' 시트의 M9가 속한 M열을 바탕으로 L9가 속한 L열은 '(=M9/$C9)'와 같은 수식에 의해서 BOX 수량을 계산합니다.

 설명

제시한 '재고관리대장'은 수입자의 입장에서 만든 것으로서, 수입자는 수출자에게 오더를 하는 경우 통상 박스(BOX) 단위로 오더를 합니다. 하지만, 수입자의 국내 거래처가 해당 물품을 구입할 때는 박스 단위로 구입할 수도 있겠지만, 소량으로 구매할 수도 있습니다. 따라서 '출고' 시트에 출고 내역을 정리할 때 박스(BOX, '출고' 시트의 H열) 단위가 아닌 소량(EA '출고' 시트의 I열) 단위로 출고되는 경우 '출고' 시트의 H열은 비워두고, I열에만 출고 수량을 적습니다. 따라서 이러한 경우, '재고대장' 시트의 L열 부분은 '출고' 시트에서 직접 정보를 가지고 오면 오류가 발생할 수 있기 때문에 L열은 M열의 정보를 바탕으로 출고 박스 수량을 계산하는 수식(=M9/$C9)를 적용하는 것이 좋습니다. 그러기 위해서 M열은 SUMPRODUCT 수식을 적용하여 '출고' 시트 부분의 EA 정보가 표기되는 I열 정보를 불러와야 할 것입니다.

또한, 이렇게 박스 단위가 아닌 소량으로 출고가 되는 경우 '재고관리' 시트의 출고 박스가 계산되는 L열과 E열은 정확한 박스 수량이 아닌 소수점으로 표기될 수도 있습니다. 물론, EA 정보가 표시되면 M열과 F열은 정확한 수량이 표기됩니다.

재고대장 시트 M9

=SUMPRODUCT((출고!$E$7:$E$39=$B9)*(YEAR(출고!$D$7:$D$39)=$B$7)*(MONTH(출고!$D$7:$D$39)=J$3)*(출고!$B$7:$B$39="출고")*(출고!$C$7:$C$39="완료")*출고!$I$7:$I$39)

 설명

L9에 적용된 수식은 J9, K9에 적용된 수식과 비슷하니 해당 부분을 참고하면 쉽게 이해할 수 있습니다.

=O9/$C9

>
>
> '재고대장' 시트 L9 부분에 대한 설명을 참고해주세요.

재고대장 시트 O9

=SUMPRODUCT((출고!$E$7:$E$39=$B9)*(YEAR(출고!$D$7:$D$39)=$B$7)*(MONTH(출고!$D$7:$D$39)=J$3)*(출고!$B$7:$B$39="출고")*(출고!$C$7:$C$39="예정")*출고!$I$7:$I$39)

> * 아래 설명을 제외한 다른 부분의 설명은 J9 부분에 대한 설명을 참고해주세요.
>
>
>
> (출고!$C$7:$C$39="예정")
>
> '출고' 시트의 C7에서 C36 부분에 '예정'이라는 문구가 있는 행의 수량을 찾으라는 수식입니다. 해당 시트에서 예정을 입력하는 이유는 수입자가 자신의 국내 거래처에 주문을 받은 상태이지만, 아직 출고가 '완료'되지 않은 상태에서 '예정'이라고 해당 부분에 표기를 해주는 것입니다. 이렇게 '예정'이라는 것을 활용한다면 하루의 출고 시점에 '출고' 시트에서 정렬 기능을 이용하여 출고 날짜와 '예정' 부분을 추출해 내서 해당 일자에 출고되는 물품만을 한눈에 확인 및 인쇄를 할 수 있습니다(참고 179 쪽).
>
> 결론적으로 '재고대장' 시트의 O9가 속한 O열은 해당 수식에 의해서 '출고' 시트의 출고 '예정' 물품만을 골라서 자동으로 합계가 표기됩니다.

재고대장 시트 P9

=Q9/$C9

>
>
> '재고대장' 시트 L9 부분에 대한 설명을 참고해주세요.

재고대장 시트 Q9

=SUMPRODUCT((출고!$E$7:$E$39=$B9)*(YEAR(출고!$D$7:$D$39)=$B$7)*(MONTH(출고!$D$7:$D$39)=J$3)*(출고!$B$7:$B$39="반품")*(출고!$C$7:$C$39="완료")*출고!$I$7:$I$39)

* 아래 설명을 제외한 다른 부분의 설명은 J9 부분에 대한 설명을 참고해주세요.

(출고!$B$7:$B$39="반품")

'출고' 시트의 B7에서 B36 부분에 '반품'이라는 문구가 있는 행의 수량을 찾으라는 수식입니다. 해당 시트에서 반품을 입력하는 이유는 수입자가 자신의 국내 거래처로 물품을 출고했지만, 불량 혹은 기타의 이유로 반품되는 경우가 있습니다. 그러한 경우 처음에 '출고' 시트에 해당 부분은 '출고'로 표기를 하고 반품이 완료되면 다시 '반품'으로 변경합니다. 그러면 '재고대장'에서 '출고'로 표기된 해당 수량이 '반품'으로 변경하는 순간 '반품' 부분에 표기가 되고 '현재고' 부분은 자동으로 계산되어 현재고를 표기합니다.

재고대장 시트 R9

=S9/$C9

'재고대장' 시트 L9 부분에 대한 설명을 참고해주세요.

재고대장 시트 S9

=U9+K9-M9+W9+Q9

현재고 EA 부분으로서 해당 월(12월)의 이월재고 EA(U9)에 입고 EA(K9)를 더하고, 출고가 발생한 경우 출고 EA(M9)를 마이너스 합니다. 만약에 반품 재고가 발생한다면 다시 반품 EA(Q9)를 마이너스해서 해당 월의 최종 현재고 EA를 수식에 의해서 자동으로 계산됩니다.

=AG9

 설명

    T9는 12월의 '이월재고'에 대한 BOX 부분입니다. 따라서 '=AG9'는 전 달(Last Month) 즉 11월에 대한 현재고 BOX 부분의 내용을 그대로 표시합니다.

재고대장 시트 U9

=AH9

 설명

    U9는 12월의 '이월재고'에 대한 EA 부분입니다. 따라서 '=AH9'는 전 달(Last Month) 즉 11월에 대한 현재고 EA 부분의 내용을 그대로 표시합니다.

2) 재고관리대장에서 사용된 엑셀 수식 - '입고' 시트

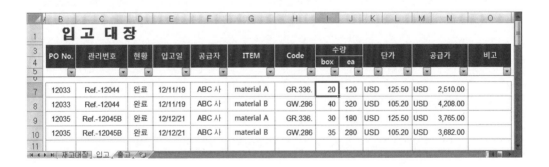

    J7 셀에는 '=I7*6'이라는 수식이 적용되어 있습니다. 이러한 의미는 I7 셀에 6이라는 숫자를 곱하기(×) 한다라는 의미입니다. 만약에 숫자 6을 곱하기(×)는 것이 아니라 나누기(÷)를 원하는 경우, '=I7/6'를 적용하면 됩니다. 더하기는 + 를 사용하며, 빼기는 - 를 사용합니다.

3) 재고관리대장에서 사용 된 엑셀 수식 - '출고' 시트

M7 셀에 적용된 수식은 합계에 대한 수식입니다. '=SUM(K7:L7)'은 K7에서 L7 범위 내에 있는 모든 숫자를 합하라는 뜻이 되겠습니다. K7에서 L7의 범위 내에 있는 숫자는 4,900,000원 (K7)과 490,000원(L7)이니 합계가 5,390,000원이 되겠습니다. 만약 '=SUM(K7:L8)'이라고 한다면, K7, L7, K8, L8을 모두 합한 값이 될 것입니다. 물론, '=SUM(K7:L7)' 이렇게 적용하지 않고 '=K7+J7'이라고 적용하더라도, 그리고 '=SUM(K7:L8)'이 아니라 '=K7+L7+K8+L8'로 적용 하더라도 결과 값은 동일하겠습니다. 다시 말해서 'K7:L7'은 그 범위 내의 값을 지정하는 것이며, 'K7, L7'은 해당 셀만 지정하는 것입니다.

구분	구분	출고일	ITEM	Code	거래처	box	ea	단가	공급가 (₩)	세액 (₩)	총액 (₩)	비고
출고	완료	11/25	material A	GR.336.	A 사	20	120	245,000	4,900,000	490,000	5,390,000	
출고	완료	11/25	material B	GW.286	A 사	20	160	195,000	3,900,000	390,000	4,290,000	
출고	완료	12/11	material A	GR.336.	A 사	5	30	245,000	1,225,000	122,500	1,347,500	
출고	완료	12/11	material B	GW.286	A 사	10	80	195,000	1,950,000	195,000	2,145,000	
출고	완료	12/12	material A	GR.336.	B 사	5	30	268,000	1,340,000	134,000	1,474,000	
출고	완료	12/22	material B	GW.286	A 사	10	80	195,000	1,950,000	195,000	2,145,000	

4) '입고' 및 '출고' 시트에 적용된 목록

A. 입고 시트에 적용된 목록 기능

수입자는 수입 물품이 수입지의 항구/공항에 입항되는 시점을 전후하여 '입고' 시트에 내역을 정리할 것이며 입고 현황에 대해서는 '예정'으로 지정해둡니다. 그리고 해당 건이 수입신고 수리된 이후에 자신의 창고에 입고가 완료되면 그때 비로소 해당 건의 입고 현황은 '완료'로 변경합니다. 이렇게 입고 완료된 건에 대해서 '입고' 시트에 '완료'로 설정하면 해당 건의 물품에 대해서 자동으로 '재고대장'의 입고 부분에 입고 수량은 플러스 됩니다.

	B	C	D	E	F	G	H	I	J	K	L	M	N	O
D9				완료										

입고 대장

PO No.	관리번호	현황	입고일	공급자	ITEM	Code	수량 box	수량 ea	단가		공급가		비고
12033	Ref.-12044	완료	12/11/19	ABC 사	material A	GR.336.	20	120	USD	125.50	USD	2,510.00	
12033	Ref.-12044	완료	12/11/19	ABC 사	material B	GW.286	40	320	USD	105.20	USD	4,208.00	
12035	Ref.-12045B	완료	2/12/21	ABC 사	material A	GR.336.	30	180	USD	125.50	USD	3,765.00	
12035	Ref.-12 완료 예정		2/12/21	ABC 사	material B	GW.286	35	280	USD	105.20	USD	3,682.00	

재고대장 / 입고 / 출고

B. 출고시트에 적용된 목록 기능

'출고' 시트에서의 C 열 부분의 목록은 '입고' 시트에서 설명한 입고 '완료' 혹은 '예정'에 대한 내용과 비슷합니다. 예를 들어, 9행 부분에 기록한 material A에 대해서 A사로 5박스를 12월 11일에 출고할 것인데 현재는 12월 5일이라고 가정합니다. 오더를 A사로부터 받았지만, 회사 창고에서 아직 출고는 되지 않았기 때문에 여전히 material A 5박스에 대한 수량은 창고에 보관되어 있습니다. 따라서 C 열 부분 '구분'에 '예정'을 선택합니다. 그러면 '재고대장' 시트에서 '출고예정' 부분에 해당 내용이 자동으로 표기됩니다. 이러한 설정을 오더를 받을 때마다 미리미리 해두면, 출고자는 매일매일 C 열에서 '예정'으로 표기된 내역만 필터 기능을 활용하여 필터링 할 수 있을 것이고, 오늘 출고를 해야 할 내용을 쉽게 파악하여 출고 할 수 있습니다(필요에 의해서 '출고일' 부분에서 오늘 날짜 역시 필터링 할 필요가 있을 수도 있음). 그리고 실제로 회사 창고에서 해당 건의 물품은 출고될 것이며, 그 이후에 C 열 부분에서 '예정'을 '완료'로 변경합니다. 그 결과 '재고대장'의 '출고예정'의 수량은 '출고' 부분에 반영 됩니다.

출고 대장

구분	구분	출고일	ITEM	Code	거래처	수량 box	수량 ea	단가	공급가 (₩)	세액 (₩)	총액 (₩)	비고
출고	완료	11/25	material A	GR.336.	A 사	20	120	245,000	4,900,000	490,000	5,390,000	
출고	완료	11/25	material B	GW.286	A 사	20	160	195,000	3,900,000	390,000	4,290,000	
출고	완료	12/11	material A	GR.336.	A 사	5	30	245,000	1,225,000	122,500	1,347,500	
출고	완료 예정	12/11	material B	GW.286	A 사	10	80	195,000	1,950,000	195,000	2,145,000	
출고	완료	12/12	material A	GR.336.	B 사	5	30	268,000	1,340,000	134,000	1,474,000	
출고	완료	12/22	material B	GW.286	A 사	10	80	195,000	1,950,000	195,000	2,145,000	

재고대장 / 입고 / 출고

7. 재고관리대장을 이용한 월 마감 업무

본 내용은 수입자가 수입 완료 한 물품을 자신의 국내 거래처에 판매하고 세금계산서 발행을 위한 월 마감 업무에 대한 내용입니다. 수출자 입장의 경우 '출고' 시트는 외국의 수입자에게 수출하는 건에 대한 정리 부분으로서 외화로 표기될 것입니다. 그렇다면 수출자는 이를 이용해서 특정 수입자에게 특정 월에 혹은 특정 연도에 얼마의 금액을 수출했는지를 집계해 낼 수 있습니다. 즉, 수입자 입장에서는 '출고' 시트가 국내 거래처에 판매하는 내용을 정리하는 곳이니 출고 가격이 원화로 표기되어 월 마감 업무를 할 때 사용할 수 있고, 수출자 입장에서 정리된다면 외국의 수입자에게 수출하는 수출 가격이 표기될 것이니 특정 수출자에게 어떠한 물품을 얼마나 수출 완료했는지 통계를 잡기 위한 기초 자료로 활용할 수 있습니다.

재고관리대장 '출고' 시트

출 고 대 장

구분	구분	출고일	ITEM	Code	거래처	수량 box	수량 ea	단가	공급가 (₩)	세액 (₩)	총액 (₩)	비고
출고	완료	11/25	material A	GR.336.	A 사	20	120	245,000	4,900,000	490,000	5,390,000	
출고	완료	11/25	material B	GW.286	A 사	20	160	195,000	3,900,000	390,000	4,290,000	
출고	완료	12/11	material A	GR.336.	A 사	5	30	245,000	1,225,000	122,500	1,347,500	
출고	완료	12/11	material B	GW.286	A 사	10	80	195,000	1,950,000	195,000	2,145,000	
출고	완료	12/12	material A	GR.336.	B 사	5	30	268,000	1,340,000	134,000	1,474,000	
출고	완료	12/22	material B	GW.286	A 사	10	80	195,000	1,950,000	195,000	2,145,000	

재고대장 / 입고 / 출고 / 인고

수입자는 1월부터 12월까지 출고한 내역을 본 대장에 정리합니다. 그리고 예를 들어, 12월에 12월 마감 업무를 A사와 한다는 가정하에 다음 절차를 설명합니다.

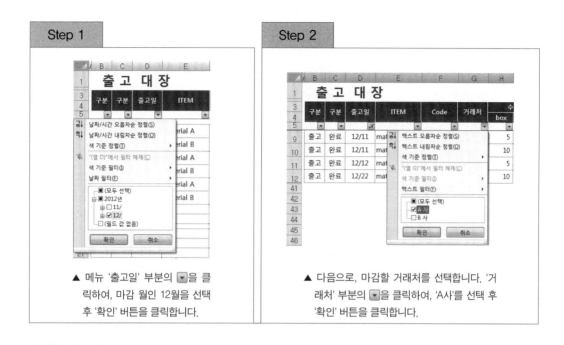

Step 1

▲ 메뉴 '출고일' 부분의 ▼을 클릭하여, 마감 월인 12월을 선택 후 '확인' 버튼을 클릭합니다.

Step 2

▲ 다음으로, 마감할 거래처를 선택합니다. '거래처' 부분의 ▼을 클릭하여, 'A사'를 선택 후 '확인' 버튼을 클릭합니다.

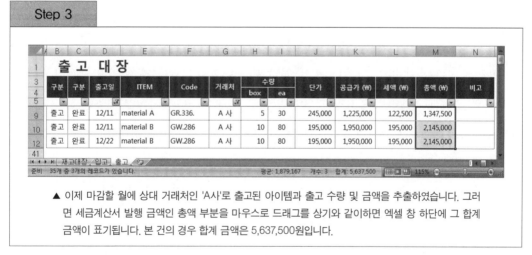

Step 3

▲ 이제 마감할 월에 상대 거래처인 'A사'로 출고된 아이템과 출고 수량 및 금액을 추출하였습니다. 그러면 세금계산서 발행 금액인 총액 부분을 마우스로 드래그를 상기와 같이하면 엑셀 창 하단에 그 합계 금액이 표기됩니다. 본 건의 경우 합계 금액은 5,637,500원입니다.

출고 내역이 정리된 본 대장을 이용하면, 이렇게 마감 업무를 할 수 있을 뿐만 아니라 각 거래처로 출고된 수량 및 판매액 등의 추이를 엑셀의 그래프 기능을 활용하여 회사 보고서로 작성의 기초 자료로도 사용할 수 있습니다.

8. 샘플 관리대장

1) 샘플 관리대장의 필요성

수입자는 수출자에게 정식 오더 전 제품의 품질, 디자인, 그리고 마케팅 목적 등으로 소량의 샘플을 요구하며, 수출자는 수입자의 요구에 따라서 샘플을 유상 혹은 무상으로 하여 일반적으로 특송Courier Service 업체를 통하여 발송합니다.

수출자 입장에서는 해당 건의 샘플을 유상으로 발송했든 무상으로 발송했든 수입자가 샘플을 요구하는 이유가 있을 것이며, 발송 후 수입자의 샘플 요구에 따른 결과를 알고 싶어합니다. 물론, 수출자의 이러한 결과 통지 요구 전에 수입자가 샘플 확인 결과에 대해서 보고서 양식으로 수출자에게 지체없이 통지하는 것이 적절하겠습니다.

예를 들어, 수입자가 수출자에게 거래 진행 예정에 있는 물품의 성능 테스트를 위해서 샘플 요구했다면, 당연히 수출자는 테스트 결과에 대해서 통지를 받고 싶어 하고 그에 따른 개선을 하여 수입자에게 공급하고 싶어 할 것입니다. 이것이 수입자가 자신의 샘플 요구에 대해서 응해 준 수출자에 대한 예의며, 수입자가 샘플에 대한 관리를 철저히 하고 있음을 대외적으로 알리면서 수출자로 하여금 신뢰를 얻을 수 있는 중요한 행위라 할 수 있습니다.

따라서 수입자는 자신이 수출자에게 받은 샘플의 사용 목적과 결과, 그리고 샘플의 입·출고를 기록한 샘플 관리대장이 필요할 것이며, 반대로 수출자는 수입자에게 제공한 샘플에 대한 목적과 수입자로부터의 결과 통지에 대해서 어떠한 조치를 취했음을 정리하고 입·출고된 내역을 기록한 샘플 관리대장이 필요할 것입니다.

만약 수출자는 이러한 대장이 있어서 어떤 수입자에게 어떤 샘플이 언제 출고되었는지에 대한 내역을 알고 있는데 수입자가 샘플 관리대장이 없는 경우, 수입자는 언제 특정 샘플을 특정 수출자에게 받았고 그중에 일부를 국내거래처로 전달해서 현재 재고 창고에 몇 개가 남아 있는지조차 몰라서 재고가 있음에도 동일 샘플을 수출자에게 반복적으로 요구하기도 합니다. 수출자 입장에서 이러한 수입자에게 자신의 물품을 계속 공급해야 할 것인지에 대한 고민을 심각하게 해봐야 하는 상황이 되겠습니다.

2) 샘플 관리대장의 구성 및 설명

샘플 관리대장은 '재고관리대장'처럼 하나의 엑셀 파일에 샘플 내역과 월별 입·출고 내역을 한눈에 볼 수 있는 '샘플대장' 시트와, '입고' 시트, 그리고 '출고' 시트로 나누어져 있으며 각각 수식으로 연결되어 있습니다.

*다음의 내용은 수입자 입장에서 정리한 샘플 관리대장입니다.

'샘플대장' 시트로서 '입고', '출고' 시트의 정보를 수식에 의해서 자동으로 불러와서 사용자로 하여금 한눈에 회사별 샘플에 대한 월별 입·출고 내역과 현재고를 볼 수 있도록 하고 있습니다. 본 시트에서는 '틀 고정' 기능을 사용하여 우측으로 이동하게 되면 7월, 8월, 9월, 10월, 11월, 12월에 대한 내역도 함께 볼 수 있습니다.

샘플 관리번호	공급자	품명	입고일	단위	수량	Ship.	B/L No.	비고
SA-12001	Kaston	Ultra Liquid Soap 500ml	1/5	ea	3	DHL	320 697 288	헤리유통으로 샘플 제공
SA-12001	Kaston	Soap Wash 800ml	1/5	ea	2	DHL	320 697 288	헤리유통으로 샘플 제공
SA-12001	Kaston	Powder Soap	1/5	ea	3	DHL	320 697 288	헤리유통으로 샘플 제공
SA-12002	James Int'l	Baby Carrier	2/20	ea	5	TNT	120 888 757	아기사랑으로 샘플 제공
SA-12002	James Int'l	Warmer	2/20	ea	5	TNT	120 888 757	아기사랑으로 샘플 제공

'입고' 시트로서 공급자(수출자)로부터 제공받은 샘플에 대한 입고일, 입고 수량, 특송 Tracking No.(B/L No.로 표기), 그리고 샘플 요청 목적을 비고란에 명시하고 있습니다.

또한 '샘플 관리번호'가 있는데, 수출자에게 샘플 요청 목적에 따라 샘플을 받아서 어떠한 목적으로 사용하였고, 그 결과에 대해서 차후에 수입자는 보고서처럼 정리하여 수출자에게 통지를 합니다. 그러한 일체의 내용을 바인더에 체계적으로 정리하기 위해서 '샘플 관리번호'를 지정하였습니다. 188쪽에서 설명하고 있듯이 3구로 된 바인더에 샘플 관리번호 순서로 관련 서류를 보관하여 활용하면 되겠습니다.

공급자	출고처	품명	날짜	단위	수량	출고 이유	출고 결과	비고
Kaston	해리유통	Ultra Liquid Soap 500ml	1/7	ea	2	제품 성능 테스트	디자인 개선 요구	택배 : 1147288-123237
Kaston	해리유통	Soap Wash 800ml	1/7	ea	1	제품 성능 테스트	250ml 요구	택배 : 1147288-123237
Kaston	해리유통	Powder Soap	1/7	ea	2	제품 성능 테스트	OK	택배 : 1147288-123237
James Int'l	아기사랑	Baby Carrier	2/21	ea	3	새 제품 소개	제품에 한글 표기 요구	이사님 직접 출고
James Int'l	아기사랑	Warmer	2/21	ea	3	새 제품 소개	OK	이사님 직접 출고

'출고' 시트로서 수출자에게 제공받은 샘플이 국내 어떤 업체로 몇 개의 수량이 언제 어떠한 이유로 제공되었으며 그 결과에 대해서도 간략하게 정리하고 있습니다. 또한, 비고란에는 어떻게 출고가 되었는지에 대해서도 기록하고 있습니다.

9. 실재고와 전산재고 일치를 위한 '재고 창고 배치도' 활용

무역 관리자는 일반적으로 전산재고를 엑셀 등을 이용해서 전산 관리를 합니다. 그리고 월말에 재고가 보관된 창고로 가서 실재고와 전산재고를 확인하는 작업을 한 이후 일치하지 않는 재고 수량에 대해서는 그에 따른 조치를 취합니다.

문제는 전산재고를 관리하는 관리자와 실재고가 창고에서 입고되거나 출고될 때 그러한 업무를 담당하는 직원은 다르다는 것입니다. 특히 전산 관리자는 전산재고와 실재고가 정확히 일치하도록 항상 신경을 쓰지만, 창고에서 근무하는 직원은 일반적으로 관리에 대한 개념이 크게 없는 것이 현실입니다.

그래서 전산재고 관리자가 확인하기에 'S/P A'라는 제품이 전산상에는 10 CTNs이 있어서 국내거래처 A로 8 CTNs 출고 지시를 했는데 창고 직원이 7 CTNs이 전부라고 하는 경우가 종종 발생합니다. 나중에 확인해보면 'S/P A'라는 제품은 창고 한쪽 구석에 보관되어 있는 경우를 확인하곤 합니다. 또한, 이러한 식으로 전산재고와 실재고 관리가 연결되어 있지 않는 경우 전산재고 관리자가 월말에 재고 조사를 하려면 창고를 몇 바퀴 돌면서 구석구석 숨어 있는 재고를 확인해야 하는 수고를 할 것이고 시간도 상당히 소비하게 됩니다.

따라서 전산재고 관리자는 재고 창고 배치도를 만들어서 물품마다 보관 위치를 지정하는 것이 중요합니다. 그래서 예를 들어, 'S/P A'라는 제품이 입고되면, 'A Group'의 '1'번 위치에 보관할 수 있도록 입고증(참고 272쪽)을 만들어 창고 직원에게 요청하고, 동일 제품을 특정 거래처로 출고를 해야 하는 경우 해당 위치에서 몇 개를 어디로 출고하라고 출고증(참고 272쪽)을 만들어 출고 지시를 관리자는 창고 직원에게 요청하면 서로가 편하게 업무를 할 수 있을 것입니다. 특히, 가장 중요한 전산재고와 실재고 간에 발생할 수 있는 차이는 크게 줄 일 수 있겠으며, 월말에 재고조사 할 때도 재고 창고를 한 바퀴만 돌면 업무를 끝낼 수 있는 상황을 겪을 수 있겠습니다.

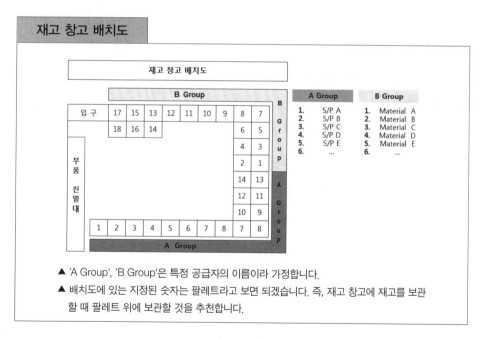

▲ 'A Group', 'B Group'은 특정 공급자의 이름이라 가정합니다.
▲ 배치도에 있는 지정된 숫자는 팔레트라고 보면 되겠습니다. 즉, 재고 창고에 재고를 보관할 때 팔레트 위에 보관할 것을 추천합니다.

Ⅲ. 선적서류 관리를 위한 파일링 방법

1. 오더 관리 대장 파일철 - 선적서류 파일링 방법

147쪽에서 '관리번호' 지정 방법 및 그 활용에 대한 중요성을 언급하였습니다. 본 장에서는 선적 순서와 같이 지정된 관리번호를 기초로 하여 해당 건의 모든 선적서류를 '오더 관리 파일철'에 체계적으로 파일링 하는 방법에 대해서 알아보겠습니다.

1) 선적서류 파일링 대장으로 부적합한 '정부화일'

'정부화일'은 상단 부분에 2개의 구멍이 있고, 서류를 펀치로 뚫어서 하나씩 파일링 합니다. 이렇게 정리하면 처음 파일링 한 서류는 아래로 가고 최근 서류는 위에 위치하게 되는데, 중간 부분에 특정 서류를 추가해야 할 필요성이 있을 때 상단 부분의 서류를 모두 드러내고 다시 파일링 해야 합니다. 이러한 일들은 상당히 빈번하게 진행되어서 서류의 펀치로 구멍 뚫은 부분이 너덜너덜해져서 일부 서류가 찢어지는가 하면, 서류가 처음에는 반듯하게 정리되었다 한들 시간이 갈수록 삐뚤어져서 상당히 지저분한 파일이 되곤 합니다.

따라서 '정부화일'은 계속해서 '서류를 찾고, 추가해야 하는 용도의 파일링 대장으로는 부적합합니다. '정부화일'의 용도는 특정 건의 모든 서류를 한 번에 파일링 하여 보관하는 경우의 용도로 적합하겠습니다. 예를 들어, 'PO#11285 Claim 건'이라는 제목으로 PO#11285 건에 대해서 클레임 시작에서부터 끝이 날 때 동안의 관련 서류를 보관해두는 하나의 건에 대해서 활용하는 것이 좋습니다. 혹은 외국 거래처의 기계를 코엑스에서 전시회를 하기 위해서 수입하는데, 전시회 도중 판매가 되지 않을 것을 대비해서 '재수출조건'으로 수입신고를 하는 경우 일반적으로 세액에 대해서 담보를 제공하고 수출이행기간 이내에 재수출해야 합니다. 그렇다면 이와 관련된 서류를 따로 정리해둘 필요가 있습니다. 이러한 건에 대해서 '2012년 코엑스 ABC사 전시회건'이라는 제목으로 '정부화일'을 이용해서 관련 서류를 정리하는데 적합하겠습니다.

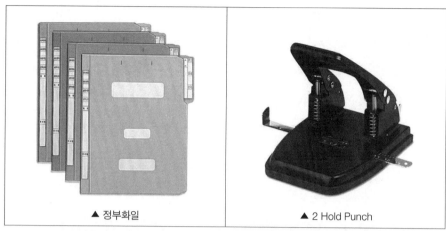

▲ 정부화일   ▲ 2 Hold Punch

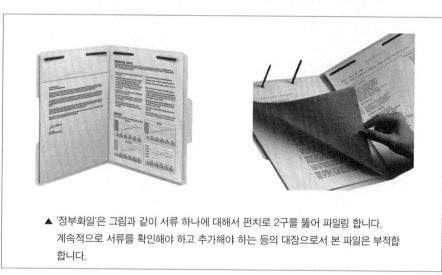

▲ '정부화일'은 그림과 같이 서류 하나에 대해서 펀치로 2구를 뚫어 파일링 합니다.
　계속적으로 서류를 확인해야 하고 추가해야 하는 등의 대장으로서 본 파일은 부적합
　합니다.

2) 선적서류 파일링 대장으로 적합한 '3공 링바인더'

'3공 링바인더'와 비닐 속지를 함께 구매합니다. 그리고 지정된 관리번호의 건에 대한 모든 선적서류와 결제 및 통관 관련 서류를 하나의 비닐 속지 안에 모두 넣어서 보관합니다. 이때 관련 서류만 넣으면 하나의 비닐 속지가 어떤 건인지 알지 못하니 하나의 비닐 속지에 커버지를 만들어 제일 첫 장으로 활용합니다. 그러면 여러 개의 비닐 속지가 있다 하더라도 보이는 것은 커버지이고 커버지를 보면 해당 건의 관리번호가 어떻게 되는지 알 수 있으며, 비닐 속지는 관리번호의 순서대로 파일링 되어 있으니 '관리번호'만 알면 해당 건의 모든 선적서류를 찾는 것은 문제가 되지 않습니다.

▲ 3공 링바인더 외관

▲ 3공 링바인더 외관 내부

▲ 비닐 속지를 추가하고 관리번호 한 건 당 커버를 만들어 관리번호 순서대로 정리

▲ 비닐 속지 안에 지정된 하나의 관리번호 건의 모든 선적서류를 보관

A. 비닐 속지에 첫 장은 커버지로 시작

하나의 관리번호 건에 대한 비닐 속지에서의 첫 장은 일정한 양식을 만들어서 첫 장으로 사용함으로써 다른 관리번호의 비닐 속지와의 구분을 쉽게 할 수 있습니다.

ORDER 관리대장

관리번호		P.O. NO.	

공급처		TOTAL AMOUNT	
도착일		통관일	

품 명	수 량	비 고

□ 비닐 속지의 첫 장, 즉 커버지 양식의 예

B. 분할선적 건의 비닐 속지 정리

147쪽에서 설명한 내용을 근거로 오더 관리대장의 파일링 방법을 설명하겠습니다.

Ref#12001은 대장의 첫 번째 비닐 속지가 되며, 그다음으로 Ref#12002A, Ref#112003A의 순서로 정리됩니다. 그다음에 Ref#112003A와 동일한 오더 건에 대해서 두 번째 적재 건이 들어 왔으니 Ref#112003B의 서류들이 다음 비닐 속지에 보관됩니다. 다음으로, Ref#12002A 와 동일한 오더 건에 대한 두 번째 적재 건이 들어오는데 본 건은 Ref#12003B 다음에 보관되는 것이 아니라 Ref#12002A 바로 뒤에 보관됩니다. 따라서 바인더의 링을 개방하여 Ref#12002A와 Ref#12003A 사이에 또 다른 비닐 속지를 넣어서 Ref#12002B에 대한 내용을 추가합니다.

즉, 하나의 오더 건에 대해서 관리번호는 동일하며 분할 선적된 경우 A, B, C, ……를 붙여서 표기하는데 이들은 하나의 오더 건으로서 선적 순서는 상이하지만, 연이어 보관될 수 있도록 파일링합니다. 이렇게 하지 않고 선적 순서대로 파일링 한다면 관리번호로 본 대장에서 서류를 찾기가 다소 어려워질 것입니다.

Purchase Order List

Ref No.	PO No.	DAT	SUP.	ITEM	CODE	Q'TY			U. PRI.	AMT	SHIP.	E.T.D.	E.T.A.	수리일	P. TERM		L/C NO. No.	B/L NO.
Ref-12003A	12001	9/9	A사	A	126.815	20 box	480 ea	US$150	US$3,000		SEA	10/15	11/14	11/16	FOB	L/C U	M04D2909NU0	122123BUS
Ref-12003A	12001	9/9	A사	B	126.125	20 box	480 ea	US$180	US$3,600		SEA	10/15	11/14	11/16	FOB	L/C U	M04D2909NU0	122123BUS
Ref-12003B	12001	9/9	A사	C	126.816	30 box	720 ea	US$200	US$6,000		SEA	11/5	12/5	12/6	FOB	L/C U	M04D2909NU0	322124ABC
Ref-12003C	12001	9/9	A사	C	126.816	8 box	192 ea	US$200	US$1,600		AIR	11/13	11/13	11/14	FCA	L/C U	M04D2909NU0	KDS13014
Ref-12001	12002	9/18	B사	A	D-130	5 box	5,000 m	¥25,000	¥125,000		AIR	10/1	10/2	10/3	FCA	T/T A		KDS2001754
Ref-12001	12002	9/18	B사	B	D-130	3 box	3,000 m	¥36,000	¥108,000		AIR	10/1	10/2	10/3	FCA	T/T A		KDS2001754
Ref-12002A	12003	10/8	B사	A	D-8M6	50 box	50,000 m	¥25,000	¥1,250,000		SEA	10/11	10/15	10/20	CIF	L/C U	M04D2910NU0	KDS20013
Ref-12002A	12003	10/8	B사	B	D-8M8	35 box	35,000 m	¥45,000	¥1,575,000		SEA	10/11	10/15	10/20	CIF	L/C U	M04D2910NU0	KDS20013
Ref-12002B	12003	10/8	B사	B	D-8M8	60 box	60,000 m	¥45,000	¥2,700,000		SEA	11/6	11/10	11/13	CIF	L/C U	M04D2910NU0	KDS33455
Ref-12005	12004	11/17	C사	AA	158ACC	25 pcs		€ 350	€ 8,750		AIR	11/28	11/29	11/29	DDP	T/T A		1582001
Ref-12004	12005	11/19	A사	A	126.816	5 box	120 ea	US$200	US$1,000		AIR	11/20	11/20	11/21	FCA	T/T A		5867861
Ref-12004	12005	11/19	A사	B	128.125	3 box	72 ea	US$220	US$660		AIR	11/20	11/20	11/21	FCA	T/T A		5867861

Ⅳ. 기본적인 엑셀 기능

1. 절대값 $의 활용

다음 K7 셀에 적용된 수식은 '=H7*J7'입니다. 즉, H7 셀과 J7 셀을 서로 곱하기(×) 하라는 뜻입니다. K7 셀을 클릭하고 복사(Ctrl + C)를 하여 K8 셀에서 붙여넣기(Ctrl + V) 한다면, 열(K)은 변하지 않지만, 행은 7행에서 8행으로 변합니다. 따라서 붙여넣기 한 K8 셀은 '=H8*J8'이 되어 H8(20 boxes)과 J8(195,000원)을 곱한 결과 값으로서 3,900,000원이 표기됩니다. 만약 K7 셀을 복사하여 L7 셀에서 붙여넣기 했다면, L7 셀에는 '=I7*K7' 로 수식이 적용될 것입니다.

여기서 K7 셀을 복사하여 K8로 이동하더라도 행이 7에서 8로 변하지 않도록 설정하려면 '=H7*J7'의 숫자 앞에 절대값 $를 적용합니다. 그리고 L7 셀에 복사를 하더라도 열이 H에서 I로 J에서 K로 변경되지 않게 하려면 열 앞에 절대값 $를 적용합니다. 이렇게 행 혹은 열에 각각 적용할 수도 있고, 행, 그리고 열에 모두 적용할 수 있습니다.

	구분	구분	출고일	ITEM	Code	거래처	수량 box	수량 ea	단가	공급가 (₩)	세액 (₩)	종액 (₩)
7	출고	완료	11/25	material A	GR.336.	A 사	20	120	245,000	4,900,000	490,000	5,390,000
8	출고	완료	11/25	material B	GW.286	A 사	20	160	195,000	3,900,000	390,000	4,290,000
9	출고	완료	12/11	material A	GR.336.	A 사	5	30	245,000	1,225,000	122,500	1,347,500
10	출고	완료	12/11	material B	GW.286	A 사	10	80	195,000	1,950,000	195,000	2,145,000
11	출고	완료	12/12	material A	GR.336.	B 사	5	30	268,000	1,340,000	134,000	1,474,000
12	출고	완료	12/22	material B	GW.286	A 사	10	80	195,000	1,950,000	195,000	2,145,000

2. 필터 기능 활용

필터 기능을 설정하려면, 필터링 하려는 범위를 지정해야 합니다.

B5 셀을 마우스로 클릭하고 지정 범위까지 드래그 하여, 범위를 지정 후 메뉴의 '정렬 및 필터' 버튼 하위 메뉴인 '필터'를 클릭합니다.

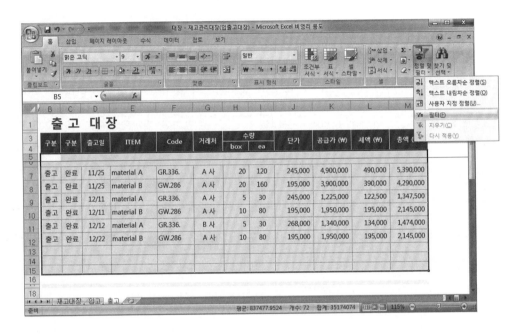

다음은 필터 기능이 설정된 화면으로서 단추 버튼(⏷)을 볼 수 있습니다. 만약 G 열에서 'A 사' 만 필터링 하려면 G열에 있는 단추 버튼을 클릭하여 필터링 하면 해당 부분에는 단추 버튼이 아니라 필터 버튼(⏷)이 나타납니다.

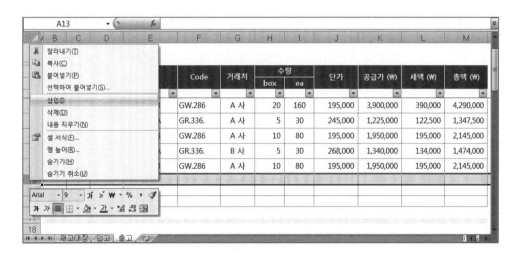

마지막으로 위에서 지정한 필터링 되는 지정 범위인 15행까지 내용이 표기되는 경우, 사용자는 아래와 같이 행 부분에서 마우스 오른쪽 버튼을 클릭 후 원하는 만큼의 행을 삽입할 수 있습니다. 물론, 이러한 행의 삽입은 15행까지 내용이 표기되기 전에 미리미리 해두는 것이 좋겠습니다.

3. 사용자 지정 기능 및 기타 내용

1) 사용자 지정 기능

B7 셀에는 분명히 '2012년도'라고 명시되어 있지만, 실제 B7 셀을 클릭하여 보면 '2012'만 타이핑되어 있다는 사실을 알 수 있습니다. 즉 사용자가 해당 셀에 2012라는 숫자만 입력하면 자동으로 뒤에 '년도'라 단어가 붙도록 설정한 셀이 되겠습니다.

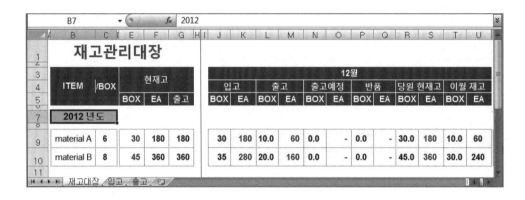

B7 셀을 클릭하고 'Ctrl + 1' 누르면 '셀 서식'이라는 새로운 창이 나타납니다. 여기서 '표시형식' 탭 하단의 '사용자 지정'을 클릭합니다. 우측 부분에 '###0" 년도"'를 볼 수 있습니다. 즉 B7 이라는 셀에 이러한 내용이 설정되어 있기 때문에 숫자만 입력하면 '년도'가 붙는 것입니다. 예를 들어, '년도'가 아니라 'Boxes'를 붙이려면 년도 대신 'Boxes'를 표시하면 되겠습니다.

2) 작은따옴표(')의 기능

엑셀은 문서 작업을 할 때도 사용됩니다. 문서 작업을 하다 보면 예를 들어, '- 관리 방안'이라는 내용을 엑셀의 특정 셀에 입력해야 하는 경우가 있으며, 그렇게 입력하면 '#NAME?'와 같은 오류 메시지를 발견합니다. 이때 '- 관리 방안'이라고만 적는 것이 아니라 '-' 앞에 작은따옴표(')를 넣어서 "'- 관리 방안'이라고 입력 후 엔터 누르면 단순히 '- 관리 방안'이라고만 입력됩니다.

그리고 다음의 K12 셀은 '=H12*J12'라는 수식이 적용되었습니다. 사용자는 이러한 수식을 입력 후 엔터를 누르면 K12 셀처럼 H12와 J12를 곱한 값을 확인할 수 있습니다. 하지만, 적용 수식을 입력 후 엔터를 누르면 해당 수식에 대한 값을 원하는 것이 아니라 엔터를 누르더라도 적용 수식을 그대로 유지할 필요가 있는 경우도 있을 수 있습니다 이러한 경우 역시 작은따옴표를 활용합니다. 즉, '=H12*J12'로 입력 후 엔터를 누르면 아래의 K14 셀처럼 적용 수식을 그대로 볼 수 있습니다.

	K14		f_x	'=H12*J12									
	B	C	D	E	F	G	H	I	J	K	L	M	N
1	**출 고 대 장**												
3	구분	구분	출고일	ITEM	Code	거래처	수량		단가	공급가 (₩)	세액 (₩)	총액 (₩)	비고
4							box	ea					
5													
10	출고	완료	12/11	material B	GW.286	A 사	10	80	195,000	1,950,000	195,000	2,145,000	
11	출고	완료	12/12	material A	GR.336.	B 사	5	30	268,000	1,340,000	134,000	1,474,000	
12	출고	완료	12/22	material B	GW.286	A 사	10	80	195,000	1,950,000	195,000	2,145,000	
13													
14										=H12*J12			
15													

재고대장 입고 출고

3) 'Ctrl + ~' 에 따른 혼란

엑셀 사용자는 자신이 의도한 봐는 아니지만 어떠한 키를 눌렀는데, 다음과 같이 엑셀 화면이 <화면 1>에서 <화면 2>로 갑자기 변하는 경우가 있습니다. 이때 사용자는 자신이 어떠한 키를 눌러서 이러한 상황에 직면했는지 알 수 없기 때문에 당황할 수 있습니다. 이유는 사용자가 'Ctrl + ~' 키를 눌렀기 때문이며, 다시 한 번 눌러주면 원상태로 돌아옵니다.

〈화면 1〉 원상태의 화면

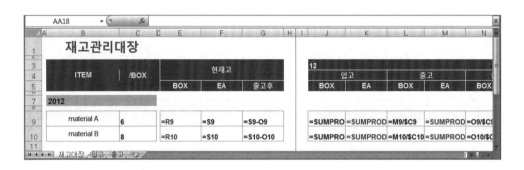

〈화면 2〉 'Ctrl + ~'를 눌렀을 때의 화면

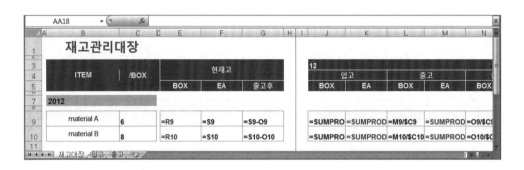

제4장

이메일 관리 및 작성법

I. 이메일에 대한 올바른 개념 및 관리 방법

1. 이메일 작성의 목적은 뜻 전달이다. - Simple is Best

[이메일 작성 및 무역서류 작성에 있어 가장 중요한 말]

Simple is Best!

인보이스, 패킹리스트 등 무역서류를 작성할 때보다 이메일을 작성할 때 항상 기억해야 하는 말이 있습니다. 그것은 바로 'Simple is Best!'입니다.

이메일을 작성하여 상대에게 발송하는 가장 주된 이유는 뜻 전달입니다. 이메일이 긴 문장으로 복잡하게 작성되고, 어려운 문장과 어려운 단어로 구성되어 있으면 수신자가 이해하는 데 어려움을 겪을 수 있습니다. 또한, 이메일 발신자는 시간이 흐른 뒤에 지난 과거의 이메일을 체크해야 하는 경우가 빈번히 발생하는데, 이때 이메일이 복잡하고 어렵게 작성되어 있는 경우 자신이 작성하고도 무슨 뜻인지 알지 못하는 경우도 있습니다.

발신자, 그리고 수신자 모두 업무에 바쁩니다. 이메일은 뜻 전달이 그 가장 큰 목적이기 때문에 한눈에 어떠한 목적으로 발송된 이메일이며, 한눈에 어떠한 내용인지 알 수 있게 작성되어야 합니다. 이것이 수신자에 대한 예의이며, 발신자가 수신자로부터 양질의 답변을 받는 방법입니다. 따라서 이메일은 반드시 Simple 하게 작성하는 것이 최고Best의 방법이 됩니다.

혹자는 이메일을 간단하게 뜻 전달의 도구로만 사용하면 인간미가 없어 보인다고 하는 경우가 있는데, 인간미를 전달하는 방법은 전화를 하는 것이 가장 좋습니다. 이메일은 서로의 친분을 묻는 수단이 아니라 업무를 하는 수단입니다. 무엇이든 일은 단순하고 쉬워야 순조롭게, 그

또한, 이메일을 통해서 작성자는 자신의 영어 실력을 자랑해서는 안 됩니다. 영어권 국가에서 태어나고 자라지 않는 이상 단어 하나의 뉘앙스 및 문장의 순조로움이 적절하지 않을 수가 있으며, 수신자가 영어에 능숙하지 못한 경우도 있습니다. 그래서 작성자는 누구나 읽을 수 있는 중학교 수준의 영어로 이메일을 작성하는 것이 좋습니다. 한글을 사용하는 우리도 어려운 단어로 구성된 문장이 상당히 길게 이어지는 경우 읽기 싫습니다. 영어를 모국어로 사용하는 영어권 국가의 상대방 역시 그러하며, 영어를 모국어로 사용하지 않는 상대는 더욱 읽기 싫을 것입니다.

따라서 이메일을 작성하는 당사자의 머릿속에는 항상 Simple is Best라는 말을 기억하고 있어야 할 것입니다.

2. 이메일에 대한 올바른 개념 정립

1) 내부 보고서로서의 역할

회사에서 작성하는 이메일은 단순히 전자편지Electronic mail가 아닙니다.

이메일은 하나의 주제에 대해서 회사 내부적으로 상호 결정한 사실을 정리하여 대외적으로 공지하는 보고서와 같은 서류입니다. 다시 말해서 대외적으로 공지하기 전에 이메일은 하나의 주제에 대해서 관련 당사자가 체계적으로 정리 한 내부 보고서로서, 정리된 이메일은 회사의 관련 당사자들 역시 함께 공유할 것이며 시간이 흘렀을 때 다시 찾아봐야 하는 경우가 빈번히 발생합니다. 따라서 이메일에 대한 올바른 개념을 잡을 때 먼저 이메일은 회사 내부적인 보고서로서 작성자는 일정한 양식을 갖추어서 체계적으로 작성해야 할 것이며, 자신뿐만 아니라 관련 당사자가 다시 해당 메일을 보았을 때 한눈에 쉽게 이해할 수 있게 쉽게 작성을 하는 것이 그 무엇보다도 중요합니다.

2) 대외적 공문으로서의 역할

이렇게 하나의 주제에 대한 최종 결정 사항을 이메일로 대외적으로 상대에게 공표합니다. 이렇게 이메일은 회사의 내부 보고서로서의 역할과 함께 대외적 공문으로서의 역할을 함께하는 대단히 중요한 서류입니다.

무역에서 수출자와 수입자가 서로를 평가할 때 여러 기준이 있지만, 상대가 작성한 서류를 기준으로 하기도 합니다. 해당 서류에는 인보이스, 패킹리스트, 오더 시트 등이 있으며 이메일도 포함됩니다.이메일 문장 구성이 어떻게 되어 있는지, 내부 보고서이자 대외적인 공문으로서 체계적인 양식에 의해서 작성되었는지 그리고 어떠한 단어를 사용했으며 철자가 맞는지 등을 보면 이메일 발송 회사의 수준을 어느 정도 알 수 있습니다.

따라서 이메일 작성자는 회사를 대표하여 상대에게 회사의 결정 사항을 알리는 말하자면 회사의 '대변인'입니다. 문장의 순조로움, 단어의 조화, 정확한 철자에 많은 신경을 써야겠습니다.

이유는 작성자가 작성한 이메일의 내용의 중요성과는 상관없이 해당 이메일은 회사의 얼굴이기 때문입니다.

회사의 대표 혹은 관리책임자는 이러한 이메일에 대한 개념을 작성자에게 교육해야 할 것이며, 중요성이 상당한 이메일의 경우 책임자의 최종 확인을 받은 이후 이메일 전송하는 것이 중요하겠습니다. 앞에서 밝힌 바와 같이 이메일은 단순한 전자편지가 아님을 알고 그 어떤 업무 처리보다 신중하게 검토하고 또 검토 후 메일 전송 버튼을 누르는 습관이 필요한 부분이 되겠습니다.

내부 보고서

> a. 회사의 내부 자료, 즉 보고서로서 공유함에 있어,
>
> b. 누구나 쉽게 읽고 쉽게 이해할 수 있어야 하며,
>
> c. 이를 위해서 일정한 양식을 갖추어 체계적으로 작성하는 것이 효과적이다.
>
> ▲ Simple is Best. 뜻 전달이 목적으로서 간략하게 작성하되, 회사의 자료로서 가치가 될 수 있을 만큼 내부 보고서로서 역할을 해야 한다.

대외적 공문

> a. 회사의 최종 결정 사항을 대외적으로 공표하는 수단이며,
>
> b. 발신자의 이미지와 질을 간접적으로 평가하는 하나의 기준이 된다.
>
> c. 따라서 이메일은 아무나 작성하는 것이 아니며,
>
> d. 철자 하나, 표현 하나에 굉장한 신경을 써야 하므로,
>
> e. 하나의 메일 작성 시간이 1시간을 넘어도 좋다.
>
> ▲ 보고서로서, 그리고 공문으로서 신중하게 작성되어야 할 것이며, 필요에 따라서 사진을 이메일 본문에 추가하여 설명하는 것도 좋은 자료로서 역할을 할 수 있을 것이다.

3. 아웃룩Outlook 사용 이유와 주요 활용 기능

1) 아웃룩 사용하지 않는 경우의 이메일 관리에 대한 불편함

불편 1	gerrit@kaston.com kaston@kaston.com	⇨	2가지 이상의 계정을 사용하는 경우, 각각의 계정으로 Log In / Log Out 해야 각 계정의 메일 수신 확인 및 발신 가능.
불편 2	'받은편지함'으로 모든 메일이 수신	⇨	거래처 발신 메일 및 스팸 등 모든 메일이 '받은편지함'으로 수신되기 때문에 메일이 뒤죽박죽 되어 체계적인 정리를 하지 못함.
불편 3	'받은편지함'에 모든 거래처 메일이 날짜순서로 보관	⇨	수신된 메일에 대해서 거래처별로 구분하여 업무 처리를 하지 못하고, 특정 거래처로부터 과거 수신된 메일의 확인이 필요한 경우 상당한 불편함과 상당한 시간이 요구됨.

2) 아웃룩 사용으로 인한 체계적이고 효율적인 이메일 관리

해결 1	2가지 이상의 계정 등록 가능		사용자에 의해서 아웃룩에 등록된 계정에 대한 수신 메일의 확인은 아웃룩 실행만으로 해결되며, 발신의 경우 역시 아웃룩에서 등록된 계정별로 모두 발신 가능. 따라서 계정별로 Log In / Log Out 할 필요가 없이 아웃룩만 실행하면 해결됨.
해결 2	거래처별로 사용자가 새로운 '폴더' 만들기 가능		아웃룩은 마치 탐색기처럼 사용자가 원하는 이름으로 폴더를 만들 수 있습니다. 사용자는 폴더를 만들어서 거래처별로 이메일을 체계적으로 정리할 수 있습니다.
해결 3	'메일 규칙' 기능을 활용하여 거래처별 '폴더'로 자동으로 수신 설정 가능		폴더를 만든다 하더라도 등록된 계정으로부터 수신되는 메일은 아웃룩의 '받은편지함'으로 수신됩니다. 이때 특정 이메일 발신자로부터 수신되는 이메일을 특정 폴더로 자동으로 이동될 수 있게 하는 '메일규칙' 기능을 설정할 수 있습니다. 예를 들어, david@kaston.com 이라는 이메일 주소로부터 발송되는 이메일의 경우 'KASTON'이라는 수신자의 아웃룩 폴더로 자동으로 이동할 수 있도록 메일규칙을 설정할 수 있다는 뜻이며, 그 효과로서 사용자는 회사에 출근 후 아웃룩을 실행하면 거래처별 폴더 별로 새로 수신된 메일을 확인할 수 있게 됩니다. 결론적으로 자동으로 메일이 거래처별로 정리되는 효과를 볼 수 있습니다.

II. 아웃룩(Outlook)의 유용한 기능

1. 이메일 계정 등록

1) 계정 등록 절차

아웃룩 메뉴에서 '도구' 하위 메뉴 '계정 설정'을 클릭합니다.

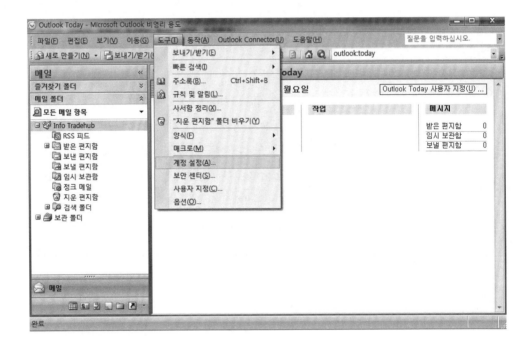

다음과 같은 새로운 창을 볼 수 있으며, '새로 만들기'를 클릭하여 새로운 계정을 추가할 수 있습니다. 현재 'Info Trade'라는 이름으로 하나의 계정만이 등록되어 있습니다. 즉, 사용자가 아웃룩을 실행하면 등록된 계정으로 수신되는 이메일을 아웃룩 화면에서 볼 수 있습니다.

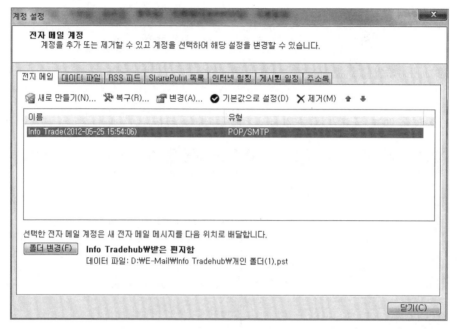

▲ 'Info Trade'라는 이름으로 등록된 계정을 클릭하면, 하단에 '폴더 변경' 단추를 확인할 수 있습니다. 해당 계정으로 수신되는 이메일은 사용자가 임의로 저장 폴더를 지정할 수 있는데, 본 건의 경우 컴퓨터 D 드라이브의 특정 폴더를 지정하였습니다.

2) 등록 계정으로 이메일 전송 방법

만약 등록 계정이 두 개 이상인 경우, 특정 계정을 선택하여 이메일 발송하는 방법에 대해서 설명하겠습니다.

계정 1	EMSOUL	david@emsoul.co.kr
계정 2	Info Trade	info@edutradehub.com

a. 아웃룩 메뉴 좌측의 '새로 만들기' 버튼을 클릭합니다.

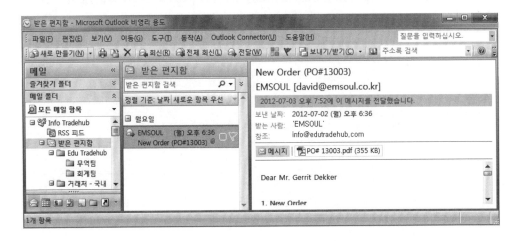

b. 새로운 창이 나타나며, 좌측 부분의 '계정' 버튼을 클릭하여 원하는 계정을 선택합니다. 그러면 선택한 계정으로 이메일이 전송됩니다.

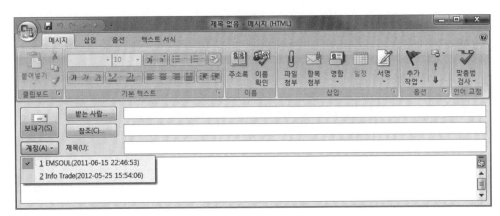

2. 거래처별 폴더 만들기

▲ 아웃룩 시작 화면

아웃룩 화면 좌측에 '받은 편지함', '보낸 편지함' 등 일반적으로 메일 확인을 위해서 로그인
하였을 때 볼 수 있는 폴더를 볼 수 있습니다. 아웃룩도 처음에는 이러한 식으로 되어 있지만,
사용자 구미에 맞게 윈도우의 탐색기처럼 폴더를 새로 만들 수 있습니다.

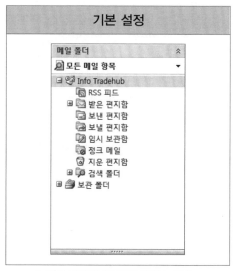

▲ '받은 편지함' 폴더에서 마우스 오른
쪽 버튼을 눌러 '새 폴더' 생성 가능.

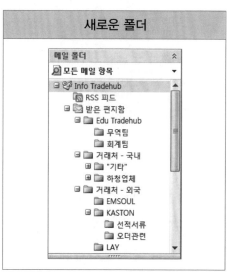

▲ 거래처별로 혹은 사용자의 필요에
따라 폴더를 만들어 메일 관리를 체
계적으로 할 수 있음.

3. 메일 규칙 만들기

계정 등록하고 거래처별 폴더까지 만들었다 하더라도, 수신되는 메일은 '받은 편지함' 폴더로 모두 저장됩니다. 이제 수신되는 이메일이 자동으로 지정 폴더로 저장될 수 있도록 설정하는 '메일 규칙' 기능의 설정 절차에 대해서 알아보겠습니다.

다음의 '받은 편지함' 폴더로 수신된 이메일은 'EMSOUL'이라는 곳으로부터 수신된 이메일로서 발신자의 이메일 주소는 'david@emsoul.co.kr'입니다. 사용자는 본 이메일 주소로부터 수신되는 이메일에 대해서 특정 폴더로 바로 저장될 수 있도록 설정하려면, 다음과 같이 해당 이메일을 클릭 후 마우스 오른쪽 버튼을 클릭합니다. 그리고 '규칙 만들기'를 클릭합니다.

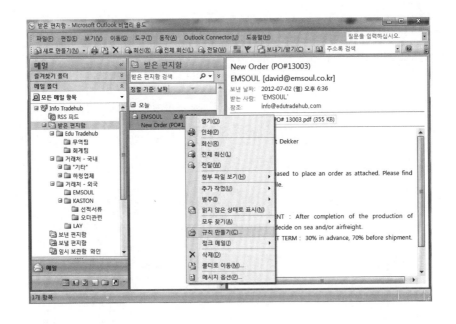

다음과 같은 창이 나타나고, 'EMSOUL이(가) 보낸 경우'를 클릭합니다.

이제 david@emsoul.co.kr의 이메일 주소를 사용하는 'EMSOUL'이 발송한 메일이 저장될 폴더를 지정해야 합니다. 따라서 '항목을 이동할 폴더'를 클릭합니다.

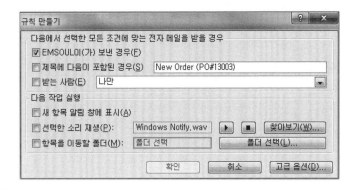

다음과 같이 창이 나타나며, 미리 만들어 둔 'EMSOUL' 폴더를 지정 후 '확인' 버튼을 클릭합니다.

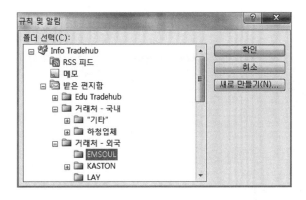

다시 아래와 같은 창이 나오며, '확인' 버튼을 클릭하면 최종적으로 'david@emsoul.co.kr' 메일 주소에 대한 규칙 지정이 완료되며, 이후부터 지정 메일 주소로부터 수신되는 이메일은 지정된 폴더 'EMSOUL' 폴더로만 저장됩니다.

4. 주소록 설정

발신자의 메일 주소를 '아웃룩 연락처'에 추가하여 업체별로 체계적으로 관리할 수 있습니다. 그 방법과 활용 가치에 대해서 설명하겠습니다.

1) 연락처에 추가

다음과 같이 수신된 메일의 발신자 이메일 주소 부분에서 마우스 오른쪽 버튼을 클릭하고, 'Outlook 연락처에 추가'를 선택합니다.

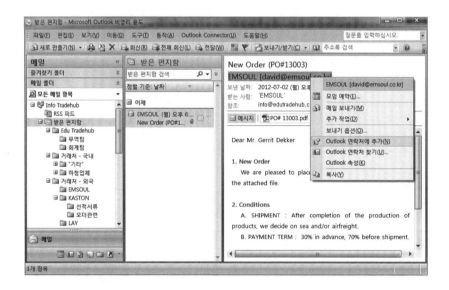

2) 연락처 저장

다음과 같은 새로운 창이 나타나며, 발신자의 성/이름(David Choi)과 회사명(EMSOUL) 등 필요한 부분을 적고 좌측 상단의 '저장 후 닫기' 버튼을 클릭합니다.

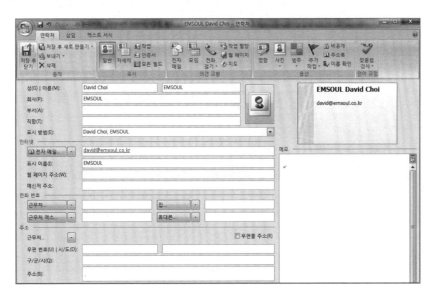

3) 저장된 연락처 '주소록'에서 확인

'도구' 메뉴에서 '주소록'을 클릭합니다.

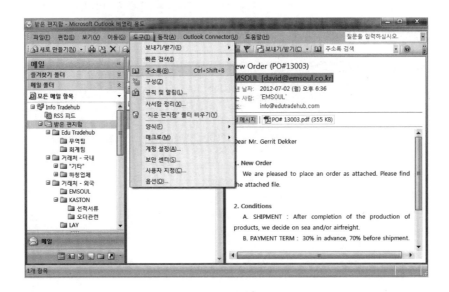

다음과 같은 새로운 화면이 나타나며, 앞에서 저장 한 이메일 주소가 회사명과 발신자명 순서로 정리되어 있습니다. 이렇게 아웃룩 사용자는 자신과 거래하는 상대의 이메일을 주소록에 추가하여 정리할 때 회사명이 먼저 오고 발신자명이 올 수 있게 정리를 하는 것이 좋습니다. 이유는 새로운 메일을 발송할 때 주소록에서 수신자를 찾아야 하는데, 이러한 순서로 정리되어 있으면 보다 찾기 편합니다. 순서가 회사명이 아닌 담당자명을 기준으로 정리되어 있으면 수신자를 찾는데 다소 힘이 듭니다.

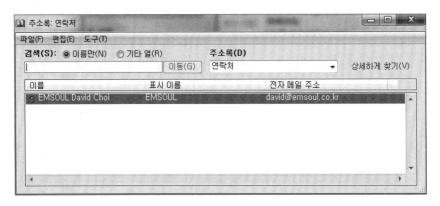

4) 새로운 메일 작성할 때 주소록 활용

아웃룩 창 좌측 상단의 '새로 만들기' 버튼을 클릭하면, 다음과 같은 새로운 창이 나타납니다. 여기에서 '받는 사람' 버튼을 클릭합니다. 물론, '주소록' 사용을 원하지 않는 경우 사용자는 직접 이메일 주소를 타이핑하여도 괜찮습니다.

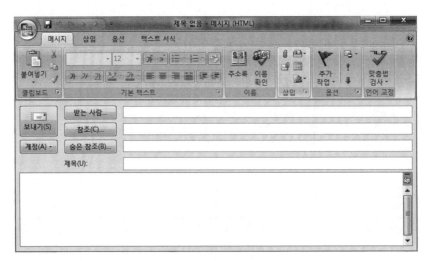

다음과 같은 새로운 창이 나타나며, 원하는 이메일 주소를 찾습니다. 이때 회사명을 기준으로 정리되어 있으면 원하는 상대방의 이메일 주소를 보다 신속히, 그리고 쉽게 찾을 수 있습니다. 원하는 이메일 주소를 찾아서 더블 클릭하면 '받는 사람' 부분에 표기되며, '확인' 버튼을 클릭합니다. 이때 수신자가 여러 명인 경우, 아래 주소록에서 다른 이메일을 더블 클릭하면 '받는 사람' 부분에 추가됩니다.

 Tip

'받는 사람'은 해당 메일에 대해서 직접적으로 업무를 처리하는 담당자를 말하며, '참조'는 흔히들 CC이라고 말하는데 해당 메일에 대해서 간접적으로 영향을 주는 당사자라고 보면 되겠습니다. 다시 말해서 직접적으로 업무를 처리하는 담당자가 대리 정도의 직급을 가진 David Choi라는 사람이라면, CC는 해당 건의 업무를 관리하는 이사 혹은 사장의 직급을 가진 해당 회사의 당사자를 넣습니다. 물론, 필요하지 않은 경우 넣지 않아도 됩니다. 그리고 '참조'에는 수신회사의 간접 당사자 이메일 주소 외에 발신자 자신의 이메일 주소를 넣는 것이 좋습니다.

상기 주소록에서 수신자를 찾고 '확인' 버튼을 클릭하면, 메일 작성 창의 '받는 사람' 부분에
선택한 내용이 다음과 같이 표기됩니다.

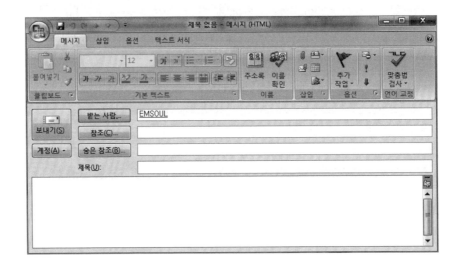

5. 편리한 파일 첨부 기능

메일 작성 창이 있고 해당 메일에 특정 파일을 첨부하려면, 윈도우 탐색기로 파일을 찾아서 탐색기에서 메일 작성 창으로 파일을 드래그하면 쉽게 파일을 첨부할 수 있습니다.

윈도우 탐색기	메일 작성 창

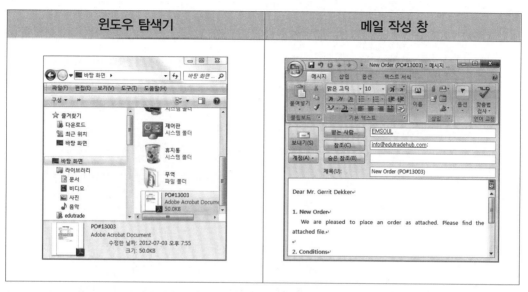

첨부 완료된 메일 작성 창

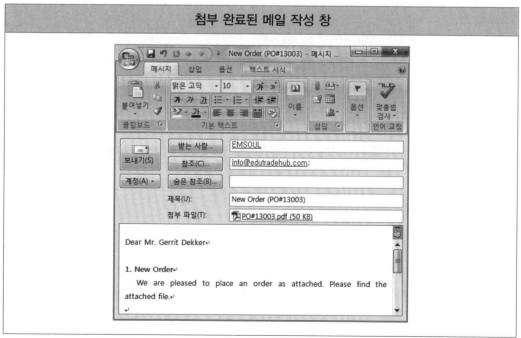

III. 체계적인 이메일 작성 기술과 관례

　무역은 국가가 다른 상인이 서로 물품을 사고파는 장사이며, 자고로 장사란 장사꾼이 돈에 대한 욕심과 중요성보다는 사람에 대한 욕심과 중요성을 인식할 때 더 오랜 시간 그 생명력을 이어가는 법입니다. 무역이란 상대의 얼굴을 보고 하는 장사가 아니기 때문에 상대를 평가할 때 상대가 서류의 작성은 어떠한 식으로 하는지, 무역 용어 및 절차에 대한 지식은 가지고 있는지 등을 확인하여 상대의 질을 평가합니다.

　이메일 작성을 어떻게 하는지 역시 평가의 기준이 될 수 있습니다. 이메일을 어떠한 틀에 의해서 체계적으로 작성하는지, 무역을 하는 사람이라면 누구나 알고 있는 이메일 작성 및 발송에 대한 관례는 알고 있는지 등등이 상대가 자신을 평가하는, 작지만 무서운 기준이 될 수 있습니다.

　따라서 이메일은 아무나 작성하는 것이 아니며, 시간에 쫓겨서 급하게 작성하는 것도 아니며, 긴장이 풀어진 상태에서 작성하는 것이 절대 아닙니다. 작성자는 단어 하나의 뉘앙스와 문장의 흐름에 대한 이해를 바탕으로 핵심 포인트를 잡아서 글을 쓸 수 있는 능력이 있어야 하며, 무엇보다 작성 이메일의 내용이 체계적이어야 할 것이며 오해를 하지 않도록 누구나 그 포인트를 쉽게 집을 수 있도록 작성하는 것이 중요합니다. 어려운 단어와 어려운 문장은 상대로 하여금 거부감을 형성할 수 있고, 핵심 포인트 파악에 방해가 되어 의사 전달이 와전될 수 있습니다.

　다음에서 설명하는 이메일 작성의 기술과 관례를 많은 실무자가 이해하고 활용할 수 있길 바랍니다.

1. 이메일 제목 결정 요령- 보고서의 핵심 키워드, 주제

앞에서 이메일에 대한 개념 정립을 할 때, 이메일은 내부적으로는 보고서이며 외부적으로는 공문이라고 했습니다. 보고서와 공문에는 제목이 있으며 이들의 제목은 곧 이들 서류가 말하는 핵심 키워드가 됩니다. 다시 말해서 제목은 해당 서류의 발송 목적에 대한 주제로서 문장이 아닌 핵심 키워드로 구성되어 있는 것이 통상의 예라고 할 수 있습니다. 이렇듯이 이메일의 제목 역시 문장이 아닌 핵심 키워드가 되는 단어 몇 개로 구성하는 것이 효과적입니다.

발송 당사자	이메일 발송 목적	이메일 제목
수입자	새로운 오더	New Order (PO#12135)
수입자	과거 오더 건에 대한 클레임	Claim for PO#12058
수출자	선적 통지	Shipment Advice of PO#12095

1) 수신자에 대한 발신자의 작은 배려

이메일을 수신하는 상대가 이메일의 제목만 보고도 한 눈에 그 전체적인 내용을 짐작할 수 있도록 핵심 키워드로 제목을 구성하는 것이 많은 이메일을 수신하고 업무 파악하여 대응하는 상대에 대한 작은 배려가 되겠습니다.

2) 과거 특정 건의 이메일을 쉽게 찾을 수 있는 방법

또한, 작성자 역시 시간이 지난 뒤 특정 건의 이메일을 다시 확인해야 하는 경우가 발생합니다. 이때 아웃룩에서 '찾기' 기능을 이용해서 해당 건의 이메일을 찾아야 하는데, 검색어는 키워드가 될 것입니다. 이메일의 모든 제목이 해당 건의 핵심 키워드로 구성되어 있다면, 검색하여 원하는 이메일을 찾을 때 빠른 시간 내에 쉽게 찾을 수 있겠습니다.

따라서 이메일의 제목은 마치 보고서의 제목처럼, 마치 공문의 제목처럼 그 내용의 핵심 키워드로 구성하는 것이 업무를 보다 체계적이고도 효율적으로 하는 작은 기술이 되겠습니다.

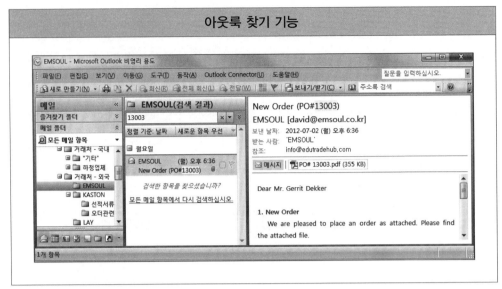

▲ 좌측 '메일 폴더' 부분에서 찾고자 하는 이메일이 저장된 폴더를 클릭합니다.

선택 폴더에 저장된 이메일을 볼 수 있는 '중간 부분'에 보면 검색창이 있습니다. 여기에서 키워드를 넣고 검색합니다. 상기는 오더 번호 '13003'을 핵심 키워드로 하여 검색한 결과로서 이메일 제목 혹은 이메일 본문에 해당 키워드가 있으면 검색됩니다. 이메일 제목에 핵심 키워드가 있으면, '중간 부분'에서 스크롤 바를 내리면서 원하는 메일을 찾아낼 수도 있겠으나, 메일이 많은 경우는 검색하여 찾는 것이 효과적입니다.

2. 이메일 본문 작성 요령- Simple is Best

이메일의 제목으로 어느 정도 내용을 파악 한 수신자는 본문을 확인할 것입니다.

이때 본문이 많은 문장으로 이어져 있으면, 수신자가 아무리 영어를 모국어로 한다고 하더라도 읽기가 싫어집니다. 한마디로 첫눈에 거부감으로 표정관리가 쉽지 않은 상황에 직면합니다. 일반적으로 사람은 일을 싫어하고 복잡한 것은 더욱 싫어합니다. 이메일은 절대 상대에 대한 친근감을 표현하기 위한 수단이 아니라 의사 전달이 그 주된 목적이며, 상대가 한 눈에 내용 파악을 할 수 있게 작성하는 것이 중요합니다. 따라서 늘 Simple is Best이라는 말을 잊으면 안 됩니다.

이메일 작성자는 수신자에게 일을 시키는 것이며, 일을 시킬 때는 최대한 예의를 갖추어 상대가 일을 쉽게 할 수 있도록 배려하여야 상대도 작성자 자신이 원하는 답변을 신속하고도 정확하게 줄 수 있을 것입니다. 따라서 유도할 필요가 있습니다.

1) 부제의 사용과 간략한 설명

본문은 장문장으로 쓰지 않습니다. 제목이 주제라면 하나의 주제에는 여러 부제가 있기 마련입니다. 이메일 본문은 그 부제에 대해서 번호를 부여하여 작성하고 그 부제에 대한 내용을 5줄 내외로 문장으로 작성합니다. 이렇게 하면 부제만 보더라도 대략 내용이 파악되며 자세한 사항은 각각의 부제 아래에 있으니 보다 쉽게 수신자는 이메일을 읽을 수 있습니다. 작성자 역시 처음에는 적응하는데 시간이 다소 걸리겠지만 이러한 방식으로 이메일을 작성하면 체계화된 틀 안에서 작성하는 것이기 때문에 오히려 핵심 내용에서 벗어나지 않게 이메일을 작성할 수 있고 보다 빠르고 정확하게 작성할 수 있습니다. 또한, 시간이 지난 이후에 자신이 작성한 이메일을 볼 때도 바로바로 내용 파악이 될 수 있으니 여러모로 좋겠습니다.

2) 사진 파일 본문 첨부 가능

아웃룩의 이메일 작성 화면은 마치 워드와 같아서 사용자가 원하면 사진도 첨부할 수 있습니다. 기계라든지 부품을 거래하는 경우 불량이 발생하고 그에 대한 설명을 하려고 할 때 글로서는 힘들 수 있습니다. 이러한 경우 사진 촬영 후 이미지를 본문에 첨부하여 설명하면 더욱 효과적으로 의사 전달을 할 수 있습니다(해당 이메일에 첨부 파일로 첨부한다는 뜻이 아니라 워드 작성할 때처럼 본문에 이미지를 첨부한다는 뜻입니다).

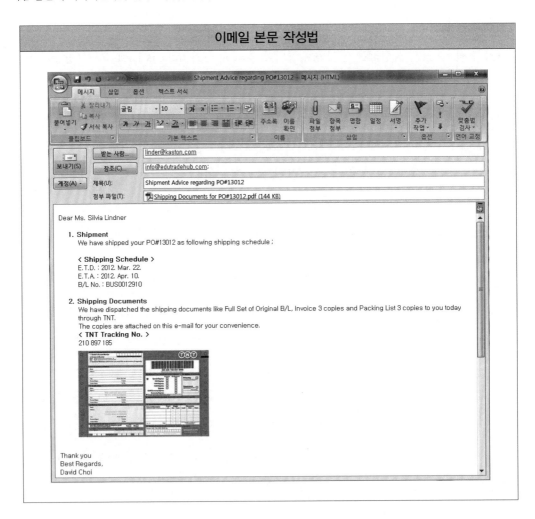

3. 질문을 던지는 요령과 답변 요령

계속 말하고 있지만, 이메일의 본문은 절대 장문으로 쓰면 안 됩니다. 주제가 있으면 그 주제에 대해서 나누어지는 소주제, 즉 부제가 있기 마련입니다. 앞에서는 그 부제를 본문에서 숫자로 구분하여 부제 아래에 관련 내용을 5줄 내외로 적을 것을 권했습니다. 이는 작성자가 상대에게 질문을 던지는 이메일을 작성할 때도 적용됩니다.

질문을 던지는 내용의 이메일을 작성할 때 본문에 첫 번째 질문, 두 번째 질문에 대한 구분없이 질문이 이어지면 수신자는 그 내용을 읽다가 질문을 잊어버리게 됩니다. 그리고 하나의 질문에 대한 답변을 적고 다음 질문에 대해서 답변을 할 때 다시 질문자의 이메일 본문을 읽고 답변을 해야 합니다. 그래서 통상 여러 개의 질문이 이어지는 문장으로 구성된 이메일에 대한 답변은 한 두 개의 답글로 구성되어 개괄적으로 답변을 주는 경우가 많으며, 혹은 답변을 주더라도 질문자의 질문은 5개인데 2개 정도 빼고 3개만 답변을 주는 경우도 있습니다. 이러한 결과는 답변자만의 잘못이 아닙니다. 질문자는 질문할 때 질문자로서 기본적인 예를 갖추어야 답변자 역시 그에 맞는 대우를 합니다. 다시 말해서 질문자는 자신이 원하는 답변을 상대에게 얻기 위해서 적절한 예를 갖추어 유도를 해야 할 것입니다. 그 예라고 할 수 있는 내용은 아래와 같습니다.

1) PO#13023에 대한 수입자의 요청 관련 이메일

하나의 주제(제목)에 대해서, 질문을 부제별로 나누었습니다. 그리고 번호를 지정했으며, 물음
표를 넣었습니다.

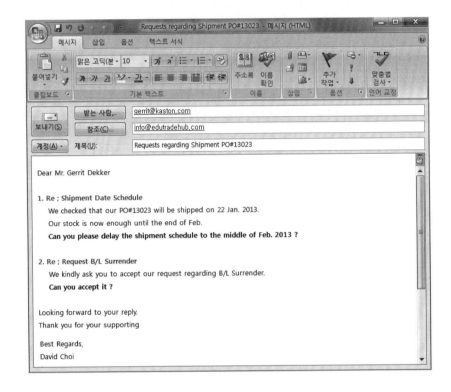

2) 수입자의 요청에 대한 수출자의 답변

수출자의 답변 메일의 본문은 아래와 같이 들어오는 경우가 많습니다.

수출자의 답변을 보면, 붉은색으로 답변을 적었으니 확인하라는 뜻이 됩니다. 질문자가 각각의 질문에 대해서 번호를 지정하여 질문하면, 답변자는 자신의 이메일 본문에 답변을 적기보다는 질문자의 질문이 있는 부분에 자신의 답변을 다른 색으로 적는 것이 통상의 관례라고 할 수 있습니다.

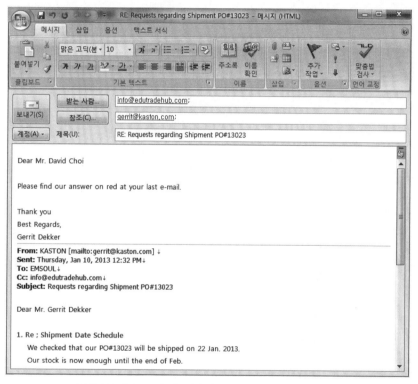

▲ 답변자의 답변으로서 질문자가 질문한 메일 본문을 확인하라는 뜻.

답변자(수출자)의 답변 메일을 상기와 같이 받은 질문자(수입자)는 스크롤 바를 아래로 내립니다. 그러면 자신이 지난번에 전송한 질문 메일의 물음표 아래에 다른 색으로 달려 있는 답변자의 답변을 확인할 수 있습니다.

이러한 방식으로 질문자가 질문하면, 질문의 수가 많더라도 답변자는 쉽게 답변을 할 수 있고 답변하기 다소 어렵더라도 하지 않는 것에 대한 심적인 부담이 작용하여 질문에 대해서 답변을 모두 하게 됩니다. 따라서 질문자는 자신이 원하는 답변을 받기를 유도하는 것이며, 답변자가 쉽게 답변을 할 수 있도록 최소한의 예를 갖추는 것으로서 결과적으로 질문자는 자신이 원하는 모든 답변을 모두 받을 수 있게 됩니다.

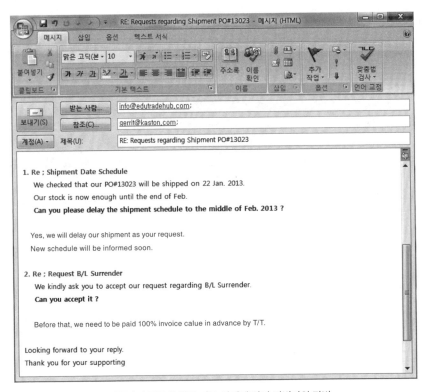

▲ 질문자의 각각의 질문 바로 아래에 달린 답변자의 답변.

4. 이메일 제목은 해당 건이 종료될 때까지 변경하지 않는다.

이메일의 제목은 그 주제가 되며, 답변자는 답변할 때 해당 이메일의 제목을 변경하지 않는 것이 관례입니다. 다시 말해서 한 번 정해진 이메일의 제목은 해당 건이 최종적으로 마무리될 때까지 제목은 변경하지 않습니다.

수출자와 수입사는 여러 주제에 내해서 메일을 주고받으며, 하루에도 동일한 상내와 그 주세가 다른 메일을 여러 번 주고받는 경우가 많이 있습니다. 이때 특정 건이 마무리되지 않고 계속 진행되고 있음에도 한쪽 상대가 제목을 변경한다면 해당 건의 이메일이 이어지지 않습니다. 담당자는 메일의 제목을 보고 내용을 인지하고 상호 대화하듯이 이메일을 주고받습니다. 그런데 갑자기 제목을 변경하면 다른 상대는 다른 건의 메일로 인지할 수 있습니다. 또한, 해당 건이 종료된 이후 상당 시간이 지난 상태에서 과거의 특정 건에 대한 메일을 체크해야 하는 경우도 있습니다. 이러한 경우 검색하여 이메일을 찾아내는데, 제목이 동일하면 검색해서 이메일을 확인할 때 편리함이 있습니다.

결론적으로 하나의 주제에 대해서 상호 주고받은 이메일의 연속성은 해당 건의 메일 제목으로 이루어지게 해야 하며, 그래야만 하나의 건에 대해서 대화가 이어질 수 있고 필요에 의해서 차후에 검색하더라도 쉽게 찾아낼 수 있습니다.

1) 거래처 EMSOUL로부터 이메일 수신

수신된 이메일에 대한 회신을 하기 위해서 해당 이메일을 클릭하고, 상단 메뉴에서 '회신' 혹은 '전체회신'을 클릭합니다[50].

---

[50] '회신'은 발신자에게만 회신하는 것이며, '전체회신'이란 발신자가 '참조'로 넣은 당사자들에게 함께 회신을 하는 것입니다. '회신' 혹은 '전체회신' 버튼을 클릭하여 새로운 이메일 작성 창이 나타나면, 제목 부분이 'RE:'가 추가되는데 이는 'Reply'를 뜻합니다. '전달'은 수신 메일을 그대로 다른 누군가에게 전달하는 것이며, 첨부파일이 있는 경우 첨부파일 역시 함께 전달됩니다. '전달' 버튼을 클릭하여 나타나는 새로운 창의 제목에는 'FW:'가 추가되는데 이는 'Forwarder'를 뜻합니다. 때로는 본문을 적을 때 'Re :' 하여 적는 경우도 있는데 이때의 뜻은 'Regarding'이라는 뜻으로 받아들이면 되겠습니다.

2) 제목은 변경하지 않는다.

처음 수신한 이메일의 제목은 다음과 같이 변경하지 않는 상태에서 회신 이메일을 작성합니다. 회신 내용을 적는 부분의 아래에는 수신한 이메일의 내용이 표기되어 있습니다. 이러한 내용 역시 지우지 않는 것이 관례입니다. 이유는 이러한 내용으로도 서로 주고받은 지난 이메일 내용을 확인할 수 있기 때문입니다.

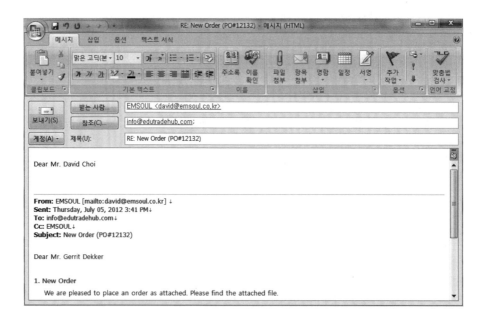

5. 주제가 다른 경우 그 주제별로 이메일 발송

하루에 상대에게 두 개 이상의 주제에 대해서 이메일을 보내야 하는 경우가 있습니다. 예를 들어, 수입자가 수출자에게 이메일을 보내는데, PO#12132에 대한 새로운 오더New Order와 과거에 수입 통관 완료한 PO#12098에 대한 위약 물품[51] 클레임 건(Claim for PO#12098)에 대해서 이메일을 보내야 하는 상황이라고 가정합니다. 이때 하나의 이메일에 함께 통합해서 보내는 것이 아니라 각각 주제별로 이메일을 보내는 것이 일반적인 관례가 되겠습니다. 다시 말해서 2개의 주제가 있다면 각각 주제별로 2개의 이메일을 보내는 것이며, 답변자 역시 답변을 줄 때 각각의 이메일별로 답변을 보내는 것입니다. 물론, 답변자는 해당 이메일 제목은 변경하지 않습니다.

---

51 위약 물품이란 오더와 상이한 물품이라는 뜻입니다. 예를 들어, 수입자가 오더를 컴퓨터 100대를 했고 수출자의 인보이스, 패킹리스트에도 컴퓨터 100대로 되어 있는데 실제로 수입자가 수입통관 해보니 마우스가 100대 들어 있다는 등의 경우입니다. 위약 물품에 대한 자세한 내용은 『어려운 무역실무는 가라』를 참고해주세요.

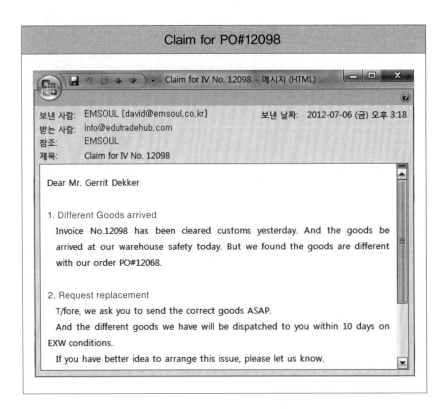

Claim for PO#12098

	Claim for IV No. 12098 - 메시지 (HTML)
보낸 사람:	EMSOUL [david@emsoul.co.kr]
받는 사람:	info@edutradehub.com
참조:	EMSOUL
제목:	Claim for IV No. 12098

보낸 날짜: 2012-07-06 (금) 오후 3:18

Dear Mr. Gerrit Dekker

1. Different Goods arrived

Invoice No.12098 has been cleared customs yesterday. And the goods be arrived at our warehouse safety today. But we found the goods are different with our order PO#12068.

2. Request replacement

T/fore, we ask you to send the correct goods ASAP.

And the different goods we have will be dispatched to you within 10 days on EXW conditions.

If you have better idea to arrange this issue, please let us know.

제5장

실무에서 발생하는 사건과 해결 방법

1. 외관상 파손된 물품에 대한 보세창고의 처리 방법

수입되는 물품은 적하목록 심사를 거쳐서 화주[52]가 관세사 사무실 통해서 혹은 직접자가통관 수입물품이 장치된 보세구역/창고를 관할하는 세관에 수입신고하고 세액 납부하면 수리되어 국내에 반입됩니다. 이러한 과정 중에 해상By Vessel LCL 혹은 항공By Air 건의 경우는 통상 항구/공항의 보세창고로 반입됩니다. 이때 보세창고는 해당 건의 물품(수입신고 수리 전의 상태의 물품으로서 보세물품)에 대한 전산상의 반입을 잡기 전에 외관상 파손되거나 손상된 부분이 없는지 확인하고 이상이 없으면 전산으로 '반입'을 잡습니다.

특히 해상 LCL 건의 경우 통상 보세구역 장치 후 신고반입전신고로 수입신고 진행하기 때문에 전산으로 반입 처리 되어 있는지에 대한 여부가 중요합니다.

1) 외관상 파손된 물품에 대한 보세창고의 조치

보세창고에 도착 한 물품의 외관상 파손 혹은 손상이 발견될 때 보세창고는 해당 건에 대해서 반입 처리하지 않습니다.[53] 반입 처리되지 않은 상태에서 보세창고는 해당 보세물품을 운송한 포워더Forwarder에게 연락하여 이러한 사실을 통지하고, 포워더는 다시 화주에게 이러한 사실을 통지합니다.

2) 외관상 파손된 물품에 대한 수입화주의 조치

이후 화주는 직접 보세창고에 방문하여 물품의 외관상 파손으로 인해서 내부에 영향이 있는지 확인하는 경우도 있지만, 화주는 포워더에게 파손된 물품의 사진과 파손이 발생 된 원인을 확인할 수 있도록 데미지 레포트Damage Report를 요구하기도 합니다.

---

[52] 물품의 주인으로서 상황에 따라서 수입자가 될 수도 있고 수출자가 될 수도 있습니다. 쉽게 말해서 화주는 무역회사를 뜻합니다.

[53] 운송사는 운송사 나름대로 적하목록 신고라고 해서 세관에 신고합니다. 그리고 물품이 국내의 항구/공항으로 입항하고 보세창고에서 물품이 도착하면 보세창고에서 다시 세관으로 신고합니다. 이때 예를 들어 운송사의 적하목록 신고의 물품에 대한 수량과 동일 건에 대한 보세창고의 신고 수량이 상이한 경우 반입이 안 잡힙니다.

수출자가 물품을 발송할 당시부터 파손된 물품을 보냈을 가능성도 있지만, 이 경우 수출지의 포워더는 수출자로부터 받은 물품에 파손이 된 것을 확인하게 되고 선적하지 않습니다. 만약 수출자가 포장을 견고하게 하지 않은 경우라면, 운송 중에 파손되었을 경우도 있으니 수입자는 수출자와 포워더 모두에게 확인할 필요가 있습니다.

수출자가 포장을 잘못하여 발생한 데미지라면 수입자는 해당 건의 매매계약서에 따라 수출자에게 손해배상 청구를 해야 할 것이며, 운송 중에 발생한 데미지라면 포워더에게 손해배상 청구를 해야 할 것입니다.

3) 외관상 파손 물품에 대해서 반입 처리하지 않는 이유

보세창고에서 외관상의 작은 파손에도 불구하고 전산으로 반입 처리하지 않고 포워더에게 통지하는 이유가 있습니다. 데미지가 있음에도 반입 처리하면 차후에 보세창고의 잘못으로 데미지가 발생한 것이 아니냐는 의심을 받을 가능성이 있기 때문입니다.

4) 국내 보세운송 도중 발생한 데미지

물품이 부산 항구로 입항이 되었는데 물품을 부산 항구에 있는 보세창고(A)에서 수입신고하지 않고 어떠한 이유로 인해서 내륙의 보세창고(B)로 보세운송 한 이후 수입신고를 하는 경우가 있습니다.

이때 A에서 물품이 반출될 당시에는 외관상 이상이 없었는데 B에서 반입 처리할 때 외관상 이상이 있는 경우도 발생합니다. 이러한 경우 화주는 당연히 국내 보세운송 업체 쪽으로 손해배상 청구를 진행해야겠습니다.

5) 화주의 요청에 따른 포워더의 데미지 레포트Damage Report

화주는 포워더에게 물품에 대한 데미지 통지를 받은 이후 Damage Report와 관련 물품의 사진을 요청할 수 있습니다. 이때 포워더는 다음과 같은 형태로 화주에게 이메일로 보고합니다.

2012년 2월 20일 귀사의 물품(B/L No.: JM021112S)을 적재한 AAB 물류 소속 차량이 서울 성수동 ABC 보세창고로 보세 운송 중에 차량이 전복되는 사고가 발생하였습니다. 이로 인하여 차량에 적재된 귀사의 물품 중 일부가 손상을 입게 되었습니다.

[확인결과]

아이템	인보이스 수량	판매 가능 수량	데미지 수량
ABB 75mm	50 CTNs	42 CTNs	8 CTNs
ACC 85mm	20 CTNS	8 CTNS	12 CTNS

* 데미지 사유 : AAB 물류 소속 차량 운행 중 전복사고

* 데미지 내용 : 박스 및 내품 파손 및 손상(사진참조)

2. 수입신고필증 & 수출신고필증 재발행 방법(UNI-PASS 통해서)

수입신고필증 혹은 수출신고필증을 분실 혹은 기타의 이유로 재발행 해야 하는 경우가 있습니다. 이러한 경우 화주는 해당 건의 수입 혹은 수출신고를 관세사 사무실에 대행 맡겼다면 해당 관세사 사무실에 요청하면 되고, 자가 통관했다면 관세청 유니패스^{UNI-PASS}에 로그인하여 재발행 받을 수 있습니다. 물론, 관세사 사무실에 대행 맡긴 건일지라도 화주는 관세청 유니패스를 통해서 재발행 받을 수 있습니다.

1) 관세청 유니패스를 이용한 신고필증 재발행 방법

* 유니패스(UNI-PASS)를 통한 재발행을 원하는 화주는 유니패스에 '사용자 등록'을 해야 함.

A. 유니패스 로그인 후 [업무처리] 하위 메뉴 [수입통관] 클릭

▲ 유니패스 주소 : http://portal.customs.go.kr/

아래는 관세청 유니패스 첫 화면입니다.

로그인 후 [업무처리]에서 [수입통관]을 클릭합니다.

B. [통관 서식출력] 클릭

[통관 서식출력] 클릭하면 아래와 같이 인증서 로그인 화면이 나타나고 암호 입력 후 확인 클릭합니다. 로그인 후 수입신고필증 혹은 수출신고필증을 선택하여 재발행 가능합니다.

C. 신고일자 입력 후 우측의 조회 버튼 클릭 후 인쇄

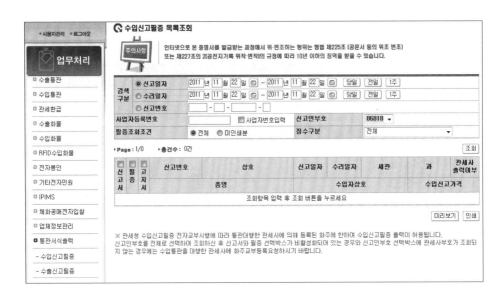

3. 화물의 포장과 적하보험과의 관계

수출 화물을 포장함에 있어서 얼마나 견고하게 포장하여야 하며, 화물의 포장과 적하보험과의 관계에 대해서 화주의 질문과 적하보험회사의 답변을 예를 들어 설명하겠습니다.

결론부터 말하자면, 적하보험은 화물의 운송 과정에서 외부의 급격하고 이례적인 사고로 인한 물리적인 손해를 담보하는 것으로서 화물의 포장은 통상의 운송 과정을 견딜 수 있는 정도로만 하면 됩니다. 하지만, 화물이 떨어져서 파손되거나 특별한 사고가 발생하지 않았음에도, 일반적인 선적 및 하역 등 운송 과정 중의 충격조차 견디지 못하도록 포장을 한 화물인 경우 적하보험에 가입(부보)을 하였다 하더라도 사고 발생 시 보상을 받지 못합니다.

1) 화물의 포장과 사고 발생 시 보험료에 대한 관계 질문과 답변

[화주의 질문]

현재 ABC 포워딩은 네덜란드에서 항공으로 수입되는 물품 5개 중의 하나에 물품에 대해서만 DG Packing[54]이 필요하다고 하고, Shipper 쪽에서는 모든 물품에 대해서 DG Packing이 필요하다고 합니다. 이런 상황에서 수입자인 저희가 ABC 포워딩 말을 믿고 5개 물품 중의 하나의 물품만을 DG Packing 했을 경우 저희 물품으로 인하여 항공 사고가 났을 경우 보험으로 커버가 되는지에 대해서 답변을 받고 싶습니다.

[적하보험 회사의 답변]

적하보험은 기본적으로 화물의 운송 과정 중 외부의 급격하고 이례적인 사고로 인한 물리적 손해를 담보하는 것으로, 화물의 포장은 통상의 운송 과정을 견딜 수 있는 정도면 됩니다.

그러나 화물이 떨어져서 파손되는 경우와 같이 특별한 사고가 발생하지 않았음에도, 일반적인 선적 및 하역 등 운송 과정 중의 충격조차 견디지 못하는 포장이라면 적하보험 약관상 보상

---

[54] DG Packing이란 위험물(Dangerous Goods), 예를 들어 알코올 함량이 높아서 폭발할 수 있는 물품을 포장하는 Packing을 말하며 일반화물(General Cargo) 포장과 비교해볼 때 상당히 견고하게 포장을 합니다. 물론 운송비, 보험료, 포장비가 일반화물보다는 비쌉니다.

이 되지 않습니다. 적하보험에서 '포장의 부적절·불충분'으로 인한 손해는 결코 보상되지 않으므로, 화물의 특성을 고려하여 가능한 한 견고한 포장을 하는 것이 바람직합니다.

만약 ABC 포워딩의 의견만 좇아 DG Packing을 하지 않았는데, 사고 발생 후 사고조사인 Surveyor이 포장이 불충분했다고 의견을 낸다면 보험회사는 보험금 지급을 거부할 것이고, 화주는 포워더인 ABC 포워딩 측에 배상하여 달라고 요구할 수는 있겠으나, 운송인의 책임 제한을 고려해 볼 때 만족스러운 결과를 기대하기는 어렵다 할 것입니다.

다만, 어떠한 경우든지 자신의 물품으로 인해 타 화주 및 항공사에 피해를 주는 경우, 적하보험에서는 그러한 배상책임까지 확장 보상되지 않습니다(타인에 대한 법률상 배상책임은 적하보험의 담보 위험이 아닙니다).

4. 한국에서 발급 된 원산지증명서 조회 방법(상공회의소 / 세관 발행)

상공회의소 혹은 세관에서 원산지증명서C/O: Certificate of Origin를 발행하며, 해당 기관에서 발급받은 원산지증명서는 조회할 수 있습니다. 영문 홈페이지에서 조회를 하는 것으로서 한국의 수출자가 외국의 수입자에게 원산지증명서 원본을 보내지 않은 상태에서 발급된 사실을 증명 할 필요가 있을 때 유용하게 쓰일 수 있을 것으로 판단됩니다.

1) 상공회의소에서 발행된 원산지증명서(C/O) 조회 방법

상공회의소에서 발급된 원산지증명서는 '발급연도Issued Year', '발급번호Reference No', '발급코드Reference Code'가 있으면 조회 가능하며, 순서는 아래와 같습니다.

A. 원산지증명서에서 '발급연도', '발급번호', '발급코드' 찾기

원산지증명서의 우측 하단에 보면 '발급연도'가 있으며, 우측 상단에 보시면 '발급번호', '발급코드'가 있습니다.

1. Exporter (Name, address, country) A COMPANY #000 ABC building 11-1 Nonhyundong Kangnamgu Seoul Korea Tel: (02) 0000-0000 Fax: (02) 0000-0000	Reference No. 001-11-0110001 Reference Code. 1ab1-ab1a	ORIGINAL
	CERTIFICATE OF ORIGIN issued by **THE KOREA CHAMBER OF COMMERCE & INDUSTRY** Seoul, Republic of Korea	

2. Consignee (Name, address, country) B COMPANY ABC 2 NL-1322 BC AAA U.S.A. Tel : +31 (0) 00 00 0000 Fax : +31 (0) 00 00 0000	3. Country of Origin THE REPUBLIC OF KOREA
4. Transport details FROM : BUSAN KOREA TO : NEW YORK, USA BY : HJ. ABC 0101B ON : DEC. 28. 2011	5. Remarks Invoice number & date : ABC-0101, 0102 & 2011-12-05

6. Marks & numbers ; number and kind of packages ; description of goods	7. Quantity
ABC TEXTILE PO# 1101, 1102 ITEM : 100% COTTON 　　PRT 44/5" PATT# : COL# : C/T NO : 1-81, 1-44 MADE IN KOREA 100% COTTON WOVEN FABRICS 100 CARDED COTTON WOVEN FABRIC IN GREY 20X20 / 60X60 50" IN GREY 44/5" AFTER BLEACHED, SCOURED MDRCERIZED P.P.PRECURED. PRESHRUNK DYED AND DYESTUFF PRINTED WEIGHT : 175GR / YD IN GREY 　　167GR / YD IN FINISHED 125 CT 59413YD 10313KG 11344KG -- 125 CT 59413YD 10313KG 11344KG //	

8. Declaration by the Exporter The undersigned, as an authorized signatory, hereby declares that the above-mentioned goods were produced or manufactured in the country shown in box 3. (Signature) (Name)　PRESIDENT HONG GIL DONG	9. Certification The undersigned authority hereby certifies that the goods described above originate in the country shown in box 3 to the best of its knowledge and belief. 28 DEC 2011 Manager CHUL-SU KIM Authorized Signatory

▲ 본 원산지증명서는 28 DEC 2011(발급연도)에 발급되었으며, 발급번호 001-11-0110001이며 발급코드

는 1ab1-ab1a입니다.

B. '발급연도', '발급번호', '발급코드' 입력

원산지증명서의 '발급연도', '발급번호', '발급코드'를 아래의 홈페이지에서 입력하면, 해당 원산지증명서의 발급 내역을 영문으로 확인 가능합니다.

http://cert.korcham.net/english/ref/01.jsp

Reference System   Home > Reference System

○ KCCI Certificate Service Center has been running Reference System(http://cert.korcham.net/search/) for preventing forgery certificate of origin and trade related certificates, searching the authentic CO and Other Trade-related Certificates directly on the internet.

○ Type in the Reference No and Reference Code on the issued CO for verification, you could the view of detailed information of issued CO.

Authenticity of documents certified by KCCI

Seoul, Republic of Korea

· Issued Year   2008

· ID(Reference No)

· PW(Reference Code)

Check it out

2) 세관에서 발행된 원산지증명서C/O 조회 방법

세관에서 발급된 원산지증명서는 '발급번호', '발급코드'가 있으면 조회 가능하고, 순서
는 아래와 같습니다.

A. 홈페이지 접속 - http://english.customs.go.kr

B. 본 홈페이지의 상단 메뉴 'Information Plaza'의 하위 메뉴에서 'C/O'를 클릭합
니다.

C. '발급번호', '발급코드' 입력 후 조회

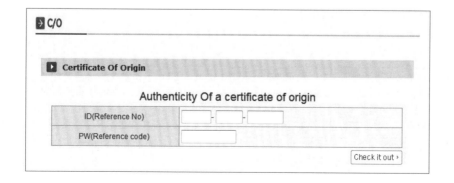

5. 관세 계산할 때 발생하는 가산금액(수입신고필증에 표기 내용)

수입은 기본적으로 관세 및 부가세가 발생하며, 관세 및 부가세를 계산하는 공식은 아래와 같습니다.

관세	과세가격 (FOB 가격 + 운임 + 보험료) × 해당 상품의 HS Code 상 관세율 ▲ 과세가격[53] = CIF 가격
부가세	(과세가격 + 관세) × 10%

통상 거래에서 가격조건Price Term을 결정할 때 운임포함 조건, 예를 들어 CFR(FOB 가격 + 운임)로 진행하면 수출자가 제시하는 인보이스 금액에 운임Freight이 포함되어 있습니다. 즉, 운임이 포함된 CFR과 같은 가격조건[56]을 기초로 거래가 이루어지는 경우, 수출자는 수입자에게 물품 대금과 함께 운임을 인보이스 단가에 포함하여 결제받아서 수출지 포워더에게 운임을 수출자가 결제합니다Freight Prepaid.

이때 해상 건의 해상운임에는 BAF, CAF가 포함된 개념으로서, 운임을 수출자가 수출지의 포워더에 결제하는 가격조건의 건이라면 수입자 입장에서는 당연히 BAF, CAF가 수출자에 의해서 결제되었으리라 판단합니다. 다시 말해서 이러한 경우 BAF, CAF가 수입지의 포워더가 수입자에게 청구하지 않을 것이라고 수입자는 판단한다는 것입니다.

하지만, 문제는 상황에 따라서 해상운임Ocean Freight을 수출자가 수출지 포워더에게 결제하는 가격조건의 건일 지라도 Ocean FreightO/F 와 CAF만 수출자에게 청구되고 O/F에 CAF와 함께 포함되는 BAF에 대한 비용은 수출지 항구에서 발생하지 않고 수입지 항구에서 발생하여 수입자에게 청구되는 경우가 있다는 것입니다.

---

55 과세가격을 단순히 하나의 공식으로 FOB가격 + 운임 + 보험료라고만 기재하는 경우 실무에서 관세 계산할 때 혼란이 옵니다. 과세가격이란 수입지로서 우리나라의 항구/공항에 배/항공기가 도착하여 물품을 하역하기 직전까지 발생된 수출자의 마진을 포함한 모든 가격이 과세 범위(대상)에 포함되는 가격으로서 이를 과세가격이라고 합니다. FOB가격이란 수출지에서 배/항공기에 적재(On Board)할 때까지의 수출자 마진을 포함한 모든 가격이며, 운임이란 수출지에서 배/항공기에 물품을 적재하여 수입지에서 하역하기 직전까지의 비용이며, 보험료는 운임 구간에 대한 사고 커버를 위해서 보험에 가입하는 비용입니다.

56 수출자가 제시하는 견적가에 '운임'이 포함된 가격조건은 C-Terms(CFR, CIF, CPT, CIP), D-Terms(DAT, DAP, DDP) 조건이 있습니다.

운임(Freight)이란 수출지 항구/공항에서 외국으로 나가는 배/항공기에 수출 물품을 적재(On Board)하여 수입지 항구/공항에서 배/항공기로부터 물품을 하역하기 직전까지 발생 된 비용을 말합니다.

해상운임(O/F, Ocean Freight)

해상(By Vessel) 건에 대한 운임(Ocean Freight)에는 BAF(Bunk Adjustment Factor; 유류할증료), CAF(Currency Adjustment Factor; 통화할증료)가 포함되어 있습니다.

항공운임(A/F, Air Freight)

그리고 항공(By Air) 건에 대한 운임(Air Freight)에는 FSC(Fuel Surcharge; 유류할증료)와 SSC(Security Surcharge; 보안할증료)가 포함된 개념입니다.

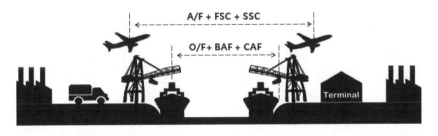

운임을 수출자가 결제하는 조건으로서 CFR 조건으로 수입하는 수입자는 다음과 같이 수입 관세를 납부할 것이라고 예상했을 것입니다.

가격조건	인보이스 총액	보험료	관세율
CFR	USD 36,600	KRW 15,000	6.5%

▲ CFR은 운임이 포함된 개념으로서 'FOB + 운임'

수입자가 예상하는 수입지 관세 공식
(USD 36,600 + KRW 15,000) x 6.5%

▲ 관세 = (FOB 가격 + 운임 + 보험료) x 관세율

하지만, O/F에 포함되는 BAF가 수출지 항구에서 발생하지 않고 수입지 항구에서 발생한다면 관세를 구할 때 과세범위에 BAF가 들어가야 하기 때문에 '가산금액'으로서 BAF를 포함해서 관세를 계산합니다.

실제 수입자가 내야 하는 관세 공식
$\{(USD\ 36,600 + KRW\ 60,000) + KRW\ 15,000\} \times 6.5\%$

▲ BAF가 KRW60,000 발생하였다고 가정

Tip

관세를 구하는 과세 대상이 되는 비용으로서 과세가격은 수입지로서 우리나라의 항구/공항에 물품이 입항되어 하역되기 직전까지 발생 된 수출자의 마진을 포함한 모든 비용입니다. 따라서 O/F에 포함되는 개념으로서 BAF는 수입지에서 내야 하는 관세를 구할 때 과세 대상에 포함되는 비용이 됩니다. 따라서 수입지 항구에서 발생하여 수입자에게 청구되는 경우 수입자는 BAF를 가산금액으로 분류하여 과세 가격에 포함해야겠습니다.

1) 수입신고필증상의 가산금액

위에서 설명한 내용을 바탕으로 수입신고필증을 보면서 다시 정리를 해보겠습니다. 수출자가 작성한 해당 건의 인보이스 가격조건, 통화, 총액은 수입신고필증 (54)결제금액 부분에 순서대로 명시됩니다. 즉, 본 건의 경우 CFR - USD 36,600으로서 만약 BAF가 수입지의 항구에서 발생하였다면, (59)가산금액에 BAF의 비용을 명시하여 과세가격[본 건은 CFR로서 (57)운임이 USD 36,600에 포함되어 있어서 'CFR 금액 + 보험료 + 가산금액'이 과세가격]에 포함합니다.

* 물론, 가산금액은 상기 예로 제시한 형태가 아닌 해외 업체로의 로열티 지불 건에 대해서도 해당할 수 있음.

(49)세종	(50)세율(구분)	(51)감면율	(52)세액	(53)감면분납부호		감면액	*내국세종부호
관	6.50(C 가가)		59,371				
부	10.00(A)		97,278			본 수입신고필증은 수입통관사무처리에 관한 고시 제 X-X-X조 규정에 의거 수입	

(54)결제금액 (인도조건-통화종류-금액-결제방법)				CFR - USD - 36,600 - TT		(56)환 율	1,150.50
(55)총과세가격	$ 36,613	(57)운 임		(59)가산금액		(64)납부번호	0123-000-00-00-0-000000-0
	₩ 42,123,300	(58)보험료	15,000	(60)공제금액		(65)부가가치세과표	123,123

(61)세종	(62)세 액	※ 관세사기재란	(66) 세관기재란
관 세	2,738,015		- 이 물품을 수입통관 후 단순가공하거나 낱개·산물·분할 또는 재포장하여 판매하거나 시공할 경우, 관련 법령에 의거 원산지표시를 하여야 하고, 양도(양수자의 재양도 포함)시에는 양수인에게 이 의무를 서면으로 통보하여야 하며, 이들 위반시에는 관세법 제276조 및 대외무역법 제54조에 의거 처벌을 받게 됩니다.
개별소비세			
교 통 세			
주 세			- 이 물품은 사후심사결과에 따라 ...변경 될 수 있습니다.
교 육 세			
농 특 세			관세사 홍길동
부 가 세	4,486,131		전자서류수입통관증명
신고지연가산세			
미신고가산세			
(63)총세액합계	7,224,146	(67)담당자 홍길동 000000	(68)접수일시 2011-09-12, 12:55 (69)수리일자 2011/09/12

6. Packing List의 CBM과 B/L의 CBM이 다른 경우

1) 해상 LCL 및 항공 건에 대해서만 해당

수출자가 작성하는 Packing List의 CBM과 포워더가 작성하는 B/L의 CBM이 상이 한 경우는 일반적으로 CBM 단위로 부대비용 및 운임이 계산되는 LCL 건에 해당하며, 컨테이너 단위로 계산되는 FCL 건에 대해서는 해당하지 않습니다. 물론, Kg 단위로 비용이 계산되는 항공 건에 대해서도 kg이 상이한 경우가 있습니다. 따라서 아래의 내용은 해상 LCL 및 항공 건을 기준으로 설명합니다.

2) 수출자와 포워더의 입장

Packing List는 수출자가 작성합니다. 수출자는 수출자 스스로 직접 수출물품에 대한 CBM과 Kg을 측정하여 Packing List에 해당 건의 포장 정보를 표기합니다. 그런 다음 Packing List를 포함하여 Invoice를 바탕으로 수출 신고하고 수출신고필증 등의 서류를 포워더에게 Documents Closing Time까지 전달하며, 수출물품은 포워더가 지정한 반입지로 Cargo Closing Time까지 반입시킵니다. 반입지(LCL의 경우 부두 및 부두 인근의 CFS)에서 수출물품은 다시 CBM과 Kg이 측정됩니다. 해상 건의 경우 일반적으로 CBM 단위로 부대비용 및 해상운임Ocean Freight이 계산되는데, 수출자가 작성한 Packing List의 CBM과 반입지에서 측정한 CBM이 상이한 경우 부대비용 및 해상운임에는 그에 따른 영향이 발생합니다.

수출자는 포워더에게 관련 비용을 결제하지만, 포워더 역시 화주에게 받은 대금으로 부대비용 및 운임을 결제해야 합니다. 일반적으로 포워더는 선사에게 받은 해상운임 견적에서 자신의 마진을 포함하여 회사를 운영하며, 부두에서 발생한 부대비용에 대해서는 마진을 붙이지 않는 경향이 있습니다. 그렇다면 반입지인 CFS에서 측정된 CBM이 수출자가 측정한 Packing List 상의 CBM보다 큰 경우임에도 Packing List 상의 CBM으로 부대비용을 계산한다면 포워더는 일을 대행하고 적자를 볼 수 있습니다. 따라서 CFS에서 측정된 CBM을 기준으로 운송 관련 비용이 계산돼야 하겠으며, 해당 건의 B/L에도 수출자의 Packing List 상의 CBM이 아니라 CFS에서 측정한 CBM이 표기됩니다. 항공 건의 경우 일반적으로 Kg 단위로 계산되며, 상기와 같이 상이한 경우 역시 AWB에 Chargable Weight 부분에 운임을 계산하기 위한 정확한 Kg이 표기됩니다.

7. CFR과 CIF가 비용분기점과 위험분기점이 동일한 이유

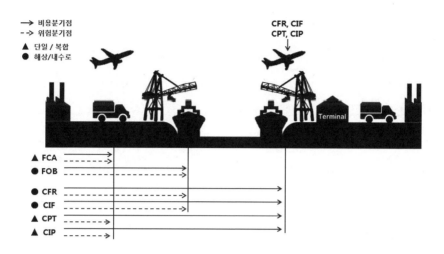

인코텀스 조건 중에 유일하게 C-Terms(CFR, CIF, CPT, CIP)만이 비용분기점과 위험분기점이 상이합니다. 수출지에서 수입지로 물품을 운송하는 수단이 선박, 즉 배를 운송 수단으로 하는 경우 사용되는 CFR, CIF는 동일하게 배를 운송 수단으로 하는 F-Terms의 조건 중의 하나인 FOB 조건과 위험분기점이 일치합니다.[57] 그리고 수출지에서 수입지로 물품을 운송함에 있어 일반적으로 항공기를 이용하는 경우 사용되는 CPT, CIP 조건은 동일하게 통상 항공기를 운송 수단으로 하는 F-Terms의 조건 중의 하나인 FCA 조건과 위험분기점이 일치합니다[58].

이렇게 CFR, CIF는 FOB와 위험분기점이 일치하고, CPT, CIP는 FCA와 위험분기점이 일치합니다. 따라서 CFR은 FOB를 기준으로 해상운임Ocean Freight이 추가된 가격이고, CIF는 FOB를 기준으로 해상운임O/F과 보험료Insurance가 추가된 가격입니다. 그러한 의미에서 CPT는 FCA에 항공운임Air Freight이 추가된 가격이며, CIP는 FCA를 기준으로 항공운임A/F[59]과 보

---

[57] FOB를 풀어쓰면 Free On Board입니다. 다시 말해서 수출자가 수출물품을 외국으로 나가는 배에 On Board(적재) 하면 수출자의 의무는 Free가 된다는 뜻입니다. 이러한 의미에서 FOB 조건의 위험분기점은 수출지 항구에 정박한 선박에 물품을 적재하는 순간이며, FOB 조건에서 위험분기점과 비용분기점은 동일합니다.

[58] FCA를 풀어쓰면 Free Carrier입니다. 다시 말해서 수출자가 수출물품을 지정된 수출지의 Carrier(포워더)에게 전달하면 수출자의 의무는 Free가 된다는 뜻입니다. 이러한 의미에서 FCA 조건의 위험분기점은 FCA 조건 뒤에 지정된 수출지의 장소에서 수출지의 포워더에게 물품을 전달하는 시점이며, FCA 조건에서 위험분기점은 비용분기점과 동일합니다.

[59] FCA, CPT, CIP 조건에서 수출자가 수출지에서 지정된 포워더에게 물품을 전달하는 지점이 수출지 공항이 아니라 내륙지가 될 수도 있습니다. 이러한 경우는 FCA + 항공운임이 CPT가 되는 것이 아니라 FCA + 내륙에서 발생하는 비용 + 항공운임이 CPT가 됩니다.

험료Insurance가 추가된 금액이라고 보면 무리가 없습니다.

결론적으로 CFR, CIF에서는 비용분기점이 수입지의 항구에서 물품을 하역하기 직전까지인데, 수출지 항구에서 적재되기 전까지의 비용은 FOB와 동일하고, 수출지 항구에서 적재되어 수입지 항구에 도착하여 하역하기 직전까지의 비용에 있어 CFR은 FOB를 기준으로 해상운임만을 포함하는 조건이고, CIF는 해상운임과 보험료까지 모두 포함하는 개념이 됩니다.

마찬가지로 CPT, CIP에서 비용분기점은 수입지의 공항에서 물품을 하역하기 직전까지인데, 수출지에서 지정된 포워더에게 물품을 전달하기 전까지의 비용은 FCA와 동일하고, 수출지의 서의 해당 지점부터 수입지 공항에 물품이 도착하여 하역하기 직전까지의 비용에 있어 CPT는 FCA를 기준으로 항공운임만을 포함하는 조건이고, CIP는 항공운임과 보험료까지 모두 포함하는 개념이 됩니다.

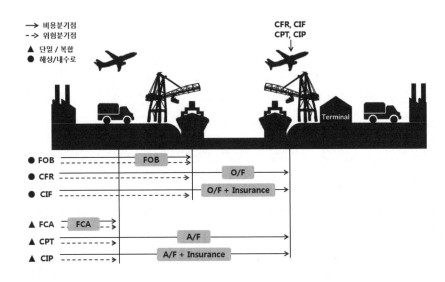

해상	CFR	FOB + Ocean Freight (O/F)
	CIF	FOB + Ocean Freight (O/F) + Insurance
항공	CPT	FCA + Air Freight (A/F)
	CIP	FCA + Air Freight (A/F) + Insurance

* O/F에는 BAF, CAF 포함　　* A/F에는 FSC, SSC 포함

8. FCA Incheon Airport와 FOB Incheon Airport의 차이점

1) FCA와 FOB의 이해

FOB는 수출자가 물품을 포장하여 수출지의 항구에 정박한 선박에 적재On Board 하는 순간 수출자의 의무는 Free가 되는 조건입니다. 즉, FOB는 해상 운송 건에 사용되는 인코텀스 조건으로서 비용분기점은 지정된 선박에 적재하는 순간이 됩니다. 반면에, FCA는 수출자가 물품을 포장하여 지정된 장소에서 운송인Carrier, 포워더에게 전달하는 순간 수출자의 의무는 Free가 되는 조건입니다. 즉, FCA는 해상 및 항공 운송 모두에 사용 가능한 조건으로서 비용분기점은 수입자에 의해서 지정된 운송인포워더에게 지정된 장소에서 물품을 전달하는 순간이 됩니다.

따라서 수출자가 물품을 포장하여 수출지 공항Airport의 지정된 지점까지 운송 의무가 있다면 인코텀스 조건 뒤에 비용분기점으로서 수출지 공항이 지정될 것입니다. 이때 인코텀스는 항공 건이니 FOB가 오는 것이 아니라 FCA가 오는 것이 적절합니다.

하지만, 실무에서 해당 건의 매매계약서Sales Contract 및 인보이스에 가격조건Price Term을 FCA Incheon Airport가 아니라 FOB Incheon Airport로 표기하는 경우가 종종 있습니다. 항공 건이면 FCA를 사용하는 것이 맞지만, 인코텀스가 법이 아니라 규칙이기 때문에 반드시 그러한 것은 아닙니다. 그렇다면 FCA Incheon Airport를 가격조건으로 사용하는 경우와 FOB Incheon Airport를 사용하는 경우의 차이점에 대해서 알아보겠습니다.

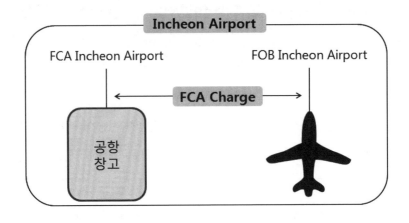

2) 차이점

FCA 및 FOB 뒤의 지정 지점으로서 동일하게 Incheon Airport가 명시되어 있지만, FCA의 비용분기점은 인천공항에 있는 포워더가 지정한 지점(보세창고)에서 포워더에게 물품을 전달하는 순간이며, FOB의 비용분기점은 인천공항의 항공기에 적재하는 시점이 됩니다. 다시 말해서 FCA Incheon Airport에서는 인천공항의 보세창고에서 포워더가 물품을 전달받아서 항공기에 적재하는 비용은 수입자의 커버 부분이며, FOB Incheon Airport에서의 해당 비용은 수출자의 커버 부분이 됩니다. FCA 조건에서 포워더가 물품을 지정 장소에서 받아서 항공기에 적재할 때까지의 비용을 FCA Charge라고 하는데, 이러한 비용을 FCA에서는 수입자가 커버하고 FOB에서는 수출자가 커버하는 것이 됩니다. 따라서 FCA Incheon Airport와 FOB Incheon Airport의 차이점은 바로 여기에 있습니다.

작은 차이지만 실무자는 자신이 사용하는 인코텀스 조건이 정확히 어떠한 뜻을 나타내는지에 대해서는 반드시 숙지를 한 상태에서 거래를 진행해야겠습니다.

9. 적하보험 가입은 Freight 구간에 대한 위험 커버 당사자의 선택 사항

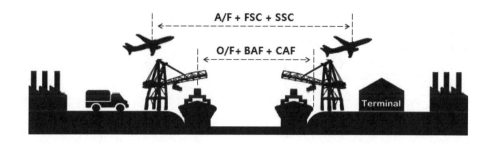

1) 적하보험 가입은 운임 구간에 대한 위험 책임자의 선택 사항

물품이 수출지에서 수입지로 이동함에 있어 운송 관련 비용이 발생합니다. 해당 비용은 크게 다음과 같이 분류할 수 있습니다.

- a. 수출지 내륙에서 수출지 항구까지의 내륙운송비,
- b. 수출지 항구의 CFS 혹은 CY에서 선박에 적재(On Board)할 때 동안 발생하는 항구 부대비용,
- c. 수출지 항구의 선박에 적재 시점부터 수입지 항구에 도착하여 하역하기 직전까지 발생하는 비용으로서 해상운임(Ocean Freight),
- d. 수입지 항구에서 발생하는 부대비용,
- e. 수입지 항구에서 내륙까지의 내륙운송비.

이때 운임 구간[60]에 대해서 운임을 커버하는 당사자는 EXW, F-Terms에서는 수입자가 운임을 커버하며, C-Terms, D-Terms에서는 수출자가 운임을 커버합니다[61]. 하지만, 운임 구간

---

60   수출지 항구/공항에서 배/항공기에 적재 후 수입지 항구/공항에 도착하여 물품을 하역하기 직전까지의 비용으로서 이를 운임이라 하며, 운임구간이라 함은 해당 비용이 발생하는 구간을 말합니다.

61   EXW, F-Terms에서 형성된 수출자의 견적가에는 운임이 포함되어 있지 않기 때문에 운임은 수입자가 직접 수입지 포워더에게 물품이 수입지에 도착 후 후불로 결제하지만, C-Terms, D-Terms에서 형성된 견적가에는 수출자가 운임을 포함합니다. 따라서 수입자는 운임을 모두 수출자에게 물품대와 함께 결제하고 수출자는 운임을 수입자에게 받아서 수출지 포워더에게 물품이 적재되기 전에 선불로 결제합니다. EXW, F-Terms, 그리고 C-Terms, D-Terms에서 모두 운임은 수입자의 주머니에서 나오지만, C-Terms, D-Terms는 수출자를 거쳐서 최종적으로 수출자가 포워더에게 운임을 결제합니다.

에 대한 비용으로서 운임을 커버하는 당사자가 곧 '적하보험'에 가입(부보)을 해야 한다는 뜻은 아닙니다. 무역에서 말하는 보험은 화물에 대한 파손 등에 대한 보험으로서 적하보험이라 하며, 적하보험 가입은 운임 구간에 대한 운임 커버 당사자가 아니라 운임 구간에 대한 물품의 파손 등과 같은 사고를 커버하는 당사자가 적하보험 가입을 선택합니다.

EXW, F-Terms는 모두 위험분기점이 수출지에 존재하며, C-Terms는 비용분기점과 위험분기점이 상이한 조건으로서 비용분기점은 비록 수입지에 존재하지만, 위험분기점은 수출지에 존재합니다. D-Terms의 경우 위험분기점은 수입지에 존재합니다. 따라서 EXW, F-Terms, C-Terms(CFR, CPT 만 해당) 중에 하나의 조건하에서의 거래는 수입자가 운임 구간에 대한 사고를 책임지기 때문에 적하보험 가입은 수입자의 선택 사항입니다. 반면에, D-Terms에서는 운임 구간에 대한 위험 커버를 수출자가 하기 때문에 적하보험 가입은 수출자의 선택 사항이 됩니다.

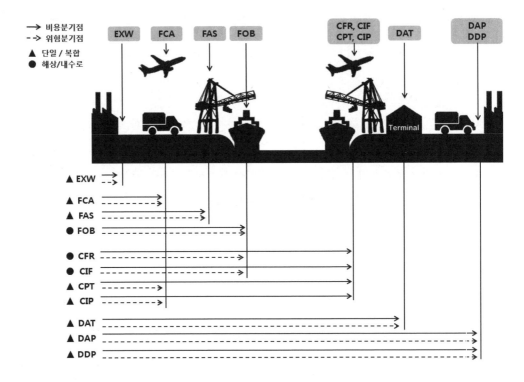

2) CIF, CIP에서 수출자는 수입자의 적하보험 가입을 대행

하지만, C-Terms에서 CIF, CIP는 수출자가 제시한 견적에 보험료^{Insurance}가 포함되어 있습니다. CIF, CIP 조건의 위험분기점은 비록 수출지에 존재하지만, 수출자가 수입자에게 보험료를 견적에 포함해서 받았기 때문에 수출자는 적하보험을 수입자를 위해서 가입해야 합니다. 이때 수출자는 운임 구간에 대한 위험이 자신의 책임이 아니기 때문에 단순히 보험료를 받아서 수입자를 대신해서 적하보험 회사에 보험가입 업무만 해줍니다. 다시 말해서 수출자는 수입자를 위해서 적하보험 가입을 해주고, 운임 구간에 대해서 사고가 발생할 경우 위험분기점이 수출지이기 때문에 수입자가 보험금을 지급받습니다. 따라서 CIF, CIP 조건은 수출자가 수입자로부터 보험료를 인보이스 금액에 포함하여 받아서 적하보험 가입을 대행해주는 조건이라고 생각하면 됩니다. 그리고 보험 가입 후 보험증권^{Insurance Policy}이 발행되는데 수출자는 이 서류를 수입자에게 전달해야 합니다.

10. 목재포장재(열처리, 훈증)에 대한 기준과 소독처리 마크의 이해

* 본 내용은 농림수산검역검사본부 홈페이지(http://www.qia.go.kr)의 자료를 참고하여 작성하였습니다.

1) 수피(나무껍질)가 제거된 목재의 사용

목재포장재는 수피가 제거된 목재로 만들어야 합니다[62]. 수피가 제거된 포장 목재는 가공되지 않은 상태Raw의 목재로서 병해충에 오염되어 있을 수 있습니다. 이렇게 병해충에 오염된 목재로 포장하여 국가 간에 해당 물품이 운송된다면, 수입국으로의 병해충 유입과 확산이 발생하고, 그로 인해서 수입국의 산림 및 생물 다양성에 악영향을 미칠 수 있습니다. 따라서 목재 포장한 수출지 국가에서 포장 목재에 존재할 수 있는 병해충의 제거를 위한 소독처리 작업을 해야 하는데 병해충의 소독처리 방법은 크게 a)열처리와 b)메틸브로마이드[63] 처리(훈증)로 나누어집니다.

A. 규제 대상

소독처리 대상은 가공되지 않은 상태의 목재에 해당하며, 적하물 밑에 깔거나 사이에 끼우는 것과 짐깔개 역시 포함됩니다. 가공된 목재로 제작된 목재포장재로서 합판은 제외됩니다.

예외규정

- 전체를 (두께가 6mm 이하의) 얇은 목재로 만든 목재 포장재
- 합판, 파티클 보드, 배향성 스트랜드보드(OSB) 또는 베니어와 같이 접착제 혹은 열, 압력 및 이러한 방법을 혼용하여 생산된, 온전히 가공된 목재로만 제작된 목재포장재
- 와인통과 술통 등 제작 시 열이 가해진 제품
- 와인 및 시가 선물 박스와 해충이 없도록 가공되거나 제작된 목재로 만든 기타 상품
- 톱밥, 대패밥과 목모(wood wool)
- 운송수단과 컨테이너에 영구적으로 부착된 목재

---

62 다만, 허용되는 수피의 범위는 (길이에 상관없이) 너비가 3cm 미만인 경우 혹은 너비가 3cm보다 클 경우 하나의 수피의 총 면적이 50㎠ 미만의 경우.

63 메탄올에 브롬산을 첨가하여 산업적으로 제조하여 해충과 선충, 잡초, 병원체, 설치류 등을 저해하는 살충제로 사용. 주로 농산물과 목재를 수입할 때 병해충이 묻어오는 것을 막기 위한 방역제로 널리 쓰임.

B. 열처리 및 메틸브로마이드 처리(훈증) 처리 비교

구 분	설 명	소독처리마크 코드
열처리	최소 온도가 56℃로 최소 30분간 지속적으로 유지하면서 열로서 병해충을 제거하는 방법.	IPPC · XX-000 HT
메틸브로마이드 처리 (훈증)	메틸브로마이드라는 살충제로서 목제의 병해충을 훈증하는 방법.	IPPC · XX-000 MB

▲ 열처리에 대한 코드는 HT이며, 메틸브로마이드 처리에 대한 코드는 MB입니다.

목재 포장에 대한 소독처리 방법은 이렇게 열처리와 훈증으로 구분되는데, 두 가지 방법 중에 1가지만 선택하여 국가가 인정하는 처리 업체를 통하여 진행하고 목재 포장 외관에 소독처리마크가 표기되면 수입지에서 목재 포장 물품에 대한 수입통관에 큰 문제가 없습니다. 하지만, 이러한 소독처리마크 이외에 이를 서류로서 증명할 것을 요구하는 국가도 존재합니다(해당 내용은 266쪽에 표로 정리되어 있으니 참고해 주세요).

2) 소독처리마크

A. 소독처리마크 의미

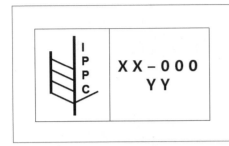

	• symbol(로고): IPPC[62] 국제식물보호협약(International Plant Protection Convention, IPPC)에서 승인한 심볼 • XX: ISO 2자리 국가코드 (한국: KR, 미국: US, 중국: CH) • 000: 목재포장재 생산자에 대해 국가식물보호기관이 부여한 고유번호 • YY: 승인된 조치에 대한 IPPC 약어(예: HT, MB)

우리나라 목재포장재 소독처리마크에는 국가코드와 생산자 코드 중간에 '11', '21' 등의 숫자가 추가로 표기됩니다. 이러한 두 자리 숫자는 마크사용등록증을 발급한 검역원 기관번호로서 11은 서울사무소, 21은 안양사무소입니다.

예시

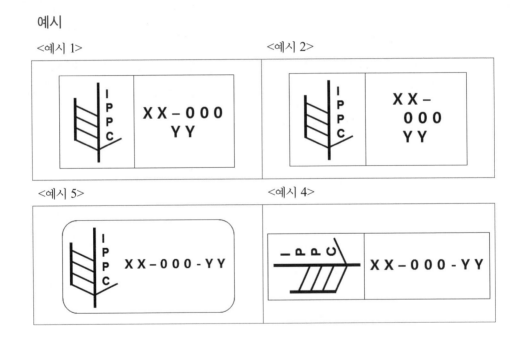

<예시 1>

<예시 2>

<예시 5>

<예시 4>

---

64 국제식물보호협약(International Plant Protection Convention, IPPC)

3) 목재 포장 물품의 수출과 수입

A. 수출의 경우

목재 포장 물품을 수출하는 수출자는 목재 포장의 열처리 혹은 훈증 처리에 있어 국가가 인정하는 업체를 통하여야 합니다. 이러한 업체 정보는 농림수산검역검사본부(www.qia.go.kr) 홈페이지를 통하여 확인 가능합니다.

열처리 업체	농림수산검역검사본부 홈페이지 접속 → 상단 메뉴 '식물검역' 클릭 → 하위 메뉴 '목재포장재 검역 정보' 클릭 → 좌측 메뉴 '목재포장재 열처리 업체 현황' 클릭
훈증 업체	농림수산검역검사본부 홈페이지 접속 → 상단 메뉴 '식물검역' 클릭 → 하위 메뉴 '수출입식물 소독 정보' 클릭 → 좌측 메뉴 '방제업체현황' 클릭

소독처리가 완료되면 목재 포장에 '소독처리마크'가 표기됩니다. 그리고 열처리의 경우 처리업체로부터 '열처리소독작업결과서Heat Treatment Result'를 받을 수 있고, 훈증의 경우 '훈증소독작업결과서Fumigation Result'를 받을 수 있습니다. 이러한 서류를 바탕으로 수출자는 관세청 유니패스(http://portal.customs.go.kr/)를 통하여 농림수산검역검사본부로 소독처리에 대한 증명서 발급을 요청할 수 있습니다. 본 서류가 발행되면 일반적으로 수입지에서 원본을 요구하기 때문에 해당 서류의 발급을 신청한 수출자는 등기 혹은 내방하여 수령합니다.

수입지에서 목재 포장 물품을 수입 통관할 때 목재 포장 외관에 '소독처리마크'가 표기 되어 있으면 문제없이 통관 진행되는 경우도 있고, 마크가 있다 하더라도 따로 소독처리에 대한 증명서를 수입자가 요구하는 경우도 있습니다. 이러한 경우 수출자는 상기의 증명서 발급 절차를 진행합니다.

B. 수입의 경우

목재 포장 물품을 우리나라에서 수입 통관 진행할 때는 목재 포장 외관에 '소독처리마크' 만 있으면 큰 문제 없이 통관을 할 수 있습니다. 즉, 관련 증명서가 따로 필요하지 않는다는 말입니다. 하지만, 관련 증명서는 있는데, 목재 포장 외관에 '소독처리마크'가 없다면 통관 진행이 되지 않고 폐기 혹은 반송을 해야 하는 상황에 직면할 수도 있습니다.

제6장

무역용어집

1. HS Code에 대한 이해

무역은 물품이 국가에서 국가로 이동하는 것입니다. 물품은 수출국에서 외국으로 나가는 배 혹은 비행기와 같은 운송 수단에 적재되어 수입국에 도착하는데, 이때 신고라는 것을 합니다. 다시 말해서 수출지 국가로부터 물품을 외국으로 반출하기 위해서 수출지 세관에 수출을 하고 싶다라는, 수출 신고를 해야 하고, 수입지 국가로 물품을 반입하기 위해서는 수입지 세관에 수입신고를 해야 합니다. 신고할 때 신고자가 되는 수출자 혹은 수입자는 해당 물품에 대한 '정확한 HS Code'를 알아야 합니다.

1) 품목분류체계

세계관세기구WCO에서는 무역으로 거래되는 모든 물품에 대해서 분류기준을 만들어서 분류해두었습니다. 이를 국제통일상품 분류체계HS라고 하며, 이를 근거로 무역 거래가 이루어지는 특정 물품의 HS Code(품목번호, 세번부호)를 관련 당사자는 직접 결정할 수 있습니다. 즉 HS Code 결정에 있어 하나의 근거로서 틀을 제공해주는 것이 국제통일상품분류체계이며, 이를 해석하여 취급 물품의 HS Code를 결정할 수 있습니다. 결정된 HS Code에 따라서 수입 관세율, 수출입요건 유무, 그리고 원산지 표시 대상 유무 등을 확인할 수 있습니다.

2) '정확한 HS Code'를 찾아야

우리는 흔히 동일한 물품에 대해서 수출지에서 수출신고 할 때와 수입지에서 수입신고 할 때 동일한 HS Code로 신고해야 한다고 알고 있습니다. 하지만, HS Code 6자리까지는 국제통일상품분류체계HS라는 기준을 바탕으로 결정하기 때문에 국제적으로 공통일 수 있으나, 7번째 자리부터는 국가마다 다른 기준으로 적용하기 때문에 다릅니다(우리나라는 10자리 사용하지만, 8자리 사용하는 국가도 존재함). 그렇다면 최소한 6자리까지는 같아야 합니다. 하지만, 이것도 상이할 수가 있습니다.

분류체계는 단순히 HS Code를 결정하는 기준만 되는 것이지, 이를 해석하여 결론을 내는 것은 누구나 할 수 있고, 그 당사자에 따라서 완벽히 동일한 제품일지라도 분류체계를 어떻게 이해하고 해석하는지에 따라 상이한 HS Code로 결론 내릴 수 있다는 것입니다. 다시 말해서 국제적으로 통용되는 6자리까지의 분류 체계가 있고, 거래 물품이 있는 경우 수입지 세관에서 결론 내린 HS Code 6자리와, 동일한 분류기준과 동일한 물품이지만, 수출지 세관에서 결론 내린 HS Code 6자리가 상이할 수 있다는 것입니다.

앞에서 HS Code에 따라서 관세율이 달라진다고 했는데, 수출은 세액이 없습니다. 수출신고 할 때 HS Code가 필요하지만, 세액이 없기 때문에 어찌 보면 수출 신고할 때의 HS Code는 상대적이지만 중요성이 수입신고 할 때보다 약합니다. 수입신고는 신고된 HS Code에 따라서 세액이 결정되기 때문에 세액을 징수하여 국가 운영을 해야 하는 국가 입장에서는 민감한 부분입니다. 그래서 '정확한 HS Code'로 신고해야 하며 해당 HS Code에서 제시하는 세액을 기준으로 세액을 납부해야 합니다. 이때 '정확한 HS Code'라는 것은 수입지 세관에서 인정하는 HS Code가 되겠습니다.

그러한 의미에서 수입자는 수출자가 인보이스 혹은 기타의 방법으로 알려주는 HS Code를 바탕으로 수입신고 하면 안 되고, 관세사 혹은 관세청 고객지원센터(1577-8577)에 연락하여 그들을 통해서 간접적으로 수입지 세관에서 인정하는 HS Code를 확인해야겠습니다. 때에 따라서 이들이 알려주는 HS Code와 수입지 세관에서 인정하는 HS Code가 상이한 경우도 발생할 수 있으니, '정확한 HS Code'를 확인하려는 수입자의 경우 관세평가분류원(http://cvnci.customs.go.kr)의 '품목분류사전심사제도'를 통해서 유권해석을 받을 수 있습니다. 관세사 혹은 관세청 고객지원센터를 통하면 구두로 확인할 수 있지만, 관세평가분류원을 통하면 관세청에서 공문으로 알려줍니다. 따라서 가장 '정확한 HS Code'를 확인하는 방법은 이렇게 유권해석을 의뢰하는 것입니다.

특히 수입자는 스스로 결정하거나 관세사 혹은 관세청 고객지원센터를 통하여 결정한 HS Code로 수입신고를 했다가 차후에 세관으로부터 잘못된 HS Code로 신고되었음을 통지받는 경우가 종종 있습니다. 이러한 경우는 통상 신고한 HS Code 상의 관세율이 세관이 결정한 HS Code의 관세율보다 낮은 경우로서 세관은 차액만큼의 관세를 추징할 수 있습니다.

3) 정해진 HS Code에 대한 관세율 및 요건 등의 정보 확인

일반적으로 HS Code의 결정은 수입자 혹은 수출자가 스스로 결정하기 어렵기 때문에 앞에서 설명한 방법에 따릅니다. 수입자 혹은 수출자는 화물에 대한 주인이라고 하여 화주라고 하는데, 화주는 스스로 HS Code를 결정하기는 어렵지만, 결정된 HS Code에 대한 정보를 스스로 확인할 수는 있습니다.

> 경로: 관세청 홈페이지(http://customs.go.kr/) → Quick Menu → 품목분류 →
> 품목분류검색(새로운 창) → 검색창에서 HS Code 검색

상기와 같은 경로로 검색하면 해당 제품이 원산지표시대상 물품인지에서부터 수입할 때 적용하는 세율, 그리고 수출입요건을 확인할 수 있습니다. 요건이란 세관장 확인대상으로서 수입요건은 해당 HS Code로 수입신고 되는 물품에 대해서 세관에 수입신고 하기 전에 특정 기관으로부터 확인을 받아오라는 것입니다. 즉, 식품이면 세관에 수입신고 전에 식약청으로부터 안전하다는 결과를 받아야 비로소 세관에 수입신고를 할 수 있습니다. 수출요건 역시 세관에 수출 신고하기 전에 어떠한 기관으로부터 확인을 받아오면 신고를 받아주겠다는 것이 됩니다. 일반적으로 요건은 수입 요건이 많이 존재하며, 수출 요건은 거의 없습니다.

HS Code 상의 요건과는 관계없이 수입 건의 경우 국내에 유통하기 전에 받아야 하는 검사가 제품에 따라서 존재할 수도 있습니다. 그 예로서 상당수의 공산품 같은 경우 자율안전확인을 받아야 국내 유통이 가능합니다(기술표준원 http://www.kats.go.kr/). 수출의 경우 일반적으로 요건은 존재하지 않으나 반드시 확인해야 하는 것이 전략물자 여부입니다(전략물자관리시스템 http://www.yestrade.go.kr/).

2. Lot No.의 정의

Lot No.란 제조자가 제품을 생산할 때 그 제품을 생산하는 제조일, 제조시간, 생산라인 등 등 그 제품에 대한 생산 정보를 알 수 있도록 생산할 때 표시한 제품의 제조번호입니다. 이렇게 생산자가 제품에 Lot 번호를 부여해서 그 제품이 외국의 바이어에게 도착했을 때 문제가 생기는 경우 바이어는 그 세품의 Lot No. 만 알려주년 생산자는 그 Lot No.를 추적하여 제품 생산 공정에 있어 또 다른 문제가 발생 되지 않도록 조치를 취할 수 있습니다.

▲ 일반적으로 제품에는 제조번호라고 하여 Lot No.가 표기되어 있습니다.

			Kaston Co., Limited Sales Order Details				
Order	Customer	Item	Carton	Lot No.	Manufacture Date	Expiry Date
11085	Emsoul LTD	Baby Carrier	657893	931008	2012/1/18	2014/1/17
11085	Emsoul LTD	Baby Carrier	659333	931014	2012/1/24	2014/1/23
11085	Emsoul LTD	Baby Carrier	659334	931014	2012/1/24	2014/1/23
11085	Emsoul LTD	Baby Carrier	659335	931014	2012/1/24	2014/1/23
11085	Emsoul LTD	Baby Carrier	659336	931014	2012/1/24	2014/1/23
11085	Emsoul LTD	Baby Carrier	659337	931015	2012/1/24	2014/1/23
11085	Emsoul LTD	Baby Carrier	659338	931015	2012/1/24	2014/1/23
11085	Emsoul LTD	Baby Carrier	659339	931015	2012/1/24	2014/1/23
11085	Emsoul LTD	Baby Carrier	659921	931011	2012/1/19	2014/1/18

▲ 수출자는 제품에 대한 위와 같은 제조번호를 표기한 데이터를 수입자에게 전달하기도 합니다.

3. 인보이스 Cost Breakdown

인코텀스 조건에는 운임(Freight) 미포함 조건이 있는가 하면, 운임 포함 조건이 있습니다.

EXW, F-Terms(FCA, FAS, FOB)는 운임 미포함 조건으로서 'Freight Collect'라고 하며, C-Terms(CFR, CIF, CPT, CIP), D-Terms(DAT, DAP, DDP)는 운임 포함 조건으로서 'Freight Prepaid'입니다.

즉, Freight Collect 조건인 FOB 조건으로 거래하면 수출자가 작성한 인보이스의 단가에는 운임Freight이 포함되어 있지 않으며, Freight Prepaid 조건으로 거래하면 인보이스의 단가에는 운임이 포함되어 있습니다.

만약 Freight Prepaid 조건으로 거래함에 있어 수입자가 인보이스의 단가에서 포함된 운임을 확인해야 할 필요가 있는 경우 수입자는 수출자에게 운임을 따로 표기하여 달라고 요청하는 경우가 있습니다. 이러한 요구를 Cost Breakdown이라고 하며, 수출자는 인보이스의 단가를 FOB 기준으로 표기하고 'Freight'라는 명목으로 운임을 따로 표기합니다. CIF, CIP 조건의 경우 운임에 보험료까지 단가에 포함되는데, 이러한 경우 Cost Breakdown을 수입자가 요구한다면 수출자는 단가, 운임, 그리고 보험료를 모두 분리하여 인보이스에 표기하면 됩니다.

| | | | | | | Price Term : FOB Busan Port, Korea | | |
No	Code	Description	Quantity	Unit Price		Value/USD		
1	LS - 101	BABY CARRIER	100 CTNs	USD	39.00	USD	3,900.00
2	LS - 201	WARMER 1	50 CTNs	USD	29.00	USD	1,450.00
3		Ocean Freight Charge				USD	350.00
Total Amount						USD	5,700.00

▲ Cost Breakdown 이란 상기와 같이 인보이스에 운임을 따로 표기하는 것입니다.

4. Surrender 와 Telex Release의 차이점

해상 운송 건에 대해서 포워더(운송사)가 수출자에게 수출물품을 이상 없이 전달받았고 목적지까지 잘 운송해주겠다라는 의미로 수출물품을 전달한 수출자에게 전달하는 서류를 B/L이라고 합니다[65]. B/L은 통상 원본으로 Full Set(3부) 발행되며, 수입자는 수출자에게 결제조건에 따라서 B/L 원본을 선발받아야지만 수입지 포워더에게 D/O를 받을 수 있습니다[66/67].

하지만, 운송 구간이 짧은 경우 해당 건의 배가 수입지에 수출자가 특송으로 발송한 B/L 보다 더 빨리 도착하는 경우를 직면할 수 있습니다(결제조건 T/T 건은 수출자가 Original B/L을 특송으로 발송함). 이러한 상황을 예상하여 수입자는 수출자에게 원본으로 진행하지 말고 사본으로 진행할 것을 요청합니다. 그러면 원본을 사본화를 시키는데 이러한 서류를 Surrender B/L이라고 합니다(사본화 된 서류에 B/L이라는 용어는 적절하지 않지만 실무에서는 Surrender B/L이라고 함.)[68].

본 서류는 마치 처음부터 사본으로 발행된 항공 건의 Airway Bill이나 해상 건에서의 Seaway Bill[SWB]처럼 수출자, 수입자, 그리고 포워더 상호 간에 서류의 전달을 이메일로 할 수 있습니다. 사본이기 때문입니다.

---

[65] 해상 건에서는 B/L, 항공 건에서는 AWB이 발행됩니다. 수출자는 자신이 포워더에게 수출물품을 전달했고 포워더가 외국으로 나가는 배/항공기에 물품을 적재했다는 증거 서류로서 B/L 혹은 AWB을 반드시 받아야 합니다. 이들 서류는 다른 의미로 수출자가 포워더에게 물품을 전달했다는 사실을 증명해주는 서류이기 때문에 수출자는 무조건 포워더에게 받아야 합니다.

[66] 결제조건에 따른 서류처리에 대한 자세한 내용은 『어려운 무역실무는 가라』를 참고해주세요.

[67] 항공 건은 일반적으로 사본으로서 항공 운송장, 즉 Airway Bill(AWB)이 발행되며, Way Bill이라는 것은 운송장으로서 사본을 뜻합니다. 따라서 운송장으로서 AWB는 수출지에서 발행된 상태 그대로 수출자에 의해서 특송으로 수입자에게 전달되고 다시 수입지 포워더에게 전달되는 것이 아니라 이메일로 처리합니다.

[68] Original B/L을 Surrender 하는 것은 L/C 결제조건에서는 하지 않습니다. L/C 결제조건에서 수입자는 L/G를 발급받습니다. 『어려운 무역실무는 가라』를 참고해주세요.

Container No. Seal No. Marks and Numbers XXX834758987 P411999 BUSAN REP.OF KOREA MADE IN JAPAN C/NO. 1-35 PO#9332	No. of Containers or Pkgs 7 PLTS	Kind of Packages ; Description of Goods SHIPPER'S LOAD, COUNT & SEAL 1 X 20' CONTAINER S.T.C. BABY CARRIER COUNTRY OF ORIGIN : JAPAN PRICE TERM : FOB YOKOHAMA PORT "FREIGHT COLLECT"	Gross Weight 2,500.00 KGS	Measurement 28.5 CBM
Total Number of Containers or Packages(inworks) Merchant's Declared Value (See Claused 18 & 23) :		SAY : ONE (1) CONTAINER Merchant's attention is called to the fact that according to Clauses 18 & 23 of this Bill of Lading the liability of the Carrier is, in most cases, limited in respect of loss of or damage to the Goods.		
Freight and Charges	Revenue Tons	Rate Per	Prepaid	Collect

Exchange Rate	Prepaid at	Payable at
		                    DESTINATION
			Place and Date of Issue
			          TOKYO, JAPAN JUN. 22, 2011	

	Total Prepaid in Local Currency	No. of Original B/L ZERO(0)	In witness whereof, the undersigned has signed the number of Bill(s) of Lading stated herein. all of this tenor and date. one of which being	
		Laden on Board the Vessel	accomplished, the others to stand void	
Vessel ISLET ACE 823W		DATE JUN. 22. 2011	As Carrier ABC MARITIME CO., LTD.	
Port of Loading YOKOHAMA, JAPAN		BY		

SURRENDERED

▲ Surrender 된 운송장으로서 사본입니다. 'Surrendered'가 아니라 'Telex Release'가 날인된 경우도 있으나 동일한 의미로 이해하면 됩니다.

통상의 경우 원본을 사본화시킨 서류를 Surrender B/L이라 하고, 해당 서류에는 'Surrendered'라는 도장이 날인됩니다. 하지만, 때에 따라서 'Surrendered'가 아니라 'Telex Release'라는 도장이 날인되는 경우가 있습니다. 수입자는 분명히 수출자에게 Surrender 요청했지만 수출자에게 이메일로 받은 서류에는 'Telex Release'라고 표기되었을 때, 수입자는 자신의 의사와 같이 업무가 처리되지 않았다고 생각하고 'Telex Release'에 대한 의미를 궁금해할 것입니다.

과거에는 사본 서류 및 의사전달을 할 때 이메일이 아닌 Telex라는 통신 수단을 사용했습니다. 사본화가 된 서류를 Telex를 사용하여 발송Release한다고 하여 해당 서류에 'Telex Release'라는 도장을 날인 했습니다. 현재는 이메일을 사용하여 사본 서류를 발송함에 따라서 해당 용어를 계속 사용하는 것이 적절하지 않을 수 있으나 종종 'Telex Release'라는 도장이 날인된 경우를 직면하는 경우가 있습니다. 이러한 경우 'Surrendered'가 표기된 서류와 동일한 효력을 가진다고 이해하면 될 것입니다.

FIRM OFFER

OFFER NO.   OF-12
DATE   June 2012

International

We offer you the under-mentioned goods on the terms and conditions described as follows

	Validity	End of June, 2012
	Packing	Standard export pack
	Destination	Busan Port, Korea
	Inspection	Maker's final

부   록

Sydney Port Australia under the INCOTERMS 2010

By Irrevocable L/C at Banker's Usance 60 days in favor of Harry Trading, through ANZ Sydney Branch, 255 George St. Newcastle NEW Australia

COMMODITY / SPECIFICATION	QUANTITY	U.PRICE	AMOU
BABY CARRIER (6 pcs / CTN)	100 CTNs	USD 237.00	USD 23
			$23,709

TOTAL AMOUNT

Very Truly Yours,

Representative

1. 각국의 목재포장재 소독 및 증명방법

본 내용은 농림수산검역검사본부 홈페이지(http://www.qia.go.kr)의 자료를 참고하여 작성하였습니다.

2011. 2. 1. 현재

대 륙	국 가	시행일	〈소독방법〉 1가지 선택		〈증명방법〉 1가지 선택			기타
			열처리	MB훈증	소독처리 마크	식물위생 증명서	소독 증명서	
아시아	중 국	2002. 1. 1	○	○	○			
〃	인 도	2004. 11. 1	○	○	○	○		
〃	일 본	2007. 4. 1	○	○	○			
〃	필리핀	2005. 1. 1	○	○	○			
〃	요르단	2005. 11.17	○	○	○			
〃	시리아	2006. 4 .1	○	○	○			
〃	레바논	2006. 3. 9	○	○	○			
〃	한 국	2005. 6. 1	○	○	○			
〃	오 만	2006. 12.	○	○	○			
"	말레이시아	2010. 1. 1	○	○	○			
〃	대 만	2009. 1. 1	○	○	○			
"	스리랑카	2010. 3. 8	○	○	○			
"	우즈베키스탄	2007. ?.	○	○	○	○		
〃	인도네시아	2009. 9. 1	○	○	○			
	이란	2010. 1. 1	○	○	○	○	●	증명서도 요구
〃	이스라엘	2009. 10. 1	○	○	○			
"	캄보디아	고지없음	?	?				

"	베트남	고지없음	?	?			
"	라오스	고지없음	?	?			
오세아니아	호 주	2004. 9. 1	○	○	○	○	
〃	뉴질랜드	2003. 4. 16	○	○	○	○	○
"	사모아	?	○	○	○		○
유 럽	유럽연합※	2005. 3. 1	○	○	○		
〃	러시아	2009. 7. 15	○	○	○		
〃	우크라이나	2006. 1. 24	○	○	○		
〃	크로아티아	2007. 1. 1	○	○	○		
"	카자흐스탄	2009. 8. 1				○	
〃	노르웨이	2008. 1. 1	○	○	○	○	
〃	스위스	2005. 4. 1	○	○	○		
〃	세르비아	2006. 6.	○	－	○		
〃	터 키	2005. 1. 1	○	○	○		
북중미	미 국	2005. 9. 16	○	○	○		
〃	캐나다	2005. 9. 16	○	○	○		
〃	멕시코	2005. 9. 16	○	○	○		
〃	코스타리카	2006. 3. 19	○	○	○		
〃	과테말라	2005. 9. 16	○	○	○		
〃	니카라구아	미공지	○	○	○		
〃	도미니카	2006. 7. 1	○	○	○		
〃	파나마	2005. 2. 17	○	○	○		
"	쿠바	2008. 6. 25	○	○	○		
〃	자메이카	2007. 10. 20	○	○	○		
〃	온두라스	2006. 2. 25	○	○	○		
남 미	브라질	2005. 6. 1	○	○	○		
"	볼리비아	2005. 7. 24	○	○	○		
"	베네수엘라	2005. 6. 1	○	○	○		
〃	콜롬비아	2004. 6. 3	○	○	○		
〃	칠 레	2005. 6. 1	○	○	○		
〃	엘살바도르	2004. 5. 1	○	○	○		
"	에콰도르	2005. 9. 30	○	○	○		

〃	아르헨티나	2005. 6. 1	○	○	○		
"	파라과이	2005. 6. 28	○	○	○		
〃	페 루	2005. 9. 1	○	○	○		
아프리카	남아프리카 공화국	2005. 1. 1	○	○	○		
〃	나이지리아	2004. 9. 30	○	○	○	○	
"	세네갈	2010. 8. 15	○	○	○		
"	세이첼레스	2006. 3. 1	○	○	○		
〃	이집트	2005. 10. 1	○	○	○		
〃	케 냐	2006. 1.	○	○	○		
〃	세이쉘	2006. 3. 1	○	○	○		

▲ EU연합 27개국 : 그리스, 네덜란드, 독일, 덴마크, 라트비아, 루마니아, 룩셈부르크, 리투아니아, 몰타, 불가리아, 벨기에, 키프로스, 스웨덴, 스페인, 슬로바키아, 슬로베니아, 오스트리아, 아일랜드, 영국, 에스토니아, 이탈리아, 체코, 포르투갈, 폴란드, 프랑스, 핀란드, 헝가리

2. 매입 신용장 개설 응답서

취소불능화환신용장개설응답서
(Irrevocable Documentary Credit Information)

Except so far as otherwise expressly stated. This documentary credit is Subject to the "Uniform Customs and Practice for Documentary Credits"(2007 Revision) International Chamber of Commerce(Publication No.600)

전자문서번호 : APP7002011061000000000 전자문서기능 : Original

-- < 일 반 정 보 > --

개설신청일자   : 2011-06-10 -----------------------------------> 신용장이 개설 신청일
(Date of Applying)

개설방법   : By full cable
(Way of Issuing

SWIFT 전문발신은행 : [ABABKRSEXXX]
(SWIFT Sending Bank) [ABC BANK, SEOUL   SEOUL] -----------------> 개설은행
       [000-00, ABC DONG, 1-GA, ABC-GU]
SWIFT 전문수신은행 : [AMERICAN BBB BANK LTD   TOKYO] -----------------> 통지은행
       [00-00, XXXCUBO, XXXKU]
기타정보   : ABC 은행 ABC 지점   수입계   L/C NUMBER = MA122106NU00111
(Others)   OPEN CHARGE = 24000   CABLE CHARGE = 15000
     수입보증금 = 0   TOT CHARGE = 39000

-- < 스 위 프 트 > --

41A	Form of Documentary Credit	: IRREVOCABLE ----------------->	취소불능 신용장
20	Documentary Credit Number	: MA122106NU00111 ----------->	신용장 번호(L/C No.)
23	Reference to Pre-Advice	:	
31	Date of Issue	: 2011-06-10 ----------------->	신용장 개설 일자
40E	Applicable Rules	: UCPURR LATEST VERSION ------>	UCP600 조건으로 신용장 개설
31D	Date and place of expiry	: (date)2011-08-20 ----------->	신용장 만기일(E/D) 및 만기장소
		(place) JAPAN	
51A	Applicant Bank	:	
50	Applicant	: EMSOUL ----------------->	개설의뢰인 상호 및 주소
		#000 XXX B/D 222-22	
		NONHYUNDONG KANGNAMGU	
		SEOUL KOREA	
		02 000 0000	
59	Beneficiary	: KASTON LIMITED ----------------->	수익자 상호 및 주소
		2 Harbor abc	
		3632 aaaaa JAPAN	
32B	Currency Code Amount	: JPY 850,000 ----------------->	신용장 총액
39A	Percentage Credit Amount Tolerance	:	
39B	Maximum Credit Amount	: NOT EXCEEDING ----------------->	과부족 허용 여부

▲ 다음 페이지에 계속

42C	Drafts at	: 90 DAYS AFTER B/L DATE ---------------->	Usance L/C
41a	Available with ... by ...	: ANY BANK BY NEGOTIATION--------->	자유매입신용장
42A	Drawee	: ABCDJPJX --------------------->	지급인
		AMERICAN BBB BANK LTD	
		TOKYO	
43P	Partial Shipment	: ALLOWED -------------->	분할선적&환적 허용 여부
43T	Transhipment	: ALLOWED	
44E	Port of Loading / Airport of Departure	: ANY JAPANESE PORT ------------->	수출지의 항구/공항
44F	Port of Discharge / Airport of Destination	: BUSAN PORT KOREA ----------->	수입지의 항구/공항
44C	Latest Date of Shipment	: 2011-08-01 ------------------->	선적기일(S/D)

45A Description of Goods and / or Service :

ITEM	Q'TY	U'PRICE	AMOUT
ABC	1,000CTNs	JPY850.00	JPY850,000

HS NO. 3917.32.9000
[Terms of price] FOB
[Place of terms of price] JAPAN
Country of origin Japan

46A Document Required
: + SIGNED COMMERCIAL INVOICE IN 3 COPIES
+ FULL SET OF CLEAN ON BOARD OCEAN BILLS OF LADING MADE OUT
TO THE ORDER OF ABC BANK FREIGHT COLLECT NOTIFY EMSOUL
+ PACKING LIST IN 3 COPIES

47A Additional Conditions :
+ ALL DOCUMENTS MUST BEAR OUR CREDIT NUMBER

71B Charges : ALL BANKING COMMISSIONS AND CHARGES INCLUDING REIMBURSEMENT
CHARGES OUTSIDE KOREA ARE FOR ACCOUNT OF BENEFICIARY

48 Period for Presentation : DOCUMENTS TO BE PRESENTED WITHIN 10 DAYS AFTER THE DATE OF
SHIPMENT BUT WITHIN VALIDITY OF THE CREDIT

49 Confirmation Instructions : WITHOUT

53A Reimbursement Bank : AMERICAN BBB BANK LTD
TOKYO
ABCDJPJX

57A "Advise Through" Bank

72 Sender to Receiver Information : TO PAY /ACC/NEG/BK :
THE AMOUNT OF EACH DRAFT MUST BE ENDORSED
ON THE REVERSE OF THIS CREDIT
+ALL DOCUMENTS MUST BE FORWARDED TO US BY
COURIER SERVICE IN ONE LOT. ADDRESSED TO
ABC BANK
203. XXX DONG 1 GA. XXX GU. SEOUL. KOREA
+REIMBURSE YOURSELVES ON THE REIMBURSING BANK AT SIGHT
BASIS.
ACCEPTANCE COMM AND DISCOUNT CHGS ARE FOR ACCOUNT OF
APPLICANT.

--- < 전 자 서 명 > ---

신청업체 전자서명 : 엠솔
최규삼
서울시 강남구 논현동 222-22 XXX B/D #000

개설은행 전자서명 : ABC BANK SEOUL KOREA
홍길동
203. XXX DONG 1 GA. XXX GU. SEOUL. KOREA

3. 입고증, 출고증, 그리고 거래명세서

　재고 관리는 전산 관리와 실재고 관리로 크게 나눌 수 있습니다. 일반적으로 재고를 전산으로 관리하는 담당자는 실제로 외국과 거래를 하는 무역 담당자이며, 실재고 관리는 창고에서 근무하는 창고 담당자입니다. 이렇게 전산 관리자와 실재고 관리자는 구분되어 있습니다.

　수입자 입장에서 외국의 수출자가 발송한 물품이 통관되어 다음날 자신의 회사 창고에 입고 예정이라면, 전산 관리자는 이러한 사실을 창고 관리자에게 통지하여 창고 관리자가 내일 있을 물품의 도착 사실을 미리 인지하고 준비할 수 있게 해줍니다. 이러한 사실을 통지할 때 '입고증'을 작성하여 팩스 혹은 이메일로 발송합니다(통상 창고 관리자는 컴퓨터를 자주 사용하지 않으니 팩스로 발송. 전산 네트워크가 되어 있는 경우 네트워크로 인지 가능).

　그리고 창고에 보관된 특정 물품을 특정 거래처로 발송할 때 역시 전산 관리자는 창고 관리자에게 미리 이러한 사실을 통지하여 필요한 경우 포장까지 마무리할 것을 요청할 수 있습니다. 이때 '출고증'을 작성하여 요청하며, 포장에 '거래명세서'를 첨부해야 하는 경우 출고증과 함께 발송해줍니다. 오더 한 국내 거래처가 거래명세서는 이메일로 자신에게 직접 발송할 것을 요구하는 경우 이메일로 보내주는 경우도 있겠습니다.

1) 입고증

2) 출고증

3) 거래명세서

출고증과 거래명세서는 '출고증 및 거래명세서'라는 하나의 시트에 들어 있습니다. 출고증에서 거래처명을 입력하는 G4 셀에 관리자가 물품이 출고되는 거래처 상호를 입력하면, 거래명세서 '공급받는 자' 부분의 '상호'가 자동으로 변경되도록 AK13 셀에 수식('=G4')을 적용해두었습니다. 거래명세서 부분의 AK13 셀이 변함에 따라서 거래명세표의 등록번호, 대표성명, 사업장 주소, 업테, 종목이 지동으로 AK13 셀의 상호에 맞는 정보로 변경되도록 함수를 적용했습니다.

따라서 관리자는 출고증의 G4 부분에 출고되는 거래처의 상호[69]만 표기하면 거래명세서의 '공급받는 자' 부분 내용은 자동으로 함수에 의해서 입력됩니다. 또한, 출고증의 품명, 수량, 단가 및 가격 정보를 입력하면 역시 거래명세서의 그러한 내용이 자동으로 입력될 수 있도록 모두 수식에 의해서 연결해 두었기에, 관리자는 출고증의 내용만 입력하면 거래명세서를 따로 작성하지 않고도 바로 출력 가능합니다.

품 목	수 량	단 위	단 가	공 급 가 액	세 액	총 액
S 소스	10	CTNs	₩50,000	₩500,000	₩550,000	₩1,050,000
B 소스	5	CTNs	₩35,000	₩175,000	₩192,500	₩367,500
합 계				₩675,000	₩742,500	₩1,417,500

거래명세서 발행일 2012년 7월 7일

공급받는 자 — 등록번호 111-22-00002, 상호 씨케이진성푸드, 대표성명 김순이, 사업장 주소 서울특별시 강남구 논현동 211-00, 업태 도소매.도매, 종목 무역.식품

공급자 — 등록번호 214-11-00000, 상호 에듀트레이드, 대표성명 최규삼, 사업장 주소 서울시 서초구 양재동 00-000, 업태 도소매, 종목 무역

합 계 금 액 ₩1,417,500

---

69 거래처 상호는 '거래처 정보' 시트에서 정리한 상호와 정확히 동일해야 합니다. 오타 혹은 띄어쓰기가 틀리면 '거래명세서'의 '공급받는 자' 부분은 오류가 발생됩니다. 예를 들어, '씨케이신성푸드'라고 '거래처 정보' 시트에 입력되어 있고 해당 정보가 정리되어 있다면, 출고증의 G4 셀에 입력할 때도 정확히 '씨케이신성푸드'라고 입력해야 '거래명세서'의 AK13 셀을 기준으로 '거래처 정보'시트에서 내용을 불러오도록 VLOOKUP 함수를 적용한 등록번호, 대표성명, 사업장 주소, 업태, 종목 부분에서 오류가 발생하지 않습니다.

4) '거래처정보' 시트

거래명세서의 '공급받는 자' 부분에 적용된 VLOOKUP 함수는 AK13의 내용에 맞는 정보를 불러와야 합니다. 그렇다면 그러한 정보는 리스트 되어 있어야 할 것입니다. 관리자는 '거래처정보' 시트에 그러한 정보를 체계적으로 리스트 작업 해두었습니다.

5) 거래명세서에 적용된 VLOOKUP 함수의 이해

출고증 및 거래명세서 시트 AK12

=VLOOKUP(AK13,거래처정보!B6:G15,3,FALSE)

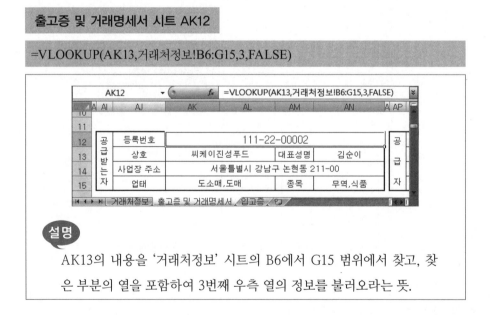

설명

AK13의 내용을 '거래처정보' 시트의 B6에서 G15 범위에서 찾고, 찾은 부분의 열을 포함하여 3번째 우측 열의 정보를 불러오라는 뜻.

출고증 및 거래명세서 시트 AN13

=VLOOKUP(AK13,거래처정보!B6:G15,2,FALSE)

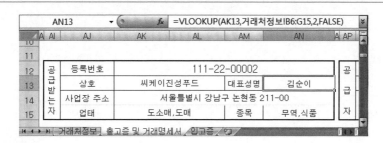

AK13의 내용을 '거래처정보' 시트의 B6에서 G15 범위에서 찾고, 찾은 부분의 열을 포함하여 2번째 우측 열의 정보를 불러오라는 뜻.

▲ 사업장주소, 업태, 종목에 해당하는 셀에도 각각 VLOOKUP 함수를 적용했습니다.

초보자를 위한 **무역실무 입문서**

어려운
무역계약·관리는 가라!

4쇄 펴낸날   2017년 3월 17일

지 은 이   최규삼
펴 낸 이   최지숙
편집주간   이기성
편집팀장   이윤숙
기획편집   윤정현, 윤일란, 허나리
표지디자인   신성일
책임마케팅   하철민, 장일규
펴 낸 곳   도서출판 생각나눔
출판등록   제 2008-000008호
주   소   서울 마포구 동교로 18길 41, 한경빌딩 2층
전   화   02-325-5100
팩   스   02-325-5101
홈페이지   www.생각나눔.kr
이 메 일   bookmain@think-book.com

• 책값은 표지 뒷면에 표기되어 있습니다.

　ISBN 978-89-6489-165-0   13320

• 이 도서의 국립중앙도서관 출판시도서목록(CIP)은 e-CIP홈페이지(http://www.nl.go.kr/ecip)와

　국가자료공동목록시스템(http://www.nl.go.kr/kolisnet)에서 이용하실 수 있습니다.

　(CIP제어번호: CIP2012005494)